आपदा चिकित्सा

एम.पी.ए.-06

Notes For

Post Graduate Diploma in Disaster Management (PGDDM)

Useful For

Delhi University (DU), IGNOU, Berhampur University (Odisha), University of Kashmir, Sambalpur University (Odisha), University of Kalyani (West Bengal), Gurukula Kangri Vishwavidyalaya (Uttarakhand), Himachal Pradesh University, Cooch Behar Panchanan Barma University (West Bengal), Ranchi University, University of Culcutta, Pune University, University of Mumbai, and other Indian Universities

GullyBaba Publishing House Pvt. Ltd.

ISO 9001 & ISO 14001 CERTIFIED CO.

Regd. Office:
2525/193, 1st Floor, Onkar Nagar-A,
Tri Nagar, Delhi-110035
(From Kanhaiya Nagar Metro Station Towards Old Bus Stand)
Call: 9991112299, 9312235086
WhatsApp: 9350849407

Branch Office:
1A/2A, 20, Hari Sadan,
Ansari Road, Daryaganj,
New Delhi-110002
Ph.011-45794768
Call & WhatsApp:
8130521616,8130511234

E-mail: hello@gullybaba.com, **Website**: GullyBaba.com

Author: Gullybaba.com Panel

Copyright© with Publisher

Disclaimer

Although the author and publisher have made every effort to ensure that the information in this book is correct, the author and publisher do not assume and hereby disclaim any liability to any party for any loss, damage, or disruption caused by errors or omissions, whether such errors or omissions result from negligence, accident, or any other cause.

If you find any kind of error, please let us know and get reward and or the new book free of cost.

The book is based on IGNOU syllabus. This is only a sample. The book/author/publisher does not impose any guarantee or claim for full marks or to be passed in exam. You are advised only to understand the contents with the help of this book and answer in your words.

All disputes with respect to this publication shall be subject to the jurisdiction of the Courts, Tribunals and Forums of New Delhi, India only.

प्रकाशक परिचय

गुल्लीबाबा पब्लिशिंग हाउस श्री दिनेश वर्मा जी का मौलिक विचार है जिनका नाम आज इस क्षेत्र में सम्मान एवं प्रशंसा के भाव को जगाता है। वे इग्नू के विद्यार्थियों को श्रेष्ठ स्तर की सामग्री प्रदान करने के जनक हैं क्योंकि वे स्वयं भी इग्नू के विद्यार्थी रह चुके हैं और इस रूप में वहाँ के विद्यार्थियों को अच्छे स्तर की सामग्री न मिलने की कठिनाइयों को झेल चुके हैं। वे इस समय विद्यार्थियों को निम्नलिखित सेवाएँ प्रदान कर रहे हैं–

परीक्षा में सफलता की गाइड–

इसके अंतर्गत महत्त्वपूर्ण प्रश्नों, हल किए गए प्रश्न-पत्र, गेस पेपर को एक ही स्थान पर उपलब्ध कराया गया है ताकि विद्यार्थी कम समय और कम परिश्रम से उत्कृष्ट अंक प्राप्त कर सकें।

निःशुल्क पुस्तक–

"Secrets to Pass IGNOU Exams with Less Study" नामक शीर्षक से प्रसिद्ध यह पुस्तक अपने विद्यार्थियों के प्रति स्नेह एवं आदर के रूप में आपको निःशुल्क प्रदान की जाती है। आप इसे निम्नलिखित लिंक से निःशुल्क डाउनलोड कर सकते हैं–

https://www.gullybaba.com/ignou-free/

प्रकृति के प्रति आपका योगदान–

जब भी आप हमारी पुस्तक को पढ़ते हैं तो आप प्रकृति के प्रति भी अपना योगदान करते हैं क्योंकि हम पुस्तक तैयार करने में रिसाइकिल किए गए कागज का प्रयोग करते हैं। इस प्रकार आपकी प्रत्येक खरीद एक पौधा लगाने में भी कुछ-न-कुछ योगदान करती है।

हल किए गए Assignments की PDFs/हस्तलिखित Assignments–

हल किए गए सर्वोत्तम एवं असली Assignments की PDFs, जिन्हें आप Gullybaba.com से या हमारे App से तुरंत डाउनलोड कर सकते हैं।

परियोजना (Project) रिपोर्ट/सारांश (Report/Synopsis)–

प्रोफेशनल्स/शोधकर्त्ताओं द्वारा तैयार की गई सर्वोत्तम गुणवत्ता वाली परियोजना रिपोर्ट (Project Report) तथा सारांश (Synopsis) जिसकी अस्वीकृति की कोई गुंजाइश नहीं होती और जो दिए गए फॉर्मेट में तैयार की जाती है।

मोबाइल एप–

आप Google Play Store से हमारे 'Gullybaba' app को डाउनलोड करके उपर्युक्त सभी सेवाओं का लाभ एक ही स्थान पर उठा सकते हैं।

गुल्लीबाबा की इग्नू हेल्प बुक ही क्यों खरीदें?

क्या आप परीक्षा के डर से तनाव में हैं? क्या आपको इग्नू की परीक्षाओं में अच्छे अंक प्राप्त नहीं हो रहे हैं? क्या आप इग्नू की पढ़ाई में किसी Sure-shot Solution की तलाश में हैं? तो अब आप कहीं और कुछ तलाश न करें क्योंकि आपकी समस्या के समाधान के लिए Gullybaba.com प्रस्तुत है। यहाँ पर विशेषज्ञों के द्वारा तैयार की गई सहायक पुस्तिकाएँ (Help Books) आपको किसी भी परीक्षा का सामना करने की गारंटी देती हैं। इसके साथ ही आपको इग्नू हेल्प बुक की कॉम्बो डील्स (Combo Deals) पर काफी अच्छी बचत का प्रस्ताव (offer) भी मिल रहा है।

अब आप इग्नू के पाठ्यक्रम को शीघ्रता से पूरा कर सकते हैं और वो भी कम परिश्रम एवं कम समय में अच्छे अंकों के साथ।

जी.पी.एच. पुस्तकों की होम डिलीवरी

आप गुल्लीबाबा की पुस्तकों का ऑर्डर Gullybaba.com या Gullybaba App द्वारा कर सकते हैं। हम अपने fastest courier partners के माध्यम से आपकी पुस्तकों को ऑर्डर वाले दिन ही भिजवा देते हैं। आप अपनी पुस्तकों का ऑर्डर WhatsApp number 9350849407 पर या order@gullybaba.com पर e-mail द्वारा भी कर सकते हैं।

हम अपने courier partners के माध्यम से और कभी-कभी सरकारी डाक विभाग के माध्यम से "Cash On Delivery" की सेवा भी प्रदान करते हैं।

विक्रेताओं के लिए महत्त्वपूर्ण सूचना

प्रकाशक की लिखित अनुमति के बिना इन पुस्तकों को किसी ऑनलाइन प्लेटफॉर्म जैसे कि अमेज़न, फ्लिपकार्ट, शॉपक्ल्यूज, रेडिफ आदि पर बेचने की अनुमति नहीं है। किसी विक्रेता द्वारा इस प्रकार की गई GPH पुस्तकों की बिक्री को गैर-कानूनी (ILLEGAL SALE) माना जाएगा और ऐसे व्यक्ति के विरुद्ध सख्त कानूनी कार्यवाही की जाएगी।

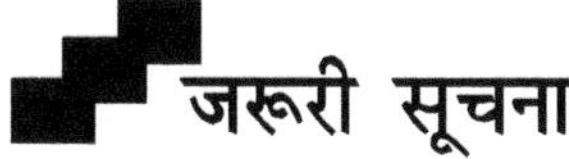

जरूरी सूचना

यद्यपि हम पूरी कोशिश करते हैं कि नोट्स में किसी भी प्रकार की कोई गलती न रहे। फिर भी यदि आप किसी भी प्रकार की कोई गलती या सुझाव बताना चाहते हैं, तो कृपया हमें जरूर सूचित करें, ताकि हम अपनी भूल को जल्दी से जल्दी सुधार सकें। आपका बताना, दूसरे छात्रों को उलझनों में समय गवाने से बचा सकता है। साथ ही साथ छात्रों को उच्च गुणवत्ता वाली अध्ययन सामग्री प्राप्त करने में आप उनकी मदद कर सकते हैं।

आगामी संस्करण में आपके सुझावों को यथास्थान साभार सम्मिलित भी किया जाएगा। अतः अपने सुझाव निःसंकोच हमें हमारी Email : feedback@gullybaba.com पर या सीधे प्रकाशन के पते पर लिखें और हमें अपने सुझावों से अनुग्रहित करें।

Table of Contents

प्रश्न पत्र

आपदा चिकित्सा की समझ

प्रश्न 1. आपदा चिकित्सा से आप क्या समझते हैं? इसके घटकों का उल्लेख कीजिए। (जून-2019, प्र.सं.-1)

अथवा

आपदा चिकित्सा में रोकथाम और तैयारी घटकों की व्याख्या कीजिए। (दिसम्बर-2017, प्र.सं.-2)

अथवा

आपदा चिकित्सा में अनुक्रिया और पुनरुत्थान घटकों का विवेचन कीजिए। (जून-2017, प्र.सं.-1)

अथवा

उत्तर– आपदा चिकित्सा का उद्देश्य प्राकृतिक और मानवकृत आपदाओं से होने वाली मौतों अपंगताओं और रोगों को कम करता है। आपदा चिकित्सा में आपदाओं का सार्वजनिक स्वास्थ्य प्रबंधन शामिल होता है। यह आपदा क्षेत्र प्रबंधन, अस्पताल प्रबंधन आदि मुद्दों को विभिन्न प्रकार की कार्यनीतियों और कार्यवाहियों द्वारा संबोधित करता है।

आस्ट्रेलियन जर्नल ऑफ डिजास्टर मिडिसन के अनुसार आपदा चिकित्सा स्वास्थ्य क्षमताओं के सुधार व विस्तार को सन्निहित करता है जिससे स्थिति को नियंत्रित किया जा सके जो स्थिति प्रतिदिन की सेवाओं पर हावी हो जाती है। गुन के अनुसार आपदा चिकित्सा आपदाओं से उत्पन्न होने वाली स्वास्थ्य समस्याओं के रोकथाम, तैयारी, अनुक्रिया व पुनरुत्थान के प्रति विभिन्न स्वास्थ्य विषयों का अध्ययन और सामूहिक प्रयोग है। आपदा प्रबंधन में लगी विभिन्न एजेंसियों के सहयोग और तालमेल से ही इस उद्देश्य की प्राप्ति की जा सकती है।

अतएव, आपदा चिकित्सा आपदाओं में स्वास्थ्य प्रबंधन के विभिन्न पहलुओं-रोकथाम, तैयारी, अनुक्रिया व पुनरुत्थान-को सम्मिलित करता है जिससे आपदाओं से होने वाली मृत्युदर, चोट और क्षति को कम किया जा सके।

आपदा चिकित्सा के घटक—आपदा चिकित्सा के चार प्रमुख घटक निम्नलिखित हैं—

(1) अनुक्रिया—चिकित्सा और स्वास्थ्य अनुक्रिया में निम्नलिखित शामिल है—

आपदा स्थल प्रबंधन—आपात स्थल प्रबंधन का मुख्य उद्देश्य लोगों को मरने से बचाना, घायलों की मदद करना और रोगों की रोकथाम करना है। यह आपदा स्थल पर किया जाने वाला प्रबंधन है। इसमें घायलों को तुरंत राहत सेवा पहुँचाना है। इसमें चिकित्सा सुविधाओं का प्रावधान होता है और घायलों को जल्द से जल्द चिकित्सा शिविरों में पहुँचाया जाता है। इसका उद्देश्य घायलों को जल्द से जल्द उनके जख्म को बिना और नुकसान पहुँचाए अस्पताल पहुँचाना है। ट्राऐज द्वारा गंभीरता के अनुरूप हताहतों और घायलों की छँटाई और वर्गीकरण किया जाता है। साथ-साथ पुरुज्जवीवन प्रक्रिया भी आरंभ की जाती है।

संचार की आपात स्थल प्रबंधन में महत्त्वपूर्ण भूमिका होती है। जरनल ऑफ पोस्ट ग्रेजुएट मेडिसिन में स्पष्ट रूप से संचार संपर्क का महत्त्व दर्शाया गया है। आपदा स्थल और अस्पताल के बीच संचार सुविधा अनिवार्य है ताकि अस्पताल के सामर्थ्य और मरीजों की भर्ती की स्थिति जानकर यह तय किया जा सके कि किस रोगी/घायल को किस अस्पताल में भेजना है। वसन्त दवे के अनुसार भीषण से भीषण मौसम में भी संचार संपर्क नहीं टूटना चाहिए। इसके संचालन में जटिलता नहीं होनी चाहिए और इसमें आपात स्थिति में काम करने की सुविधा और क्षमता होनी चाहिए। इसके अलावा मौखिक संदेश में कोई अस्पष्टता या संदेह की गुंजाइश्रा नहीं होनी चाहिए।

आपदा स्थल से घायलों को अस्पताल तक ले जाने के लिए एंबुलेंस की उपलब्धता वांछनीय है। 'मेडिकल प्रीपेरडनेस फॉर डिसास्टर्स' के अनुसार एम्बुलेटरी सेवा हताहतों के ट्राऐज व इलाज करने, आपदा स्थल संप्रेषण करने, ट्राऐज के लिए जगह निर्धारित करने, हताहतों को लेने के लिए 'पाईंट बनाने, चिकित्सा कर्मियों से संपर्क स्थापित करने जिससे पीडितों को सही अस्पताल ले जाया जा सके तथा आग व पुलिस एजेंसियों से भी संपर्क बनाने से संबंधित होता है।

आपदा स्थल प्रबंधन के तहत की जाने वाली सारी व्यवस्थाएँ चिकित्सा से ही केवल जुड़ी नहीं होती। इसमें प्रशासनिक इंतजाम भी शामिल होता है जैसे कानून व्यवस्था लागू करना, स्थल का दौरा और सर्वेक्षण करना, जल की आपूर्ति करना, स्वास्थ्य सुविधाओं की पहचान करना और लोगों को आपदा स्थल से बाहर निकालने और सड़क तक पहुँचाने की व्यवस्था करना।

अस्पताल आपात प्रबंधन—इस प्रबंधन की प्रक्रिया तब शुरू होती है जब घायल को अस्पताल पहुँचाया जाता है और उसे आपातकालीन वार्ड में भर्ती कराया जाता है। इस प्रकार के इंतजाम के लिए निम्नलिखित उपाय किए जाने चाहिए—

- संचार संपर्क;
- परिवहन;
- अस्पताल के सभी कर्मियों को सतर्क रहने की हिदायत;

- आपातकालीन वार्ड को बड़ा करना;
- सुरक्षा;
- जन संपर्क और सूचना प्रणाली;
- चिकित्सा-कानूनी पक्ष (मेडिको-लीगल);
- रोगियों को इलाज के बाद छुट्टी देना;
- दस्तावेजीकरण; और
- मृतकों का निपटान।

स्वास्थ्य प्रबंधन में समुदाय की भागीदारी—सामुदायिक स्वास्थ्य प्रबंधन में सामुदायिक भागीदारी अहम् होती है। सामुदायिक भागीदारी से अनुक्रिया बेहतर हो जाती है। महाराष्ट्र राज्य के आपदा प्रबंधन योजना के अनुसार सामुदायिक भागीदारी इस प्रकार हासिल की जा सकती है–

- लोगों के अभिप्रायों को महत्त्व, कर्मठ और नेतृत्व देने वाले व्यक्तियों की तैनाती और प्रशासन का लोगों की क्षमता और शक्ति में भरोसा;
- समुदाय और इसके नेताओं को सलाह मश्विरा से प्रोत्साहित करना;
- नियमित रूप से स्थिति का जायजा लेने के लिए बैठक करना और सब कुछ पारदर्शक रूप में साफ-साफ कहा और सुना जाना; और
- निर्णय लेने में स्थानीय स्तरों पर समुदाय को शामिल करना।

स्वास्थ्य प्रबंधन में सामुदायिक भागीदारी से कई क्षेत्रों में मदद मिलती है–

- सुरक्षा और कानून व्यवस्था बनाए रखने में,
- तुरंत स्थान खाली कराने में;
- भगदड़ मचने से रोकने और लोगों को एक-एक कर बसेरे तक पहुँचाने में;
- रोगियों को ले जाने, उतारने, चढ़ाने, दवाई बाँटने, प्राथमिक उपचार करने आदि में; और
- स्वच्छता व सफाई बनाए रखने में और कूड़ा-करकट के निपटान में।

सूचना और संचार प्रौद्योगिकी और स्वास्थ्य अनुक्रिया—स्वास्थ्य अनुक्रिया सूचना और संचार प्रौद्योगिकी के उपयोग से बेहतर हो जाती है। सेटेलाइट आधारित संचार व्यवस्था की मदद से आपदा प्रबंधन में सूचना और संचार प्रौद्योगिकी की मदद ली जा सकती है। भूगोलीय सूचना प्रणाली अर्थात् 'जियोग्राफिक इनफॉरमेशन सिस्टम' (जीआईएस) की मदद से आँकड़ों का संसाधन, ज्ञान के आधार क्षेत्रों अर्थात् नोलेज बेस का निर्माण, प्रबंधन सूचना प्रणालियों अर्थात् मैनेजमेंट इनफॉरमेशन सिस्टम (एमआईएस) का उपयोग, निर्णय प्रणालियों अर्थात् डिसिशन सपोर्ट सिस्टम का उपयोग और विशेषज्ञ प्रणालियों अर्थात् एक्सपर्ट सिस्टम का उपयोग आसान हो गया है।

सूचना और संचार प्रौद्योगिकी से निम्नलिखित क्षेत्रों में मदद मिल सकती है–

- पूर्वानुमान, चेतावनी, भविष्यवाणी;

- जोखिम आंकलन और संवेदनशीलता विश्लेषण;
- आपदा की तैयारी, अनुक्रिया व पुनरुज्जवीवन;
- महामारी रोग विज्ञान सर्वेक्षण;
- टेले-मॉनिटरिंग (निगरानी);
- संचार;
- दस्तावेजों को संभालकर रखने का प्रबंध (रिकॉर्ड्स मैनेजमेंट);
- चिकित्सा प्रतिलेखन;
- दस्तावेजीकरण;
- टेले-मेडिसन (चिकित्सा);
- पर्यावरणीय आपदाओं का अध्ययन;
- भूमि उपयोग नियोजन;
- अनुरूपता प्रतिरूपन और परिदृश्य विश्लेषण (सिमूलेशन मॉडलिंग व सिनारियों एनेलिसस);
- शिक्षा और प्रशिक्षण;
- टेले-कॉन्फ्रेंसिंग; और
- जन-जागरूकता अभियान।

'द हैंडबुक ऑफ डिजास्टर मेडिसन' में इस बात का निर्देश है कि आपातकालीन प्रबंधन के प्रभारी चिकित्सा अधिकारियों को प्रभावी और कुशल आपात अनुक्रिया लागू करने के लिए समुचित और तात्कालिक निर्णय लेने की क्षमता होनी चाहिए। निर्णय सहयोगी प्रणालियों द्वारा निर्णयकर्त्ताओं को आपदा अनुक्रिया संबंधित योजनाओं के चयन और क्रियान्वयन में मदद मिलती है। निर्णय सहयोग प्रणालियाँ कम्प्यूटर सॉफ्टवेयर के रूप में एक ऑटोमेटिड प्रणाली है और इसके अंतर्गत दुर्घटना की सूचना का पंजीकरण, सामग्री सूचना, स्वास्थ्य संबंधी दुर्घटनाओं की सूचना, राहत तथा चिकित्सा कार्मिकों के सुझाव, भौगोलिक सूचना तथा जनसंख्या घनत्व आँकड़े, दुर्घटना का स्तर, परिवहन सड़कों को सूचना, नुकसान का आंकलन, अलग-अलग उपायों का आंकलन, संचालन संबंधी सूचना और स्वचालित आपात अनुक्रिया व कार्रवाई आते हैं। इससे बड़ी मात्रा में सूचना प्राप्त की जा सकती है, बड़ी मात्रा में आँकड़े प्रोसेस किए जा सकते हैं और परिणामों को क्रमबद्ध रूप से दर्शाया जा सकता है। इससे चिकित्सा और स्वास्थ्य प्राधिकरणों को प्रभावी आपातकालीन अनुक्रिया योजना बनाने में मदद मिलती है।

(2) रोकथाम–रोकथाम के अंतर्गत निम्नलिखित कार्य शामिल होते हैं–

न्यूनीकरण योजना तैयार करना–

- चिकित्सकों और अधिकारियों को शामिल किया जाना चाहिए। 'दि स्टेटमेंट ऑन डिजास्टर एण्ड मॉस केजुएल्टी मेनेजमेंट' ने शल्य चिकित्सकों द्वारा सामुदायिक, क्षेत्रीय व राष्ट्रीय स्तर पर आपदाओं में नेतृत्व प्रदान करने की क्षमता को रेखांकित किया है और इस कारण उनसे अपेक्षा करता है कि वे बहुविषयी योजना, ट्राईज

(घायलों की गंभीरता अनुसार वर्गीकरण व छँटाई), एवं हताहतों व घायलों के चिकित्सा प्रबंधन में अहम भूमिका निभाएँगे; और

- शल्य चिकित्सकों को आपदा स्थिति से निपटने के लिए प्रशिक्षण दिए जाने पर जोर दिया गया है जो विशेष रूप से संसाधनों की माँग और तीव्र निर्णय लेने के लिए उपयुक्त हो जो घायलों द्वारा आपदा के समय अपेक्षित होती है।

स्वास्थ्य जोखिम की रोकथाम—ऑस्ट्रेलियन एमरजेन्सी मैन्युल में आपदा के बाद फैलने वाले स्वास्थ्य जोखिम को रोकने के लिए निम्नलिखित उपाय सुझाए गए हैं—

- अनुसंधान और महामारी विज्ञान संबंधी अध्ययन;
- टीकाकरण;
- समुचित भोजन और पोषण;
- स्वास्थ्य और सफाई की देख-रेख;
- कूडा-करकट निपटान की समुचित व्यवस्था;
- रोगाणु नियंत्रण;
- शिक्षा, प्रशिक्षण और इससे जुड़े कार्यों की समुचित व्यवस्था;
- रोगाणु नियंत्रण;
- शिक्षा, प्रशिक्षण और इससे जुड़े कार्यों की समुचित व्यवस्था;
- न्यूनीकरण योजना;
- जनसंचार का प्रचार;
- सतत विकास; तथा
- जनता की भागीदारी।

मनोवैज्ञानिक वाद-सारांश (Psychological Debriefing)—मनोवैज्ञानिक वाद-सारांश बड़ी प्रभावोत्पादक होती है और यह पीड़ित व्यक्तियों और समुदायों को मानसिक यातना के कष्ट से उबारने का प्रयास करती है। इसका व्यक्तिगत और सामूहिक दोनों ही स्थितियों में उपयोग किया जा सकता है। मनोवैज्ञानिक वाद सारांश यानि साईकॉजिकल डिब्रीफ्रिंग को एकल-सत्रीय अर्द्ध-संरचनात्मक संकट हस्तक्षेप माना गया है जिससे आपदा के बाद होने वाले अनचाहे मनोवैज्ञानिक लक्षणों को भावात्मक प्रक्रिया द्वारा रोका व कम किया जा सकता है। भावात्मक प्रक्रिया से जन प्रतिक्रियाओं को सामान्य बनाया जा सकता है और उनकी अभिव्यक्ति की जा सकती है तथा क्षतिग्रस्त लोगों को पुन: भविष्य में आने वाले आपदाओं के प्रति मनोवैज्ञानिक रूप से तैयार किया जा सकता है।

लोगों को मनोवैज्ञानिक सांत्वना देने से उनका मन शांत होता है और इस प्रकार पीड़ितों, उनके संबंधियों और आपदा कार्यकर्त्ताओं को बल मिलता है और उनकी प्रतिक्रिया का मूल्यांकन करने में मदद मिलती है। इससे आपदा आने के बाद आपदा से पीड़ित लोगों और कार्यकर्त्ताओं की मन: स्थिति और प्रतिक्रिया जानने में सहायता मिलती है, जिससे उचित सार्वजनिक स्वास्थ्य कार्यनीति बनाई जा सकती है।

मनोवैज्ञानिक निर्देशन की इस प्रक्रिया को रोकथाम का एक उपाय भी माना जाता है और इसका उपयोग चिकित्सा और स्वास्थ्य योजना बनाने, विविध कार्यवाहियों की जरूरत का मूल्यांकन करने तथा स्थानीय लोगों के कौशल और ज्ञान के बारे में जानने से है। इससे यह भी देखा जा सकता है कि कौन-सा कदम क्यों, कहाँ और कैसे गलत हुआ और भविष्य में इसकी भरपाई कैसे की जा सकती हैं।

हाल में आए सुनामी और गुजरात में आए भूकंप में मानसिक यातना को कम करने में इसकी महत्त्वपूर्ण भूमिका रही है।

(3) तैयारी–आपदाओं के लिए चिकित्सा तैयारी करते समय स्थानीय संसाधनों और सुविधाओं का समुचित उपयोग करना निहायत आवश्यक माना जाता है। 'मेडिकल प्रीपेरडनेस फॉर डिजास्टर्स' के अनुसार चिकित्सा तैयारी स्थानीय स्वास्थ्य व चिकित्सा सुविधाओं के उपयोग को निहित करती है। आपातकाल में स्थानीय रूप से उपलब्ध स्वास्थ्य और चिकित्सा सुविधाओं को मजबूत बनाने के लिए बाहरी सहायता भी पहुँचाई जाती है खास तौर पर जब उपलब्ध क्षमता कम है या हो सकती है। चिकित्सा संबंधी तैयारी में आपदा के समय जरूरी चिकित्सा और स्वास्थ्य संबंधी योजना शामिल की जाती है। आपदा आने पर मौजूदा संसाधनों पर जरूरत से ज्यादा बोझ पड़ जाता है और अतिरिक्त संसाधन जुटाने की जरूरत पड़ती है। परंतु बाहर से संसाधन जुटाने के लिए भी पहले से सावधानीपूर्वक योजना बनानी होती है। जरनल ऑफ पोस्ट ग्रेजुएट मेडिसन के अनुसार बहु-क्षति आपदाओं के प्रति सफल चिकित्सा अनुक्रिया... एक आपातकालीन योजना के निर्माण, प्रचार एवं सामयिक मूल्यांकन को प्रतिपादित करती है जिससे पीड़ितों का वर्गीकरण व उपचार सुगम बनाया जा सकता है। आपदा की भयावहता के यथार्थ मूल्यांकन के लिए तथा जब आपदा से भारी जानमाल के नुकसान की आशंका हो उस समय के लिए पर्याप्त प्रशिक्षित कार्मिक और साजो-सामान उपलब्ध कराने के लिए हमें इस प्रकार की योजना की आवश्यकता होती है। इस प्रकार आपदाओं के लिए चिकित्सा संबंधी तैयारी में नियोजन पहला और सर्वथा उपयुक्त कदम होता है।

चिकित्सा तैयारी की योजना में निम्नलिखित चरण शामिल होते हैं–

चिकित्सा योजना का निर्णय–चिकित्सा योजना को तीन चरणों में विभक्त करना चाहिए। अस्पताल जाने से पहले का चरण, अस्पताल पहुँच जाने पर और पुनर्वास चरण।

अस्पताल जाने से पहले का चरण या अस्पताल पूर्वचरण–चिकित्सा योजना में सबसे पहले इस बात का ख्याल रखना होता है कि आपदा स्थल में फँसे पीड़ितों को कैसे जल्द से जल्द चिकित्सा सुविधा मुहैया कराया जाए। घायलों को अस्पताल पहुँचाने से पहले चिकित्सा सुविधा प्रदान करने के लिए योजना के अंतर्गत निम्नलिखित बिंदु शामिल होंगे–

- आपात नियंत्रण केंद्रों की स्थापना;
- आपात क्षेत्र में नियंत्रण कक्षों/चौकियों की स्थापना;
- स्थल मूल्यांकन;
- स्थल खाली कराने/हताहतों को हटाने की योजना;

- प्राथमिक चिकित्सा देने और घायलों को होश में लाने के लिए आपदा स्थल पर जाने वाला चिकित्सा दल;
- हताहतों की गंभीरता अनुसार छँटाई व वर्गीकरण (ट्राऐज);
- इन्हें अलग-अलग नाम देना (टैगिंग);
- उन दूर-दराज इलाकों में जहाँ चिकित्सा सुविधा उपलब्ध नहीं है और जहाँ राज्य की सामर्थ्य से ज्यादा पीड़ित हों वहाँ मोबाइल अस्पताल भेजना; और
- कार्यस्थल पर काम करने वाले दल, नियंत्रण कक्ष और अस्पताल के बीच संप्रेषण।

अस्पताल पहुँचने पर या अस्पताल चरण–जब घायल व्यक्ति को अस्पताल पहुँचाया जाता है तो उस समय की योजना और प्रबंधन कितना चुस्त-दुरुस्त है इसका पता वहाँ की आपातकालीन सेवा की तत्परता देखने से चलता है। इसके लिए चिकित्सा और अर्ध चिकित्सा के प्रतिनिधियों की एक समिति को ऐसी योजना पहले से बना लेनी चाहिए कि आपदा आते ही एक आदेश पर सारी कार्यवाहियाँ शुरू हो जाएँ। इस योजना में निम्नलिखित बिंदु शामिल होंगे–

- कर्मचारियों के लिए काम का पूरा ब्योरा, सूची निर्माण और कार्यवाहियों का विवरण;
- संसाधनों जैसे मानवशक्ति, साजो-सामान और आपात स्थिति से निपटने के लिए वित्त की सुविधा;
- सभी संबद्ध लोगों के पास एक आपदा नियमावली;
- संयोजन, सर्वेक्षण, नियंत्रण और प्रभावी संचार व्यवस्था;
- घायलों को आपदा स्थल से जल्द से जल्द अस्पताल पहुँचाने के लिए पर्याप्त संख्या में एम्बुलेंस की उपलब्धता;
- कर्मचारियों का प्रशिक्षण, अभ्यास और कवायद;
- कर्मचारियों के लिए भोजन और रहने की व्यवस्था;
- विशिष्ट व्यक्तियों के आगमन के लिए सुरक्षा और स्वागत इंतजाम;
- कर्मचारियों और प्राधिकरणों को अस्पताल की निर्वातन (खाली या रिक्त करना) योजना से वाकिफ होना;
- अस्थाई मुर्दाघर, जिसमें रिश्तेदारों की सहायता और परामर्श के लिए अलग से कक्ष;
- जन सेवा सूचना केंद्र जहाँ जन सेवा सूचना अधिकारी जरूरी सूचनाएँ प्रदान करें; और
- समुदाय और अस्पताल की बदलती जरूरतों को पूरा करने के लिए योजना की बार-बार समीक्षा और मूल्यांकन।

पुनर्वास चरण–पुनर्वास चरण में मुख्य रूप से आपदा पीड़ित व्यक्तियों के मानसिक स्वास्थ्य की पुनः बहाली की आवश्यकता होती है।

इस योजना में मनोवैज्ञानिक चिकित्सा को ध्यान में रखा जाता है जिसमें मानसिक विक्षिप्तता, तनाव, व्यथा, कुंठा, निराशा और अवसाद जैसे मनोभावों को इलाज किया जा सके। इस प्रकार की योजना में स्थानी संसाधनों को मजबूत बनाना, लोगों तक सूचना पहुँचाना, लोगों को खुद अपने पैरों पर खड़े होने में मदद देना, सहायता और सूचना केंद्रों की स्थापना करना, चिकित्साकर्मियों को मानसिक स्वास्थ्य सेवा का प्रशिक्षण देना, अन्य सेवा क्षेत्रों और गैर-सरकारी संगठनों की मदद लेना, राहतकर्मियों का हौसला बुलंद करना; प्रभावित परिवारों की मदद करना, घायलों, विधवाओं और अनाथों की मदद करना, संसाधन निर्देश या नियमावली का निर्माण करना और मनोसामाजिक विषय पर अनुसंधान को बढ़ावा देना शामिल होते हैं।

सुदूर इलाकों के लिए नियोजन—दूर-दराज इलाकों के लिए जहाँ मनुष्य, सामान, धन और अन्य सुविधाओं का पहुँचना मुश्किल हो और जहाँ अस्पताल, बुनियादी ढाँचे, संचार आदि जैसी सुविधाओं का अभाव हो ऐसे दूर-दराज के इलाकों के लिए योजना बना लेनी चाहिए। हालाँकि स्वास्थ्य, शिक्षा, उन्नत प्रौद्योगिकी और उपलब्ध सामुदायिक आपदा प्रबंधन के कारण आजकल काफी हद तक इन कमियों को दूर किया जा सका है।

दूरस्थ क्षेत्र नियोजन को दो चरणों में विभाजित किया गया है– पहले चरण में आपदा स्थल पर तुरंत स्थानीय संसाधनों का भरपूर उपयोग किए जाने को शामिल किया जाता है। प्रशिक्षितकर्मियों को क्षेत्र का सर्वेक्षण करने, घायलों या हताहतों या पीड़ितों की छँटाई व वर्गीकरण करने, हताहतों और घायलों का इलाज करने और उन्हें अस्पताल पहुँचाने के लिए भेजना जाना चाहिए। दूसरे चरण में, हताहतों को इलाज और विशेष चिकित्सा के लिए अस्पतालों में भेजा जाता है।

दूरस्थ क्षेत्र नियोजन में टेले-मेडिसन या टेले-चिकित्सा एक महत्त्वपूर्ण भूमिका निभा सकती है। इस टेले-चिकित्सा के द्वारा आपदा के दौरान दूर-दराज के इलाकों में रहने वाले लोगों को चिकित्सा सहायता पहुँचायी जा सकती है। टेले-चिकित्सा की सहायता से दूरस्थ और दुर्गम स्थानों तक पहुँचा जा सकता है। 'हेल्थ केयर मैनेजमेंट' के अनुसार टेले-चिकित्सा के द्वारा एक चिकित्सक या विशेषज्ञ एक ही स्थल से दूर दराज के क्षेत्रों तक चिकित्सा सुविधा, रोग-निदान, ऑपरेशन में सहायता व उपचार प्रदान कर सकता है तथा अन्य चिकित्सकों या अर्द्ध-चिकित्सकों से सलाह मशवरा कर सकता है।

आपदा के दौरान गाँवों में स्वास्थ्य सुविधा मुहैया कराने और गुणवत्ता व क्षमता बढ़ाने में इससे बहुत मदद मिलती है।

दूर-दराज के इलाकों में टेले-मेडिसिन के द्वारा तुरंत चिकित्सा सुविधा उपलब्ध कराई जा सकती है क्योंकि इससे उस इलाके का संबंध शहरी क्षेत्रों से हो जाता है। इसके अलावा इससे कम पैसे में समय रहते दूर-दराज के क्षेत्रों की स्वास्थ्य समस्याओं की जानकारी भी मिल जाती है। परंतु प्रारंभ में किसी भी ग्रामीण या तटवर्ती क्षेत्रों के संचालन केंद्र से शहरी अस्पतालों के बीच वी-सैट संपर्क स्थापित करने के लिए सरकार या निजी क्षेत्र की वित्तीय सहायता आवश्यक है।

साजो-सामान नियोजन—आपदाओं के दौरान अस्पतालों और चिकित्सा केंद्रों को भी अतिरिक्त सामानों की आवश्यकता पड़ती है, जैसे कपड़े, प्रतिरक्षात्मक सामान, आपातकालीन

फाइल, संचार उपकरण, दवाएँ, दस्ताने, मशीनें आदि। इसलिए साजो-सामान का नियोजन महत्त्वपूर्ण हो जाता है।

साजो-सामान नियोजन के आधारभूत सिद्धांत इस प्रकार हैं–

- आपूर्ति का मानकीकरण;
- स्थानीय तौर पर उपलब्ध संसाधनों का उपयोग;
- आपदा के दौरान प्रभावित समुदाय की खास जरूरतों का आंकलन;
- बाहर से आने वाले संसाधनों का समुचित नियोजन;
- सूची नियंत्रण व्यवस्था;
- पर्याप्त भंडारण व्यवस्था; और
- कुशल परिवहन व्यवस्था।

शिक्षा और प्रशिक्षण–चिकित्सा तैयारी योजना के तहत आपदा प्रबंधन में शिक्षा और प्रशिक्षण कार्यक्रमों को शामिल किए जाने का भी प्रावधान होना चाहिए। अमेरिकन कॉलेज ऑफ सर्जन्स के अनुसार आपदा के समय जिस प्रकार की चुनौतियाँ सामने आती हैं वह सामान्य शल्य चिकित्सा से काफी भिन्न होती हैं। इसमें बिलकुल अलग नीति और नजरिया अपनाना पड़ता है। इसमें प्रत्येक रोगी के लिए सीमित संसाधनों के साथ काम करना पड़ता है और ज्यादा से ज्यादा लोगों की जान बचाने की कोशिश की जाती है। इसके लिए आपदा प्रबंधन में शिक्षा और प्रशिक्षण परम आवश्यक है। विभिन्न क्षेत्रों में शिक्षा और प्रशिक्षण की आवश्यकता पर बल दिया गया है–

- आपदा नियोजन और पूर्व अभ्यास;
- आपदा प्रबंधन व्यवस्था में स्थानीय, क्षेत्रीय और राष्ट्रीय संसाधनों का उपयोग;
- अस्पताल आपातकालीन व्यवस्था;
- संचार और सुरक्षा;
- मीडिया संबंध;
- स्वास्थ्यकर्त्ताओं की सुरक्षा और सुविधाएँ;
- जैविक, रासायनिक और विकिरण अनावृत्तियों की पहचान और निराकरण;
- हताहतों की छटाई व वर्गीकरण (ट्राऐज) के सिद्धांत और कार्यान्वयन;
- हताहतों का चिकित्सा मूल्यांकन, स्थाईत्व, विवरण एवं इलाज;
- रिकॉर्ड रखना;
- आपदा उपरांत पूर्वावलोकन, समीक्षा और रिपोर्टिंग;
- गंभीर अवस्था तनाव प्रबंधन (क्रिटिकल इनसीडेन्ट स्ट्रेस मैनेजमेंट); तथा
- आपदा प्रबंधन में अनुभव और प्रकाशित अनुसंधान।

सभी शल्य चिकित्सकों के लिए आपदा के सिद्धांतों और व्यवहार में खास स्तर की शिक्षा और प्रशिक्षण ग्रहण करना और बड़े पैमाने पर होने वाली आकस्मिक प्रबंधन के बारे में जानना आवश्यक माना गया है। स्वास्थ्य कार्यक्रम को प्रभावी बनाने के लिए शिक्षा और प्रशिक्षण लगातार चलने वाली गतिविधि होनी चाहिए और इसमें तत्कालीन और दीर्घकालीन गतिविधियों को ध्यान में रखना चाहिए। तत्कालीन योजना के तहत समुदाय को सूचित करना, ताजा जानकारी देना और उन्हें प्रेरित करना है। आने वाले संकट का धैर्य और

सुनियोजित ढंग से सामना करने के लिए प्रत्येक व्यक्ति को तैयार करना इसका उद्देश्य है। दीर्घावधि कार्य नीति के तहत नई पीढ़ी के नजरिए में बदलाव लाने का प्रयास किया जाता है। समुदाय के दीर्घावधि लाभ के लिए युवा पीढ़ी को सोचने, समझने और काम करने के लिए नजरिए को बदलने का प्रयास किया जाता है।

निम्नलिखित शिक्षण और प्रशिक्षण संस्थान आपदा शैक्षणिक और प्रशिक्षण कार्यक्रम चलाते हैं–

- नेशनल सेन्टर फॉर डिजास्टर मैनेजमेंट, नई दिल्ली।
- डिजास्टर मैनेजमेंट इन्स्टीट्यूट, भोपाल।
- नेशनल सिविल डिफेन्स कॉलेज, नागपुर।
- इन्दिरा गाँधी राष्ट्रीय मुक्त विश्वविद्यालय, नई दिल्ली।
- सेन्टर फॉर डिजास्टर मैनेजमेंट, पुणे।

आपदा का महामारी संबंधी अध्ययन–तैयारी नियोजन में आपदा के समय फैलने वाली महामरियों का भी अध्ययन करना चाहिए। एरिक नॉजी के अनुसार किसी खास समय और खास स्थान पर वहाँ की जनता की स्वास्थ्य संबंधी समस्याओं के कारणों और कारकों की खोज में महामारी रोग विज्ञान की महत्त्वपूर्ण भूमिका होती है। इससे प्राकृतिक और मानव निर्मित आपदाओं के स्वास्थ्य पर पड़ने वाले प्रभावों को जानने समझने का मौका मिलता है। महामारी रोग विज्ञान प्रविधि से आपदा से प्रभावित लोगों की समस्याओं को जाना जा सकता है, उनकी जरूरत के अनुसार संसाधनों की पहचान की जा सकती है तथा प्रतिकूल प्रभावों को नियंत्रित किया जा सकता है। विभिन्न चिकित्सा कार्यक्रमों की उपयोगिता को आँका जा सकता है, और भविष्य के लिए बेहतर योजनाएँ बनाई जा सकती हैं। जोखिम कारकों, चेतावनी और स्थान खाली कराने के नियोजन, दिशा-निर्देश बनाने, शिक्षा और प्रशिक्षण कार्यक्रमों को दुरुस्त करने, जन चेतना जगाने और लोगों को तैयार करने, आपदाओं के स्वास्थ्य परिणामों का पूर्वानुमान लगाने और आँकड़ा इकट्ठा करने तथा उसका विश्लेषण करने में महामारी रोग विज्ञान की सहायता ली जा सकती है। तात्कालिक और दीर्घावधि निर्णय लेने और योजना बनाने में भी इसकी मदद ली जा सकती है।

संयोजन (नेटवर्किंग)–राहत और बचाव कार्य में लगे सभी व्यक्तियों और एजेंसियों में तालमेल स्थापित करना चिकित्सा तैयारी संबंधी योजना का हिस्सा होना चाहिए। इस प्रकार के सहयोग और समन्वय में आपदा से प्रभावित लोगों को भी शामिल किया जाना चाहिए।

जनसंचार–सबसे महत्त्वपूर्ण बात यह है कि आपदा की घटनाओं को सनसनीखेज, बनाकर नहीं प्रस्तुत करना चाहिए। जनसंचार माध्यमों को समय पर आपदाओं की सूचना देनी चाहिए। इसके अलावा उन्हें लोगों को यह बताना चाहिए कि उन्हें क्या करना चाहिए और क्या नहीं करना चाहिए, मनोवैज्ञानिक नुस्खे बताने चाहिए, किस प्रकार आपदाओं से बचा जा सकता है इसकी भी जानकारी देनी चाहिए और यह भी बताना चाहिए कि कहाँ-कहाँ चिकित्सा और स्वास्थ्य सुविधाएँ उपलब्ध हैं।

(4) पुनरुत्थान–इसमें निम्नलिखित उपाय शामिल किए जा सकते हैं–

मनोवैज्ञानिक उपाय–यह जरूरी है कि आपदा के बाद मनोवैज्ञानिक समस्याओं या विकारों से प्रभावित लोगों को तुरंत और पर्याप्त मनोवैज्ञानिक सहायता पहुँचाई जाए क्योंकि आपदा से जनजीवन पर मनोवैज्ञानिक प्रभाव पड़ता है। आपदा से पीड़ित लोगों में कई प्रकार की प्रतिक्रियाएँ उत्पन्न होती हैं जो भावात्मक, मनोवैज्ञानिक तथा अंतर्वैयक्तिक समस्याएँ पैदा करती हैं। आपदा के बाद लोग हताश हो जाते हैं और कई बार तो वे भयभीत, आशंकित और निर्जीव भी हो जाते हैं। आपदा के तुरंत बाद लोगों को अनिद्रारोग हो जाता है, स्वभाव में परिवर्तन हो जाता है, तथा दुःस्वप्न आ सकते हैं। कभी-कभी आपदा के कई महीने बीत जाने के बावजूद लोगों को मानसिक दौरे भी पड़ते हैं। बार-बार उन्हें उस दुर्घटना की याद सताती है और वे जन जीवन से कटकर अंतर्मुखी हो जाते हैं। उनमें चिड़चिड़ापन आ जाता है, नींद नहीं आती है और भावावेश में वे कुछ भी करने की स्थिति में होते हैं।

इस स्थिति में कुछ कदम उठाए जा सकते हैं जो इस प्रकार हैं–

- आपदा का सामना करने के लिए लोगों को मानसिक रूप से तैयार करना;
- उन्हें भोजन और बसेरा देना और लोगों को ऐसे सुरक्षित स्थानों पर पहुँचाना जहाँ वे सामूहिक रूप से रह सकें;
- उन लोगों को शिक्षित करना जिनमें मानसिक तनाव के लक्षण दिखाई पड़े;
- सूचनाओं का आदान-प्रदान और समुदाय द्वारा समस्याओं और दुःख दर्द को बाँटना; तथा
- मनोवैज्ञानिक परामर्श देने के लिए सामुदायिक नेताओं को प्रशिक्षित करना।

हरीश शेट्टी ने मनोवैज्ञानिक हस्तक्षेपों और प्रयासों का उल्लेख किया है–

- मानसिक रूप से बीमार लोगों का पता लगाना;
- वेंटिलेशन; (लोग अपने दुःखों तथा तनावों को व्यक्त करते हैं);
- कैथेरसिस; (विरेचन);
- बार-बार आश्वासन देना;
- समर्थन;
- पारिवारिक जीवन शिक्षा;
- परामर्श और सशक्तिकरण;
- आध्यात्मिक प्रवचन;
- जीविका साधनों पर परामर्श;
- बातचीत;
- भ्रामक और मिथ्या बातों का निराकरण;
- जनव्यापी सांत्वना;
- विकास योजनाओं के बारे में सूचना देना और उन योजनाओं से लाभ उठाने में मदद करना; तथा
- समुदाय को मानसिक स्वास्थ्य के बारे में आम सूचना उपलब्ध कराना।

गंभीर अवस्था तनाव वाद-सारांश (क्रिटिकल इंसीडेन्ट स्ट्रेस डीब्रीफिंग)–भारत सरकार की उच्चस्तरीय समिति के एक रिपोर्ट में कहा गया है कि आपदा के दौरान राहत

कार्य करने वाले कर्मचारियों पर भी कई प्रकार के मनोवैज्ञानिक प्रभाव पड़ते हैं और वे मनोवैज्ञानिक परिणाम के शिकार हो जाते हैं। आपदा की भयावहता और जरूरी सामानों की कमी आदमी में शक्तिहीनता, आशाहीनता और निराशावादिता का भाव भर देती है। मृतकों के अंतिम संस्कार का कार्य बड़ा ही तनावपूर्ण होता है इसलिए यह जरूरी है कि सभी कार्यकर्त्ताओं को प्रतिदिन मानसिक सांत्वना दी जाए और उन्हें वाद-सारांश करने दिया जाए। इस प्रकार के प्रयत्नों से आपदा कार्यकर्त्ताओं को मानसिक यातना से उबरने में मदद मिलती है। जब कार्यकर्त्ता घटनाओं को विस्तार से सुनाता है तो उसके भीतर का गुबार निकलता है और उसका तनाव कम होता है। इसमें उनके कामों के सकारात्मक पक्ष को उभारना चाहिए और आपदा कार्य करते समय राह में आने वाली अप्रिय घटनाओं पर विजय प्राप्त करने में महारथ हासिल करवानी चाहिए। खासतौर पर प्रशिक्षित और गुणी व्यक्तियों को ही यह कार्य करना चाहिए। इसके अलावा जीवन को पटरी पर लाने के लिए आपदा प्रभावित समुदाय के सांस्कृतिक पक्ष को भी ध्यान में रखना चाहिए।

आपदा कार्यकर्त्ताओं को विविध समस्याओं, भाषाओं, धर्मों, रीति-रिवाजों और खाने-पीने की रुचियों का भी ध्यान रखना चाहिए। जिंदगी को पटरी पर लाने के लिए बुनियादी ढाँचे और अन्य सुविधाओं को पुनः बहाल करना पड़ता है। कभी-कभी यह काम मुश्किल हो जाता है क्योंकि इसमें कई निकायों से संयोजन और समन्वय करना पड़ता है। जिंदगी को फिर से पटरी पर लाने में कई साल लग जाते हैं क्योंकि समय-समय पर कई प्रकार की समस्याएँ और मुद्दे इसकी राह में बाधा पहुँचाते हैं।

प्रश्न 2. आपदा के बाद की समीक्षा पर टिप्पणी कीजिए।

उत्तर– 'द आस्ट्रेलियन इमरजेंसी मैनुयल' में आपदा के बाद संबंधित निम्नलिखित गतिविधियों की चर्चा की गई है–

- सभी कार्यवाहियों का पुनरीक्षरण और संशोधन करते हुए आपदा योजना की समीक्षा;
- उपलब्ध सामग्रियों का मूल्यांकन तथा जो सामग्री खत्म हो गई हो उसकी आपूर्ति;
- दस्तावेजीकरण, जिससे चिकित्सा-कानूनी मामलों, अस्पताल प्रबंधन और अनुसंधान में मदद मिलती है। आपदाओं से ली गई सीख को समुचित ढंग से दस्तावेजीकरण करना चाहिए और भविष्य के नियोजन और अनुसंधान में इसका उपयोग करना चाहिए; और
- लगातार अनुसंधान करना जिससे गुणात्मक शिक्षा और प्रशिक्षण दिया जा सके।

आपदाओं का महामारी संबंधी अध्ययन

प्रश्न 1. महामारी रोग-विज्ञान का अर्थ बताइए तथा इसके कारक का वर्णन कीजिए।

उत्तर– आरंभिक यूनानी रोमन सभ्यता से ही महामारी रोग-विज्ञान का अस्तित्व मिलता है। उन्नीसवीं शताब्दी में विज्ञान और दवाओं के विकास से इस दिशा में काफी प्रगति हुई। सबसे पहले छुआ-छूत वाली बीमारियों के संबंध में महामारी रोग-विज्ञान का अध्ययन किया गया था।

महामारी रोग-विज्ञान के अंग्रेजी पयार्य 'एपीडेमीयोलॉजी' (epidemiology) लैटिन शब्द 'एपीडेमीक' (epidemic) से बना है जिसमें 'एपी' (epi) यानी 'के बीच' 'डेमोस' (demos) यानी 'लोग', और 'लोगोस' (logos) यानी अध्ययन है। जॉन एम लास्ट (1988) के अनुसार किसी खास आबादी में स्वास्थ्य संबंधी फैलाव और निर्धारक तत्त्वों का अध्ययन और स्वास्थ्य समस्याओं पर नियंत्रण करने के लिए इस अध्ययन का व्यावहारिक उपयोग महामारी रोग-विज्ञान यानी एपीडेमीयोलॉजी है। एरिक नोजी के अनुसार महामारी रोग-विज्ञान मनुष्यों को होने वाली बीमारियों के फैलाव और निर्धारक तत्त्वों का मात्रात्मक अध्ययन है। महामारी रोग-विज्ञान की आधारभूत सूक्ति यह है कि पूरी आबादी में कोई खास बीमारी अचानक नहीं फूट पड़ती बल्कि इसके कुछ खास अनुमानित लक्षण होते हैं, जो किसी खास समय, स्थान और व्यक्तियों के समूह में कई बीमारियों, चोटों या अन्य स्वास्थ्य संबंधी परिणामों के रूप में प्रकट या व्यक्त होती हैं।

अतएव, महामारी रोग-विज्ञान में निम्नलिखित कारक महत्त्वपूर्ण हैं–

(1) बीमारी का फैलाव

(2) मनुष्य में इस बीमारी के फैलने के कारण (धारक)।

महामारी रोग-विज्ञान के तीन प्रमुख उद्देश्य हैं। इंटरनेशनल एपी-डेमीयोलॉजीकल एसोसिएशन के अनुसार महामारी रोग-विज्ञान के अध्ययन के निम्नलिखित उद्देश्य हैं–

(1) मनुष्यों में फैली बीमारियों और स्वास्थ्य संबंधी समस्याओं के फैलाव और व्यापकता का उल्लेख;

(2) बीमारी के रोगजनन में जोखिम कारकों को पहचानना; और

(3) बीमारियों की रोकथाम, नियंत्रण और इलाज के लिए सेवाओं का नियोजन, कार्यान्वयन और मूल्यांकन के लिए अनिवार्य आंकड़े उपलब्ध करना।

प्रश्न 2. महामारी रोग-विज्ञान की प्रविधियों का वर्णन कीजिए।

(जून-2018, प्र.सं.-1)

अथवा

महामारी रोग-विज्ञान अध्ययन की प्रविधियों का विवेचन कीजिए।

(जून-2019, प्र.सं.-2)

आपदाओं के कारणों एवं प्रभाव को निर्धारित करने के लिए महामारी रोग-विज्ञान की प्रविधियों का परीक्षण कीजिए। (जून-2020, प्र.सं.-1)

अथवा

आपदाओं के अध्ययन में प्रयुक्त महामारी रोग-विज्ञान के विभिन्न तरीकों का वर्णन कीजिए। (जून-2021, प्र.सं.-3)

उत्तर– महामारी रोग-विज्ञान प्रविधि प्राकृतिक और मानवकृत आपदाओं के कारण और परिणामों को जाँचने और उल्लिखित करने में मदद करती है। महामारी रोग-विज्ञान प्रविधि की सहायता से आपदा से प्रभावित लोगों की आवश्यकताओं को समझा जा सकता है, उनकी आवश्यकताओं को संसाधनों से जोड़कर देखा जा सकता है, विपरीत प्रभावों को नियंत्रित किया जा सकता है, विविध स्वास्थ्य कार्यों की समीक्षा की जा सकती है, और भविष्य के लिए बेहतर योजनाएँ बनाई जा सकती हैं। इनसे निम्नलिखित कार्यों/क्षेत्रों में मदद मिलती है–

- जोखिम कारकों की पहचान कर भविष्य में रूग्णता और मृत्यु दर में कमी करने की कार्यनीतियाँ तैयार करना;
- चेतावनी और स्थान खाली करवाने (evacuation) की व्यवस्था संबंधी योजना बनाना;
- आपदाओं के स्वास्थ्य परिणामों का पूर्वानुमान और लघु अवधि और दीर्घावधि निर्णय लेने के लिए विश्लेषण और आंकड़ा संकलन।
- जन जागरूकता पैदा करने और लोगों को तैयार करने के लिए दिशा-निर्देश बनाना तथा शिक्षा व प्रशिक्षण कार्यक्रम तैयार करना; और

दरें, अनुपात, समानुपात को आम उपकरण माना गया है। इसे अंतर्राष्ट्रीय निकायों और राष्ट्रीय स्वास्थ्य अभिकरणों की मान्यता प्राप्त है। इन उपकरणों की मदद से आबादी में फैली बीमारी और स्वास्थ्य संबंधी समस्याओं के वितरण और व्यापकता को वर्णित करने में मदद मिलती है।

इन उपकरणों की चर्चा इस प्रकार है–

दरें (Rates)–इसमें एक नियत समय में आबादी में फैली बीमारी या घटना को मापा जाता है। आमतौर पर हमारे देश में मोटे रूप से जन्म दर या मृत्यु दर को आधार बनाया जाता है। पूरे वर्ष में हुए जन्म को वर्ष के बीच की जनसंख्या से विभाजित कर और इसे एक हजार से गुणा कर मोटे तौर पर जन्म दर निकाली जा सकती है। इसी प्रकार मोटे-तौर पर मृत्यु दर का भी आंकलन किया जा सकता है।

या

$$\text{मोटे तौर पर मृत्यु दर} = \frac{\text{वर्ष के दौरान मृत्यु संख्या}}{\text{मध्यवर्ष की आबादी}} \times 1000$$

मोटे तौर पर प्राप्त मृत्यु दर से जनसंख्या में मृत्यु दर की एक सामान्य तस्वीर उभरती है परंतु स्वास्थ्य के और अधिक विशिष्ट मुद्दों को निर्धारित करने के लिए खास दरों का आंकलन किया जाता है जैसे उम्र विशेष मृत्यु दर, किसी खास वजह (मसलन मलेरिया) से हुई मृत्यु दर, आदि। इस प्रकार आपदाओं में मोटे तौर पर मृत्यु दर एक सामान्य सूचक ही होता है, हालाँकि इसकी सबसे पहले गणना की जानी चाहिए।

विशिष्ट मृत्यु दरों से स्वास्थ्य संबंधी समस्याओं की व्यापकता का स्पष्ट चित्र प्राप्त होता है। किसी खास बीमारी या घटना के कारण हुई कुल मौतों के निर्धारण के लिए इस प्रकार की मृत्यु दरों का आंकलन किया जाता है।

समाकलित या मानकीकृत दरें दो आबादियों की दरों या आंकड़ों की तुलना करने का अधिक उन्नतशील तकनीक है।

अनुपात (Ratios)–अनुपात दो मात्राओं के बीच का संबंध है जिसे एक व्यापकता को दूसरी व्यापकता से विभाजित कर निकाला जाता है। विभिन्न स्वास्थ्य नीति मुद्दों से निपटने के लिए अनुपात आवश्यक है। मसलन किसी क्षेत्र की आबादी के अनुपात में कितने डॉक्टर हैं यह जानना जरूरी है क्योंकि इससे यह पता चलेगा कि उस क्षेत्र में कितनी चिकित्सा सुविधा उपलब्ध है और पूरी आबादी की स्वास्थ्य संबंधी जरूरतों को पूरा करने के लिए और कितने चिकित्सक चाहिए। इसी प्रकार अनुपात की सहायता से कुपोषण और लोगों के स्वास्थ्य तथा आपदा आशंकित क्षेत्रों में विभिन्न बीमारियाँ होने की आशंकाओं का पता लगाया जा सकता है।

समानुपात (Proportions)–इसमें जनसंख्या के संदर्भ में समस्या का व्यापकता का वर्णन किया जाता है। उदाहरण के लिए कुल जनसंख्या में यक्षमा (टी.बी.) से पीड़ित व्यक्तियों की संख्या का प्रतिशत निकालने से कुल जनसंख्या की तुलना में इस प्रकार के व्यक्तियों की संख्या का पता लगाने में मदद मिलती है।

$$\frac{\text{यक्षमा से पीड़ित व्यक्तियों की संख्या}}{\text{कुल जनसंख्या}} \times 100$$

उपर्युक्त उपकरणों के अलावा आबादी में किसी बीमारी की उपस्थिति को उस घटना और उस घटना की मौजूदगी दोनों से मापा जाता है।

घटना (Incidence)–किसी खास समय में जनता से बीमारियों के कितने रोगी आते हैं, घटना कहलाता है। घटना दर को इस प्रकार आंकलित किया जाता है।

$$\frac{\text{किसी खास समय में किसी खास रोग से पीड़ित नए रोगियों की संख्या}}{\text{इस दौरान इसका सामना करने वाली आबादी}} \times 1000$$

इससे हमें आबादी के किसी खास हिस्से में होने वाली बीमारियों का अलग-अलग आँकड़ा मिल सकता है।

व्याप्ति (Prevalence)–व्याप्ति संबंध किसी खास समय में एक बीमारी या रोग से पीड़ित लोगों की कुल संख्या से है। जनसंख्या विशेष में बीमारी की व्यापकता का आंकलन निम्नलिखित फॉर्मूले से किया जा सकता है।

$$\frac{\text{किसी खास समय में किसी खास रोग से पीड़ित नए रोगियों की संख्या}}{\text{उस समय अनुमानित जनसंख्या}} \times 100$$

किसी खास समय में किसी खास आबादी में किसी खास बीमारी की मौजूदगी या व्याप्ति के आंकलन से इसके रोकथाम और इससे बचने की तैयारी के लिए कार्यनीति बनाने में मदद मिलती है।

इस प्रकार महामारी रोग-विज्ञान प्रविधि की मदद से जनसंख्या के स्वास्थ्य का आंकलन करने और उनके बीच फैली बीमारी की व्याप्ति और कारणों की खोज करने में मदद मिलती है।

महामारी रोग-विज्ञान अध्ययन को दो प्रकार के अध्ययनों में विभक्त किया जा सकता है, वर्णनात्मक और विश्लेषणात्मक।

(1) वर्णनात्मक अध्ययन–का संबंध समय; स्थान और व्यक्ति के संदर्भ में बीमारी के फैलाव के अध्ययन से है। वर्णनात्मक अध्ययन किसी भी महामारी रोग-विज्ञान खोजबीन का पहला चरण है।

(2) विश्लेषणात्मक अध्ययन–में रोग से जुड़े कारणों की खोज की जाती है। विश्लेषणात्मक अध्ययन में 'जनसंख्या' अध्ययन की एक इकाई होती है जिसमें पारिस्थितिकी या विभिन्न भागों का अध्ययन किया जाता है या फिर 'व्यक्ति' को अध्ययन की इकाई बनाया जाता है और इसमें रोग के नियंत्रण, व्याप्ति और इसके बाद होने वाले अध्ययनों को शामिल किया जाता है।

प्रश्न 3. 'बीमारी के फैलाव और कारणों का पता लगाने में महामारी रोग-विज्ञान की कार्यवाहियों वैज्ञानिक कार्य विधि का अनुसरण करती हैं। व्याख्या कीजिए।

(दिसम्बर-2018, प्र.सं.-2)

अथवा

महामारी रोग-विज्ञान की कार्यवाहियों पर एक टिप्पणी लिखिए।

(दिसम्बर-2019, प्र.सं.-2)

उत्तर—बीमारी के फैलाव और कारणों का पता लगाने में महामारी रोग विज्ञान की कार्यवाहियों के तहत वैज्ञानिक कार्यवाई की जाती है। इन कार्यवाहियों में मानकीकृत रास्ता अख्तियार किया जाता है—

(1) अध्ययन की जाने वाली जनसंख्या को परिभाषित करना,

(2) अध्ययन किए जाने वाले रोग को परिभाषित करना,

(3) रोग के फैलाव या वितरण का विवरण देना (वर्णनात्मक महामारी रोग-विज्ञान द्वारा)

(क) समय

(ख) स्थान

(ग) व्यक्ति

(4) बीमारी को मापना;

(5) कल्पना के आधार पर एक खाका (hypothesis) तैयार करना; तथा

(6) इस खाके का परीक्षण कर रोग के कारणों का निर्धारण करना (विश्लेषणात्मक महामारी रोग विज्ञान)।

इन चरणों का अध्ययन इस प्रकार है—

जनसंख्या को परिभाषित करना—महामारी रोग-विज्ञान कार्यवाही के प्रथम चरण में जनसंख्या को परिभाषित किया जाता है। जब-जब आपदाएँ आती हैं तब-तब उस भौगोलिक क्षेत्र में रहने वाली संपूर्ण जनसंख्या पर इसका प्रभाव पड़ता है। हाँ, घटना स्थल से नजदीकी या दूरी के कारण प्रभाव कम या ज्यादा अवश्य होता है।

महामारी रोग-विज्ञान विश्लेषण में क्षेत्र की पूरी जनसंख्या पर विचार किया जा सकता है परंतु पूरी जनसंख्या का महामारी रोग-विज्ञान जाँच करना असंभव है इसलिए कुछ नमूने इकट्ठे कर लिए जाते हैं। इन नमूनों में सभी उम्र, लिंग, रोजगार, सांस्कृतिक और सामाजिक विशिष्टताओं आदि के प्रतिनिधिक नमूने शामिल किए जाते हैं। इस प्रकार जनसंख्या का सही नमूने का आंकलन महामारी रोग-विज्ञान अध्ययन का पहला चरण है। हालाँकि इस अध्याय में हम नमूने चुनने की तकनीक पर बात नहीं कर रहे हैं परंतु जो विद्यार्थी इसके बारे में विस्तार से जानना चाहते हैं वे इस विषय की अनुसंधान प्रतिनिधियों जुड़ी कृतियों और सामग्रियों का अध्ययन कर सकते हैं।

रोग को परिभाषित करना—अगले चरण में आबादी में फैले या फैलने वाले रोगों को परिभाषित करना जरूरी होता है। भौगोलिक क्षेत्रों, लोगों की सामाजिक आर्थिक दशाओं और पर्यावरण संबंधी कारकों के कारण रोगों की किस्म भी अलग-अलग हो सकती है।

रोग के फैलाव का विवरण (वर्णनात्मक महामारी रोग-विज्ञान)—वर्णनात्मक महामारी रोग-विज्ञान समय, स्थान और व्यक्ति के संदर्भ में जनसंख्या में फैली बीमारी के प्रभाव का अध्ययन करता है। इन बीमारियों को एक साथ रखकर तुलना करने में मदद

मिलती है। किसी भी प्रकार के असामान्य बढ़ोत्तरी या किसी खास भौगोलिक क्षेत्र में इसके संकेंद्रण की ओर नियोजकों और स्वास्थ्य सेवा अधिकारियों का ध्यान आकर्षित किया जा सकता है। इस कारण सीमित संसाधनों को प्रभावित क्षेत्र के लिए उपयोग में लाया जा सकता है और इस प्रकार यह काफी लाभप्रद समीकरण हो सकता है।

बीमारी का फैलाव समय, स्थान और व्यक्ति के संदर्भ में हो सकता है, जिसका वर्णन निम्नलिखित किया गया है–

(1) समय वितरण–बीमारियाँ हमारे चारों ओर रहती हैं परंतु कतिपय पर्यावरणात्मक स्थितियों में ये बीमारियाँ तेज हो जाती हैं या बढ़ जाती हैं। कई बार बरसात के दिनों में बाहर का पानी पीने से परहेज करने का सुझाव दिया जाता है। यह एक खास समय में होने वाली बीमारी का सामान्य उदाहरण है जिसमें कुछ रोग (जैसे पानी के जरिए होने वाले रोग) प्रभावी और आम हो जाते हैं।

इस प्रकार हम यह कह सकते हैं कि बीमारी का वितरण समय द्वारा परिभाषित किया जा सकता है। समय-प्रवृत्तियाँ कई प्रकार की हो सकती हैं। ऊपर हमने मौसमी प्रवृत्ति का उदाहरण दिया है। इसी प्रकार समय प्रवृत्ति के दूसरे उदाहरण भी दिए जा सकते हैं। तीन प्रकार की समय-प्रवृत्तियाँ मौजूद हैं–

(क) लघु अवधि उतार-चढ़ाव–महामारी कम समय तक टिकने वाली बीमारी का उदाहरण है। जब किसी खास आबादी में रोगियों की संख्या सामान्य से बहुत ज्यादा हो जाती है तो उसे महामारी की स्थिति माना जाता है। यह मिथ्याधारणा है कि भौगोलिक क्षेत्र के बड़ी आबादी को प्रभावित करने पर ही यह माना जाता है कि महामारी फैल गई है। यदि किसी गाँव में संक्रमित हेपेटाइटिस की संख्या असामान्य तौर पर तेजी से बढ़ने लगती है तो यह कहा जा सकता है कि वहाँ महामारी फैलने लगी है।

(ख) सावधिक उतार-चढ़ाव–समय-समय पर होने वाली बीमारियों से हम परिचित हैं। इनफ्लुएंजा का प्रभाव जाड़ों में बढ़ता है। मॉनसून के समय पानी से संक्रमित रोगों और पेट में होने वाली बीमारियों की तादाद बढ़ती है। सर्वाधिक उतार-चढ़ाव तब उत्पन्न होती हैं जब पर्यावरण स्थितियाँ किसी भी रोग अथवा जीवाणु के पनपने में सहायक या अनुकूल होती हैं।

सर्वाधिक उतार-चढ़ाव को भी दो भागों में बाँटा जा सकता है–

(i) **मौसमी**–किसी खास मौसम में होने वाली बीमारी जैसे बरसात के मौसम में डायरिया।

(ii) **चक्रीय**–ऐसा माना जाता है कि इनफ्लुएंजा कई वर्षों के चक्र के बाद फिर से पनपता है।

(ग) दीर्घावधि या दीर्घकालिक प्रवृत्तियाँ–दीर्घावधि या दीर्घकालिक प्रवृत्तियाँ आमतौर पर पुराने या चिरकालिक रूग्णावस्था में दृष्टिगोचर होती हैं और इसका

संबंध समाज में सामाजिक-आर्थिक परिस्थितियों से होता है। भारत में हृदय रोगों में बढ़ोत्तरी इसी प्रकार की प्रवृत्ति का उदाहरण है जो सामाजिक-आर्थिक स्थितियों में उन्नति के साथ जुड़ा है।

महामारी में समय प्रवृत्तियों का निर्धारण निगरानी (surveillance) के जरिए होता है। निगरानी रोगों के बढ़ाव या घटाव को निर्धारित करने में सहायक होती है। निगरानी के परिणाम के आधार पर एक आनुमानित या परिकल्पित (hypothetical) ढाँचा तैयार किया जाता है।

(2) स्थल वितरण—विभिन्न स्थलों पर फैले रोगों का अध्ययन करना वर्णनात्मक अध्ययन का दूसरा घटक है। अलग-अलग स्थानों पर रोगों की स्थिति अलग-अलग होती है। इस क्षेत्र के प्रबंधन अभिकरणों को इसका पता होना चाहिए क्योंकि उस स्थान पर साजो-सामान की आवश्यकता उस क्षेत्र में फैले रोगों की प्रकृति के अनुसार ही तय होती है।

उत्तर-पूर्व क्षेत्रों और पानी से भरे क्षेत्रों में संधिपाद रोग होता है। दूसरी ओर हिमालय क्षेत्रों में ठंडे क्षेत्र के रोग फैलते हैं।

इसी प्रकार अलग-अलग क्षेत्रों में रोगों का फैलाव भी अलग-अलग होता है। एक ओर जहाँ शहरी क्षेत्रों में जनसंख्या का घनत्व ज्यादा होता है वहीं चिकित्सक सेवाओं भी समीप भी उपलब्ध होती हैं। दूसरी ओर ग्रामीण क्षेत्रों में जनसंख्या का घनत्व कम होता है परंतु चिकित्सा सेवा की उपलब्धता भी बदतर होती है। अतएव यहाँ की आबादी में संक्रामक रोग ज्यादा होते हैं और समय से चिकित्सा सेवा न मिलने से मौतें भी ज्यादा होती हैं।

घुमंतू या विभिन्न स्थानों में बसने वाली आबादी के अध्ययन से विभिन्न स्थानों में पाए जाने वाले बदलावों को जाना जा सकता है। घुमंतू आबादी के स्वास्थ्य की तुलना स्थानीय लोगों और जहाँ से वे आए हैं उस क्षेत्र की आबादी से की जा सकती है। इससे अलग-अलग स्थानों पर स्वास्थ्य की स्थिति का जायजा लिया जा सकता है और इस बदलाव के लिए उत्तरदायी कारकों का पता लगाया जा सकता है।

(3) व्यक्ति—वर्णनात्मक अध्ययन में रोगों से प्रभावित व्यक्तियों का अध्ययन किया जाता है। वर्णनात्मक अध्ययनों में उम्र, लिंग और जातीयता जैसे कारकों पर विचार किया जाता है। उदाहरण के लिए पाँच साल से छोटे बच्चों को खसरा ज्यादा होता है और इससे उन्हें निमोनिया भी हो सकता है। यह सुविदित तथ्य है कि पाँच वर्ष से छोटे बच्चों को खसरा जयादा होता है और उनमें ब्रोंको निमोनिया के लक्षण दिखाई पड़ने लगते हैं। लोगों की सामाजिक स्थिति और आर्थिक स्तर से भी रोगों का संबंध होता है। शहरी झुग्गी-झोंपड़ियों में रहने वाले लोगों की बस्तियों के कारण वहाँ संक्रामक रोग फैलने का ज्यादा खतरा होता है। आपदाओं के अस्थाई शिविरों में जहाँ एक साथ बहुत ज्यादा लोग रह रहे होते हैं इस तरह की स्थिति पैदा हो सकती है।

तनाव से भी रोगों का रिश्ता है। आपदाओं के दौरान तनाव आम बात होती है। इस दौरान ज्यादा से ज्यादा लोग शारीरिक या मानसिक तनाव से ग्रस्त होते हैं। आपदा स्थलों पर काम कर रहे कार्यकर्त्ताओं को मानसिवक तनाव हो सकता है क्योंकि उन्हें जरूरत से ज्यादा

मेहनत करनी पड़ती है और प्रभावित लोगों की यातना और दु:खों से रूबरू होना पड़ता है। इसलिए वे सदमे के दौर से गुजर सकते हैं और मानसिक रूप से विक्षिप्त भी हो सकते हैं।

बीमारी की माप–किस आबादी में कौन सा और किस प्रकार का रोग कितना फैला है यह जानने के लिए रोग की मौजूदगी और फैलाव को जानना जरूरी है। इसके लिए विभिन्न क्षेत्रों के लोगों का अध्ययन आपदाओं में महत्त्वपूर्ण भूमिका निभाता है। विभिन्न क्षेत्रों के लोगों का अध्ययन, व्याप्ति अध्ययन भी कहलाता है और एक समय विशेष में जनसंख्या में रोगियों की कुल संख्या का पता लगा सकता है। पिछले कुछ वर्षों में फैले रोगों का अध्ययन कर रोगों के बारे में कुछ तथ्य इकट्ठे किए जा सकते हैं और इसकी भयावहता का निर्धारण किया जा सकता है।

पूर्वानुमान (परिकल्पना) का निर्माण–महामारी रोग-विज्ञान में भविष्य की दिशाएँ निर्मित करने के लिए पूर्वानुमान (परिकल्पना) का सहारा लिया जा सकता है। पूर्वानुमान या परिकल्पना को निर्धारित करने के लिए चार प्रविधियाँ होती हैं–

- **अंतर की प्रविधियाँ**–क्या आबादी में किसी कारक के रहने या न रहने से रोग की बारंबारता पर कोई असर पड़ता है।
- **सहमति**–किसी बीमारी के दौरान कई परिस्थितियों में यदि एक कोई सामान्य कारक मौजूद रहता है तो उसे रोग का कारण माना जा सकता है।
- **सहवर्ती विभिन्नता**–विभिन्न परिस्थितियों में किसी एक कारक की मौजूदगी से होने वाले रोग।
- **सादृश्य**–किसी रोग का फैलाव अन्य रोगों की तरह हो सकता है, जिसका सफलतापूर्वक परीक्षण कर लिया गया हो और इससे कुछ सामान्य कारकों का पता चला हो।

महामारी रोग-विज्ञान पूर्वानुमान में निम्नलिखित पक्ष शामिल रहने चाहिए–

(1) व्यक्तियों/आबादी की विशिष्टताएँ

(2) पर्यावरणात्मक प्रभाव जैसे कुछ कारणों का उल्लेख

(3) अपेक्षित परिणाम – रोग

(4) एक्सपोस्चर-रीस्पान्स संबंध– कारणों की मात्रा जिससे जोखिम शुरू होता है।

(5) समय-अनुक्रिया संबंध– घटना के घटने और उसके प्रभावों के दिखने के बीच लगने वाला समय।

पूर्वानुमान (परिकल्पना) की जाँच)–वर्णनात्मक अध्ययन के आधार पर निर्मित पूर्वानुमान के कारणात्मक संबंधों को स्थापित करने के लिए जाँच के दौर से गुजरना पड़ता है। सबसे पहले पूर्वानुमान की पारिस्थितिकी जाँच होनी चाहिए।

विशिष्टताओं से युक्त जनसंख्या समूहों को जब इन विशिष्टताओं से रहित जनसंख्या के संदर्भ में जाँचा जाता है तो इसे पारिस्थितिकी जाँच कहते हैं। इसके आधार पर कारणात्मक पूर्वानुमान निर्मित किया जा सकता है। यह विश्लेषणात्मक महामारी रोग-विज्ञान का आरंभ है।

विश्लेषणात्मक महामारी रोग-विज्ञान रोग के कारणों का निर्धारण करता है और कारणात्मक संबंध स्थापित करता है। मूलत: विश्लेषणात्मक महामारी रोग विज्ञान में दो अध्ययन किए जाते हैं–

- विभिन्न मामलों को नियंत्रण करने संबंधी अध्ययन (Case Control Study) एक प्रकार का अतीतकालीन अध्ययन होता है जिसमें पीछे मुड़कर देखा जाता है। इसमें रोगों से प्रभावित जनसंख्या से कुछ नमूने लिए जाते हैं और इसके कारणात्मक संबंधों की ऐतिहासिक जाँच होती है।
- सहगण अध्ययन या कोहर्ट अध्ययन इससे बिल्कुल उलट है जिसमें आगे घटने वाली घटनाओं के साथ-साथ चला जाता है और जहाँ किसी रोग के कारणों और जुड़ावों को स्थापित करने के लिए कुछ खास समय तक प्रातिनिधिक आबादी को और वहाँ घटने वाली घटनाओं को लगातार और नजदीक से देखा जाता है।

प्रश्न 4. आपदा चिकित्सा में आपदाओं के महामारी रोग-विज्ञान अध्ययन के महत्त्व का विवेचन कीजिए। (दिसम्बर-2017, प्र.सं.-1)

अथवा

'महामारी रोग-विज्ञान अध्ययन की मदद से आपदा प्रबंधन के कई पक्षों को जाना जा सकता है।' टिप्पणी कीजिए। (जून-2019, प्र.सं.-1)

उत्तर– एरिक नोजी के अनुसार महामारी रोग-विज्ञान अध्ययन की मदद से आपदा प्रबंधन के निम्नलिखित पक्षों को जाना जा सकता है–

- आपदाओं की निगरानी;
- किसी आपदा का सार्वजनिक स्वास्थ्य परिणाम का मूल्यांकन;
- आपदा के निकट स्वास्थ्य परिणामों के प्राकृतिक इतिहास का मूल्यांकन;
- प्रतिकूल स्वास्थ्य प्रभावों के जोखिम कारकों का विश्लेषणात्मक अध्ययन;
- रोग की पहचान और इलाज की कार्यकुशलता और प्रभावोत्पादकता का अस्पताल में जाँच;
- दीर्घावधि स्वास्थ्य परिणामों का जनसंख्या आधारित अध्ययन;
- किसी आपदा के मनोवैज्ञानिक प्रभाव का अध्ययन; तथा
- विभिन्न प्रकार के सहयोग की प्रभावोत्पादकता और आपदा आने से पहले लोगों की जैसी स्वास्थ्य स्थिति थी वह स्थिति फिर से बहाल करने के लिए आपदा काल में की गई राहत का दीर्घावधि प्रभाव का मूल्यांकन।

यहाँ हम महामारी रोग-विज्ञान अध्ययन की महत्ता की चर्चा आपदा के तीनों चरणों, अर्थात् पहले, दौरान, व बाद में अलग-अलग से करेंगे।

आपदा के पहले–आपदा के पहले महामारी रोग विज्ञान के तहत आमतौर पर इलाके का सर्वेक्षण किया जाता है। वस्तुत: यह महामारी रोग विज्ञान का आधार-स्तंभ है। सार्वजनिक स्वास्थ्य कार्यक्रमों के नियोजन, कार्यान्वयन और मूल्यांकन में उपयोग के लिए

किसी खास समय में हुई स्वास्थ्य संबंधी समस्याओं के संबंध में आँकड़ा प्राप्त करने, उन्हें व्यवस्थित करने, विश्लेषण करने और व्याख्यायित करने का काम सार्वजनिक स्वास्थ्य निगरानी के तहत होता है। निगरानी के द्वारा विश्वसनीय आँकड़ा प्राप्त होता है जिसका उपयोग चिकित्सा स्वास्थ्य कार्मिक खासतौर पर आपदा स्वास्थ्य प्रबंधन के लिए करता है।

निगरानी प्रत्यक्ष या अप्रत्यक्ष तौर पर की जा सकती है। प्रत्यक्ष निगरानी अस्पताल आँकड़ा, ओपीडी में रोगियों की उपस्थिति, और टेलीफोन सर्वेक्षण पर आधारित हो सकता है। वर्तमान में, निगरानी तंत्र के तहत अलग रिपोर्टिंग इकाइयाँ बनाई गई हैं, जिन्हें 'सेंटिनल रिर्पोर्टिंग यूनिट' के नाम से भी जाना जाता है। अप्रत्यक्ष निगरानी में स्कूल में बच्चों की अनुपस्थिति जैसे आँकड़ों का उपयोग किया जा सकता है जो कई स्थितियों में उपयोगी होता है। अखबार की कतरनें, टेलीविजन और रेडियो सूचनाएँ और सार्वजनिक वार्तालाप, संक्रामक रोग के बारे में आरंभिक जानकारी प्राप्त करने के लिए अप्रत्यक्ष निगरानी का अच्छा माध्यम है।

कमजोर या खराब सूचना तंत्र और अप्रभावी निगरानी प्रणालियों के कारण संक्रामक रोग की बीमारियों से संबंधित सूचनाएँ कम मिल पाती हैं। निगरानी प्रणाली विकसित करने के लिए बड़ी संख्या में स्वास्थ्य और अर्धचिकित्साकर्मियों की निष्ठा और कर्तव्यपरायणता की जरूरत होगी। निगरानी प्रणाली का केंद्र जिला मुख्यालय में स्थापित होना चाहिए और उसके संपर्क सूत्र मजबूत होने चाहिए।

इस प्रकार के संपर्क सूत्र के संगठन और नियोजन जिला स्वास्थ्य संगठन में होना चाहिए और वहाँ एक महामारी रोग-विज्ञानी और सांख्यिकी विशेषज्ञ भी उपलब्ध होना चाहिए। इस संपर्क सूत्र में दूर-दराज के इलाकों में काम करने वाले स्वास्थ्यकर्मी, गैर-सरकारी संगठन और जनता के सदस्य भी शामिल होने चाहिए। इस प्रकार के संगठन से उन महामारी रोग संबंधी कारकों को पहचानने में मदद मिलेगी जो संक्रामक रोग फैलने की आशंका और क्षमता को निर्धारित करेंगे।

निगरानी के साथ-साथ महामारी रोग-विज्ञान का उपयोग दो अन्य क्षेत्रों में भी किया जा सकता है-

आपदा या संकट विश्लेषण-इसके तहत अतीत में हुई आपदा की प्रकृति, स्रोत, घटना, वितरण और परिणामों से जुड़े आँकड़ों का विश्लेषण किया जाता है ताकि भविष्य में उनके संभाव्य परिणामों का अनुमान लगाया जा सके तथा इससे प्रभावित होने वाले समुदायों के स्वास्थ्य के लिए योजना बनाते समय आपदा प्रबंधनकर्मियों को सुविधा हो सके।

संवेदनशीलता विश्लेषण-इसके तहत आपदा के समय जनसंख्या के जोखिमों का विश्लेषण किया जाता है। नोजी के अनुसार संवेदनशीलता विश्लेषण आबादी के घनत्व और भौगालिक वितरण, स्वास्थ्य और बचाव संबंधी प्रणालियों की अवस्थिति, ऊँची इमारतों में रहने वाले लोग और इन संरचनाओं व लोगों को होने वाले संभावित खतरे से जुड़ी सूचनाओं पर निर्भर करता है। इन सूचनाओं के आधार पर स्वास्थ्यकार्मिक खतरे में पड़ने वाले व्यक्तियों की सुरक्षा के लिए तैयारी कर सकते हैं।

दोनों ही प्रकार के अध्ययन अतीत में हुई आपदाओं की सूचनाओं को अपना आधार बनाते हैं।

संकट और संवेदनशीलता विश्लेषण की मदद से आपदा परिस्थिति का सामना करने में मदद मिलती है। इससे स्वास्थ्यकर्मचारियों को आपदा के परिणामस्वरूप संभावित स्वास्थ्य समस्याओं का पता रहता है। इसके आधार पर वे आपदा प्रबंधन की तैयारी कर सकते हैं, कवायद कर सकते हैं, चेतावनी की व्यवस्था कर सकते हैं और खोज, राहत तथा लोगों, को आपदा स्थल से बाहर निकालने की प्रणाली विकसित कर सकते हैं।

इस प्रकार आपदा आने से पहले निम्नलिखित महामारी रोग-विज्ञान कार्रवाइयाँ की जा सकती हैं–

(1) निगरानी प्रणाली की स्थापना; तथा

(2) संकट और संवेदनशीलता विश्लेषण।

आपदा के दौरान–अतीत की आपदाओं के स्वास्थ्य परिणामों से संबंधित एकत्रित निगरानी आंकड़े की मदद से महामारी रोग-विज्ञानी भविष्य के स्वास्थ्य परिणामों पर सुझाव दे सकता है और आपदा के दौरान की जाने वाली कार्रवाई की योजना बना सकता है।

आपदा आने पर महामारी रोग-विज्ञान के अध्ययन से प्रभावित जनसंख्या को परिभाषित करने, उनकी जरूरतों को जानने और समझने और स्वास्थ्य संबंधी अन्य प्रकार के जोखिमों को पहचानने में मदद मिलती है।

इसी प्रकार महामारी रोग-विज्ञान अध्ययन की सहायता से आपदा संबंधी सूचनाओं को एकत्र करने में मदद मिलती है। ये सूचनाएँ प्रभावित क्षेत्र और आबादी, परिवहन और संचार की उपलब्धता, पेय जल की उपलब्धता, मल निकास की व्यवस्था, हताहतों का आंकलन, अस्पतालों की क्षमता और मृतकों तथा घायलों की संख्या से संबंधित सूचनाएँ से संबद्ध होती है। हवाई सर्वेक्षण, समुदाय और राहतकर्मियों से प्राप्त सूचना, विभिन्न प्रकार के सर्वेक्षण जैसे आरंभिक तीव्र सर्वेक्षण, विस्तृत बहु-विषयी सर्वेक्षण और विशिष्ट समस्याओं का सर्वेक्षण का उपयोग इस प्रकार की सूचनाएँ एकत्र करने के लिए किया जाता है।

इन सूचनाओं और रिर्पोटों को समय से भेजना निहायत जरूरी है। आपदाओं के दौरान आमतौर पर संचार का संपर्क छिन्न-भिन्न हो जाता है। इसलिए रिपोर्ट को भेजने के लिए संचार के वैकल्पिक साधनों का भी पता लगाकर रखना चाहिए। रिपोर्ट मिलते ही महामारी रोग-विज्ञानी और स्वास्थ्य प्राधिकरण को तुरंत इन रिपोर्टों का विश्लेषण करना चाहिए। किसी भी प्रकार के घटना के असामान्य गति से बढ़ने को तुरंत रोकने की कार्रवाई की जानी चाहिए इसके पहले कि वह महामारी में परिणत हो जाए। यह भी देखना चाहिए कि आपदा क्षेत्र में काम कर रही इकाइयाँ केंद्रीय अभिकरणों के सीधे संपर्क में रहें। इस प्रकार के उपलब्ध आंकड़ों की व्याख्या करनी चाहिए और इसके बाद ही संसाधनों का वितरण करना चाहिए और सबसे ज्यादा जरूरतमंद लोगों के पास राहत सामग्री भेजनी चाहिए।

इसके बाद राज्य और केंद्र प्राधिकरणों के पास महामारी रोग-विज्ञान संबंधी सूचना भेजनी चाहिए। राज्य स्तर और राष्ट्र स्तर पर तैयार रिपोर्टिंग से दो अलग-अलग क्षेत्रों से आई

रिपोर्टों की तुलना की जा सकेगी। इससे व्यवस्था की कमजोरी भी समझ में आएगी। भविष्य के लिए संसाधनों की योजना बनाई जा सकती है और अधिशेष संसाधनों को जरूरतमंद इलाकों में विवेकपूर्ण ढंग से पहुँचाया जा सकता है। इससे आपदा क्षेत्रों की जरूरतों को मानकीकृत करने में मदद मिलेगी।

आपदा के बाद–आपदा के बाद वाले चरण में महामारी रोग-विज्ञान के प्रमुख उद्देश्य इस प्रकार हैं–

(1) आपदाओं के दौरान उपयोग किए गए निगरानी तंत्र का विश्लेषण–निगरानी तंत्र के सामर्थ्य और कमजोरियों की पहचान और विश्लेषण किया जाता है। साथ ही साथ इस विश्लेषण में मौजूद निगरानी प्रणाली को और कारगर बनाने के लिए नए उपाय भी सुझाए जाते हैं जैसे– हम रेडियो का उपयोग भविष्य के संचार संपर्कों के लिए किया जा सकता है।

मौजूदा कमजोरियों और सीमाओं के मद्देनजर निगरानी प्रणाली को पुनर्संगठित करने का प्रयास किया जा सकता है।

(2) सार्वजनिक स्वास्थ्य समस्या पैदा करने वाले संक्रामक रोगों की पहचान–आपदा आने के बाद जो संक्रामक रोग प्रभावित आबादी के स्वास्थ्य पर बुरा असर डालती है उसकी पहचान कर ली जाती है और उसको फैलने से रोकने के कारगर उपाय किए जाते हैं।

(3) संक्रामक रोगों से जुड़ी सूचना प्राप्त करने और अफवाह की जाँच करने के लिए प्रभावित क्षेत्र का दौरा–आपदाओं के दौरान महामारी फैलने की अफवाह अक्सर फैल जाती है। इन अफवाहों को फैलने से रोकने के लिए क्षेत्र में काम कर रही इकाइयाँ को इलाके का दौरा, जाँच और निगरानी करनी चाहिए।

इस प्रकार की अफवाहों को फैलने से रोकने के लिए विश्वस्त तथ्य और आँकड़े की उपलब्धता अत्यंत आवश्यक है और इनका शीघ्र संचारण जरूरी है। इसी में स्थानीय लोगों की भूमिका बढ़ जाती है क्योंकि समुदाय से बाहर के व्यक्तियों द्वारा निगरानी समुदाय पूर्ण रूप से कभी भी स्वीकार नहीं करती है।

(4) सुनिश्चित परिणाम प्राप्त करने के लिए प्रयोगशालाओं के काम करने का मूल्यांकन–प्राथमिक से लेकर उन्नत किस्म की प्रयोगशालाओं के बीच एक ऐसा संपर्क सूत्र निर्मित किया जाना चाहिए जिससे नमूने (सेम्पल) की तेजी से उन्नत केंद्रों में भेजा जा सके।

(5) निर्णय लेने के लिए रिपोर्ट प्रस्तुत करना–महामारी रोग-विज्ञान संबंधी जाँच की रिपोर्ट निर्णय करने वालों के समक्ष अवश्य रखनी चाहिए। इन रिपोर्टों के द्वारा आपदा के दौरान अनुभव किए गए सीमाओं और समस्याओं का उल्लेख किया जाता है। इससे निर्णयकर्त्ताओं को भविष्य की योजना बनाने में मदद मिलती है और वे इस बात से आश्वस्त हो जाते हैं कि पिछले सबक के आधार पर इसे रूपांतरित या परिवर्तित किया गया है।

(6) भविष्य के लिए संसाधनों का जुगाड़—वास्तविकता तथा वैज्ञानिक अध्ययनों के आधार पर भविष्य के लिए संसाधनों के जुगाड़ की योजना बनाई जानी चाहिए।

(7) लोगों को शिक्षित करना—जनता को आपदा के परिणामों के संबंध में अवश्य शिक्षित किया जाना चाहिए और उन्हें इसके परिणामों, सबकों और भविष्य के लिए रोकथाम के उपाय भी बताए जाने चाहिए।

उत्तरआपदा चरण में महामारी रोग-विज्ञान अध्ययन अति महत्त्वपूर्ण है क्योंकि इसके द्वारा आपदा के पहले, दौरान और उसके बाद किए गए आपदा प्रबंधन के लिए निर्णायक आंकड़े उपलब्ध होते हैं।

जोखिम की रोकथाम

प्रश्न 1. आपदाओं में जोखिम की रोकथाम का अर्थ समझाइए।

अथवा

जोखिम की रोकथाम की व्याख्या कीजिए।

अथवा

आपदाओं में जोखिम की रोकथाम के संदर्भ में स्वच्छता और सफाई संबंधी उपायों का वर्णन कीजिए। (दिसम्बर-2018, प्र.सं.-3)

उत्तर– जोखिम की रोकथाम के तीन स्तर हैं मसलन, प्राथमिक रोकथाम स्तर, माध्यमिक रोकथाम स्तर और उच्च रोकथाम स्तर। प्राथमिक रोकथाम स्तर के अंतर्गत स्वास्थ्य संवर्धन और विशिष्ट संरक्षण पर बल दिया जाता है। यह कदम आमतौर पर बीमारी फूटने से पहले उठाया जाता है और यह रोगाणु, पर्यावरण तथा आस-पास की स्थितियों और परिस्थितियों पर निर्भर करता है। रोग की पहचान करने के तुरंत बाद दूसरा चरण या माध्यमिक रोकथाम स्तर की शुरूआत होती है। तीसरे चरण या उच्च रोकथाम स्तर में नुकसान को कम करने की कोशिश की जाती है और लोगों के पुर्नवास का प्रयास किया जाता है।

अंतिम दो चरण या स्तर रोग फूटने के बाद शुरू होते हैं।

चूँकि माध्यमिक और उच्च रोकथाम के स्तरों का संबंध रोग फूटने के बाद से आरंभ होता है और इसमें चिकित्सा प्रबंधन का प्रमुख योगदान होता है। यहाँ हम रोकथाम के सर्वप्रमुख स्तर यानि प्राथमिक रोकथाम पर चर्चा करेंगे।

रोकथाम एक समग्र विज्ञान है और यह रोगाणु, पर्यावरण और आस-पास की परिस्थितियों और स्थितियों पर निर्भर करता है। किसी भी रोकथाम कार्यक्रम की सफलता के लिए तीनों स्तरों में जोखिम कारकों को पहले से पहचानना जरूरी होता है। जोखिम की रोकथाम के लिए केवल रोगी के रोग का पता लगाना ही जरूरी नहीं है या यही काफी

नहीं है कि कितने लोग इससे प्रभावित हुए हैं बल्कि पर्यावरणात्मक कारकों को भी ध्यान में रखना जरूरी होता है। इसलिए जोखिम रोकथाम की कार्यनीति बनाते समय निम्नलिखित घटकों को शामिल किया जाना चाहिए–

(1) टीकाकरण–पिछली शताब्दी से किसी संक्रामक रोग का टीकाकरण और रोग का असंक्रमीकरण तेजी से जनता में लोकप्रिय हुआ है। सभी प्रकार की बीमारियों की रोकथाम के लिए किए जाने वाले अभियानों का यह प्रमुख औजार और केंद्र बिंदु बन गया है। विश्व स्वास्थ्य संगठन द्वारा चलाया गया चेचक के टीकाकरण अभियान से यह रोग पूरी तरह समाप्त हो गया है। विभिन्न बीमारियों के लिए अलग-अलग प्रकार के टीके बनाए गए हैं और अच्छी दवाइयाँ बनाने के लिए लगातार शोध हो रहा है।

साधारण शब्दों में असंक्रमीकरण एक व्यक्ति असंक्राम्य है जब उसके शरीर की प्रतिरोधक क्षमता उसे किसी भी रोग-विषयक बीमारी, जो किसी विशिष्ट रोगाणु से उत्पन्न होती है, से बचा सकती है। टीकाकरण के दौरान एक व्यक्ति के शरीर में रोगाणु का एक अंश डाला जाता है जिससे शरीर में एन्टीबॉडिज पैदा होती है जो उस व्यक्ति की प्रतिरोधक क्षमता को बढ़ाती है और रोग से रक्षा करती है। भविष्य में यदि वह व्यक्ति रोगाणु के संपर्क में आता है तो उसके शरीर में तुरंत रोगाणु खिलाफ प्रतिरोधक क्षमता विकसित हो जाती है और उसका शरीर बीमारी फैलने वाले रोगाणुओं से उसकी रक्षा करता है। बीमारियों को रोकने के लिए टीकाकरण और असंक्रमीकरण अब बेहद लोकप्रिय हो चुके हैं। इसके तहत पूरी आबादी को असंक्रमित/टीकाकरण कराया जाता है। कुछ स्थितियों में इससे प्रभावित लोगों को ही असंक्रमित किया जाता है।

पिछली शताब्दी में टीका और असंक्रमण दवाइयों के आविष्कार से अंतर्राष्ट्रीय संगठनों और स्वास्थ्य एजेंसियों ने रोग की रोकथाम के लिए आपदा के बाद बड़े पैमाने पर सबके लिए टीकाकरण की वकालत की है। इसलिए आपदा के बाद बड़े पैमाने पर टीकाकरण और असंक्रामण का कार्य किया जाता है। हालाँकि इधर यह अनुभव किया गया है कि बड़े पैमाने पर किए जाने वाले रोकथाम और असंक्रमण महंगे साबित हो रहे हैं। इसके साथ कई समस्याएँ भी पैदा होती हैं। इन टीकों का एक समय तक ही प्रभाव रहता है। ज्यादातर टीके इन बीमारियों का पूरी तरह मुकाबला नहीं कर पाते। इसके अलावा आपदा के बाद कई तरह की बीमारियाँ फैलती हैं जिसमें किसी एक तरह के टीके से काम नहीं चलता। बड़े पैमाने टीकाकरण पर जरूरत से ज्यादा बल देने से सफाई और स्वच्छता जैसे मुद्दों से ध्यान हट जाता है। यह भी देखा गया है कि टीके की गुणवत्ता और क्षमता को बचाए रखने के लिए जो उपाय किए जाने चाहिए वे अक्सर नहीं किए जाते हैं। इसलिए आपदा प्रभावित क्षेत्रों में बड़े पैमाने पर रोकथाम करना बहुत व्यावहारिक साबित नहीं होता है।

आमतौर पर पूरे देश में आपदा आने से पहले राष्ट्रीय स्तर पर और राष्ट्रीय कार्यक्रम के तहत टीकाकरण/असंक्रमण का कार्यक्रम चलता रहता है। भारत में लोगों को बी.सी.जी., टीटनस, खसरा, डिफथेरिया, कुकुर खांसी और पोलियो का टीका दिया जाता है। इसके अलावा हैजा, प्लेग जैसे टीके भी दिए जाते हैं। ये टीके जरूरत पड़ने पर ही दिए जाते हैं। हालाँकि ये नियमित कार्यक्रम के अंतर्गत शामिल नहीं हैं।

इसलिए आपदा के लिए काम कर रहे विश्व स्वास्थ्य संगठन (WHO) और अंतर्राष्ट्रीय एजेंसियों ने केवल जोखिम वाली जनसंख्या के टीकाकरण पर ही बल दिया है। इसके लिए असरदार निगरानी तंत्र का होना बहुत जरूरी है। निगरानी तंत्र द्वारा आजकल जोखिम वाले इलाके को असरदार तरीके से पहचान लिया जाता है। जहाँ महामारी का खतरा दिखाई देता है वहाँ टीकाकरण व संक्रमणीकरण का अभियान चलाया जाता है। बच्चे और बूढ़ों के प्रभावित होने की आशंका सबसे ज्यादा होती है। इसलिए सबसे पहले उन्हें ही टीके लगाए जाने चाहिए।

आपदा राहतकर्मियों को भी टीका लगाया जाना चाहिए। पैन अमेरिकन हेल्थ ऑर्गेनाइजेशन (PAHO) और विश्व स्वास्थ्य संगठन ने आपातकाल के दौरान टीकाकरण से जुड़े कारकों की चर्चा की है जो इस प्रकार है–

(क) प्रभावित होने वाली आबादी

(i) जनता की प्रतिरोधक क्षमता का स्तर (प्राकृतिक या पूर्व दिए गए टीकाकरण से)

(ii) जोखिम से प्रभावित होने वाला आयु समूह

(iii) आबादी स्थाई रूप से बसी है या प्रवासी है?

(iv) क्या पहले टीकाकरण हो चुका है?

(ख) पहुँच

(i) क्या आबादी घनी है या फैली हुई है?

(ii) आबादी द्वारा टीकाकरण की स्वीकार्यता का स्तर?

(iii) आबादी तक पहुँचने का रास्ता?

(iv) परिवहन साधन?

(ग) टीकों की उपलब्धता

(i) तुरंत उपयोग के लिए उपलब्ध मात्रा।

(ii) भंडार गृह से आपदा स्थल तक पहुँचने का अनुमानित समय।

(iii) विदेश से दवा मँगवाने का अनुमानित समय।

(iv) दवा प्राप्ति में देरी के परिणाम।

(v) उपलब्ध आपूर्ति से कितने लोगों को पूरी तरह टीका लगाया जा सकता है।

(घ) टीका की गुणवत्ता

(i) रोग रोकने की वास्तविक क्षमता।

(ii) प्रभावी संरक्षण।

(iii) टीके का स्थाईत्व।

(iv) खुराकों के बीच समय अंतराल।

(ङ) उपलब्ध संसाधन

(i) टीकाकरण के लिए प्रशिक्षित कार्मिक।

(ii) टीका के भंडारण और परिवहन के लिए रेफ्रिजरेटर, फ्रीजर और असंक्रमित बर्तनों की उपलब्धता।

(iii) सीरिन्ज और विसंक्रमित सुइयों की उपलब्धता।

(iv) विसंक्रमण के लिए उपयोग में लाए जाने वाले ईंधन का प्रकार।

(v) बर्फ बनाने की क्षमता।

(च) प्राथमिकता और विकल्प

(i) टीकाकरण को दिए गए प्राथमिकता पर विचार।

(ii) रोग को रोकने या नियंत्रित करने के वैकल्पिक उपायों की खोज।

(iii) अन्य प्राथमिकताओं की तुलना में इसका कुल खर्च या परिचालन लागत।

(2) स्वच्छता और सफाई–सभी आपदाओं में पर्यावरण पर सबसे बुरा असर पड़ता है जिससे आबादी की बुनियादी सुविधाएँ प्रभावित होती हैं। राहत शिविरों में एक ही जगह लोग इकट्ठे हो जाते हैं और बुनियादी सुविधाओं पर जरूरत से ज्यादा बोझ पड़ जाता है जिससे पीने के पानी, भोजन, बसेरे आदि की कमी हो जाती है और स्वास्थ्य और सफाई नहीं रह जाती। इन बुनियादी सुविधाओं के न रहने से कई प्रकार की समस्याएँ पैदा हो जाती हैं।

आपदा प्रभावित क्षेत्रों में लोगों के एक जगह इकट्ठा हो जाने से बुनियादी सुविधाओं के साथ-साथ पेयजल की भारी कमी हो जाती है। इस क्षेत्र में बड़ी संख्या में राहत एजेंसियों/कार्यकर्त्ताओ के आने से भी समस्याएँ पैदा हो जाती हैं। इन सीमित सुविधाओं से इतना बड़ा बोझ संभाले नहीं संभाला जाता। खराब स्वच्छता और सफाई इंतजाम, कूडा-करकट को ढंग से न फेंके जाने और भोजन आदि की गंदगी के कारण संक्रामक रोग तेजी से बढ़ते हैं। कूडा-करकट के ढंग से निपटान न किए जाने से जल आपूर्ति दूषित होती है और डायरिया तथा हेपेटाइटिस जैसी बीमारियाँ फैलती हैं। अनुभव से यह सिद्ध है कि आपदा के बाद प्रदूषित पानी से जन्मी बीमारियाँ जैसे सालमनेला, शिगेलोसिस, डायरिया और हेपेटाइटिस सबसे ज्यादा लोगों को प्रभावित करती है।

स्वच्छता और सफाई पर ध्यान देने के लिए योजनाबद्ध ढंग से काम करना आवश्यक है। आपदा आने से पहले इस प्रकार की योजना बनाई जानी चाहिए। पहले से आपदा का पूरा खाका या मानचित्र बनाने से काफी मदद मिलती है। क्षेत्र को प्रभावित करने वाले संभावित आपदाओं और पर्यावरण पर पड़ने वाले इसके प्रभावों तथा लोगों में फैलने वाले रोगों, घायलों और नुकसानों की संभावित सूची बना लेनी चाहिए।

पीएएचओ (PAHO) और डब्ल्यूएचओ (WHO) ने स्वच्छता और सफाई के लिए आपातकाल में तीन चरण सुझाए हैं।

चरण एक–यह आपदा आने से पहले का चरण है और इसमें इस क्षेत्र से जुड़े जोखिम को पहचानने और उनके रोकथाम के उपाय करना शामिल है।

चरण दो–इसकी शुरूआत आपदा आने के बाद से होती है। तुरंत स्वच्छता और सफाई संबंधी उपाय किए जाते हैं और धीरे-धीरे इन्हें मजबूत बनाया जाता है।

चरण तीन–पर्यावरण को फिर से बहाल किए जाने के लिए लघुअवधि और दीर्घावधि उपाय किए जाते हैं।

स्वच्छता और सफाई उपाय से जुड़ी चार बुनियादी जरूरतें इस प्रकार हैं–

(क) साफ पेय जल की उपलब्धता।

(ख) मानव मल सहित सभी प्रकार की गंदगियों का समुचित निपटान।

(ग) पर्याप्त और सुरक्षित भोजन आपूर्ति।

(घ) समुचित बसेरा और आवास।

इन जरूरतों की जानकारी निम्न प्रकार है–

(क) साफ पेय जल–सुरक्षित पेय जल उपलब्ध कराना स्वच्छता और सफाई उपाय का सर्वाधिक महत्त्वपूर्ण मुद्दा है। क्षेत्र विशेष की जलवायु और लोगों की आदतों पर जल की जरूरत निर्भर करती है। सामान्य दिनों में प्रत्येक व्यक्ति के लिए प्रतिदिन 145 लीटर पानी की जरूरत पड़ती है। निश्चित रूप से आपदा के समय इस जरूरत को इस मात्रा में पूरा करना संभव नहीं होता।

गर्म जलवायु प्रदेश में आपदा प्रभावित क्षेत्रों में कम से कम प्रति व्यक्ति प्रतिदिन 6 लीटर पानी अवश्य उपलब्ध होना चाहिए। अस्थाई बसेरों और शिविरों में प्रति व्यक्ति प्रतिदिन 80 लीटर पानी उपलब्ध होना चाहिए। यानी 15 से 20 लीटर पानी प्रति व्यक्ति प्रतिदिन शिविर के लिए, 35 लीटर प्रति व्यक्ति प्रतिदिन स्नानादि के लिए और 15 से 20 लीटर पानी प्रति व्यक्ति प्रतिदिन स्वयं के लिए।

पानी की आपूर्ति और वितरण के लिए भी योजना बनाई जानी चाहिए। यह योजना पहले से बना ली जानी चाहिए और आपदा के समय पूरी तरह तैयार रहनी चाहिए।

विभिन्न आपदा सशंकित क्षेत्रों में पानी के संसाधनों की पहचान कर लेनी चाहिए। तालाबों, झीलों, नदियों, झरनों, प्रपातों, कुओं, ट्यूबवेल आदि तथा शहरी क्षेत्रों में पानी सफाई के संयंत्रों और उनकी क्षमताओं की पूरी जानकारी रहनी चाहिए।

इन उपलब्ध जल संसाधनों की पहचान करने के अलावा जलाशयों, झीलों, नदियों और झरनों की पानी की शुद्धता की जाँच कर लेनी चाहिए। इनमें से ज्यादातर संक्रमित होते हैं इसलिए इनका उपयोग नहीं किया जा सकता। इसी प्रकार छिछले कुओं का पानी दूषित माना जाता है। गहरे कुओं और ट्यूबवेल का पानी पीना बेहतर होता है। शहरों में मौजूद पानी शुद्धि संयंत्रों की स्थिति आपदा के प्रकार के संदर्भ में भी जाँच लेनी चाहिए। बाढ़ के पानी से संक्रमित संयंत्र किसी काम के नहीं रह जाते।

आपदा आने के बाद कुओं को रोज असंक्रमित करना चाहिए। उनमें लगातार ब्लिचिंग पाउडर डालते रहना चाहिए। क्लोरिन की मात्रा होरोक्स जाँच से तय

की जानी चाहिए। कुएँ में बाल्टी में क्लोरिन घोलकर डाल देना चाहिए। यह कार्य रोज करना चाहिए और औरथोटोलिडाइन जाँच विधि से इसका परीक्षण भी करते रहना चाहिए।

जल के वैकल्पिक स्रोतों की खोज करनी चाहिए। पानी के ट्रकों और पानी उपलब्ध कराने वाले संगठनों और संयंत्रों की जानकारी भी रहनी चाहिए।

पानी के ट्रकों में मेटा या स्टेलर फिल्टर कैन्डिल लगे होने चाहिए जो यांत्रिक फिल्टर होते हैं। इन ट्रकों द्वारा आपूर्ति किए गए पानी की जाँच करनी चाहिए क्योंकि ये संक्रमण फैलाने के संभावित स्रोत होते हैं। पानी के ट्रकों को प्राधिकृत और मंजूरी प्राप्त स्रोतों से ही पानी भरने का आदेश देना चाहिए।

जल स्रोतों की पूर्ण जानकारी होने के बावजूद अस्थाई शिविरों या बसेरों में भी पानी साफ करने का संयंत्र लगाना पड़ सकता है। पानी साफ करने के लिए पानी टैंक का निर्माण किया जाता है और उसमें तलछट विधि (सेडिमेंटेशन) या क्लोरिन डालकर पानी साफ किया जाता है। पहले विभिन्न स्रोतों जैसे नदियों, झरनों, कुओं से पानी लाकर इस टैंक में भरा जाता है और पानी को थिरने दिया जाता है। सफाई के लिए हजार लीटर पानी में 35 ग्राम फिटकरी डाला जाता है। यदि पानी बहुत गंदा है तो यह कार्य अलग-अलग टैंकों में करना चाहिए। पंप से या नाली बनाकर साफ पानी को दूसरे टैंक में भरना चाहिए। होरोक्स जाँच के बाद समुचित मात्रा में क्लोरिन मिलाना चाहिए। पानी में विसंक्रमणीकृत पाउडर की अतिरिक्त मात्रा डालकर अति 'क्लोरिनेशन' करना चाहिए। इसके आधे घंटे बाद इस जल को पीने के लिए उपलब्ध कराना चाहिए। पानी में क्लोरिन डालने की नियमित रूप से औरथोटोलिडाइन जाँच द्वारा जाँच की जानी चाहिए।

छोटे पैमाने पर 5 से 10 मिनट तक पानी को उबालकर पीने योग्य बनाया जा सकता है। पानी में विसंक्रमित करने वाली टिकिया डालकर भी पानी को साफ किया जा सकता है।

आपदा प्रभावित क्षेत्रों में पानी की जाँच निम्नलिखित आधारों पर की जा सकती है।

(i) भौतिक आधार – गदलापन, रंग, स्वाद।

(ii) अकार्बनिक घटक – ठोस अमोनिया, क्लोराइड आदि की घुली मात्रा।

(iii) माइक्रोबायोलॉजिकल पहलू – उस क्षेत्र की जल प्रयोगशालाओं में 'प्रीस्म्पटीव कोलिफॉम टेस्ट' द्वारा इसकी जाँच हो सकती है।

(ख) कूडा-करकट और मानव मल का समुचित निपटान–कूडा-करकट और मानव मल का सबसे पहले निपटान किया जाना चाहिए। महामारी सबसे पहले पानी के संक्रमित होने से ही फैलती है। स्वच्छता का एक न्यूनतम स्तर बनाकर रखना चाहिए और मनुष्य मल और अन्य प्रकार के प्रदूषणों से जल संसाधनों को बचा कर रखना चाहिए।

इन कूडा-करकटों और मलों में मनुष्य का मल, कूडा-करकट, द्रव्य अपशिष्ट और अन्य फेंकी हुई वस्तुएँ शामिल हो सकती हैं। आपदा और आपदा के बाद पानी के बहाव द्वारा मल को बाहर निकालने की प्रविधि का उपयोग नहीं किया जा सकता। इसलिए मल को जहाँ का तहाँ जमीन में तुरंत दबा देना चाहिए। स्वच्छता व्यवस्था का चयन व डिजाइन करते समय निम्नलिखित परिस्थितियों को ध्यान में रखना चाहिए–

(i) मिट्टी की धारक क्षमता।

(ii) गड्ढों के बने रहने की क्षमता।

(iii) कितना गहरा खोदना संभव हो सकता है।

(iv) रिसाव दर।

(v) जमीन या भूतल जल के प्रदूषण का जोखिम।

हल्की सी मिट्टी खोदकर मल को दबा देना सर्वोत्तम होता है। 7 से.मी. गहरा और 45 से.मी. चौड़ा और 90 से.मी. लंबा गड्ढा इसके लिए उपयुक्त होता है। 24 घंटे के बाद इसे ढक देना चाहिए और उसके ऊपर चुना फैला देना चाहिए ताकि वह मक्खियों का जन्म स्थल न बन जाए।

शिविरों में गहरे गड्ढे खोदकर उसका उपयोग शौचालय के रूप में किया जाना चाहिए। इसके लिए 1 मीटर चौड़ा, कम से कम 2.5 मीटर गहरा और 3 मीटर लंबा गड्ढा बनाया जाना चाहिए। शिविरों में रहने वाले 10–20 प्रतिशत आबादी के लिए आमतौर पर प्रति शौचालय 5 गड्ढे खोदे जाने चाहिए। ये आबादी से 30–50 मी. की दूरी पर होने चाहिए। पेयजल को दूषित होने से बचाने के लिए इसे पानी के स्रोत से कम से कम 100 मी. की दूरी पर स्थित होना चाहिए और शौचालय की गहराई जल स्तर से 1.5–3 मी. ऊँची होनी चाहिए। इसके अलावा प्रत्येक 25 महिलाओं के लिए 1 सीट और 50 पुरुषों के लिए 1 सीट का इस्तेमाल होना चाहिए।

अस्थाई बसेरों में तुरंत मल निपटान के लिए अस्थाई शौचालय (Aqua Privy toilet) भी संतोषजनक तरीका है।

50–100 लीटर के मेटलिक ढक्कन लगे कचरा कंटेनर भी उपलब्ध होने चाहिए। अस्थाई शिविरों में रहने वालों के लिए 25–50 लोगों के लिए ऐसा एक कंटेनर उपलब्ध होना चाहिए जबकि इमारतों में रहने वाले 12 से 25 लोगों के लिए ऐसा एक कंटेनर उपलब्ध होना चाहिए।

बड़े शिविरों में द्रव्य अपशिष्टों को कोल्डवाटर ग्रीज ट्रैप के द्वारा के द्वारा निपटान किया जाना चाहिए। साथ ही अस्थाई शिविरों के लिए स्ट्रेनर ग्रीज ट्रैप होना आवश्यक है। गड्ढे या लैगून पैन का इंतजाम भी किया जाना चाहिए। शिविरों में कूडा-करकटों को अलग-अलग करके उन्हें पुनः उपयोग लायक भी बनाया जा सकता है तथा बचे हुए कूडे को जला दिया जा सकता है। इन्हें

जलाकर जमीन में दबा देना चाहिए। इसके लिए ड्रम भट्टी, या आधुनिक भट्टी का निर्माण किया जा सकता है।

(ग) **सुरक्षित भोजन आपूर्ति**–प्रभावित लोगों को आरंभ में डिब्बाबंद या पैकेटबंद भोजन उपलब्ध कराना चाहिए। सभी खाद्य वस्तुएँ के बनने की तारीख और खराब होने की तारीख देख लेनी चाहिए। स्टॉक नियंत्रक का इस पर पूरा नियंत्रण होना चाहिए और भोजन की नियमित आपूर्ति होती रहे इसका भी जिम्मा उसी का होता है।

शिविर के रसोई घर की साफ-सफाई और स्वच्छता अपरिहार्य है। खाना बनाने और पकाने वाले लोगों की चिकित्सकीय जाँच होनी चाहिए ताकि स्वच्छ वातावरण बना रहे। रसोई घर के इलाके के आस-पास कूड़ा-करकट नहीं फेंका जाना चाहिए। वहाँ साफ पानी और भंडारण की भी व्यवस्था होनी चाहिए। कूड़ा-करकट को सोखने वाले गड्ढे में फेंकना चाहिए। मक्खियों और कीड़े मकोड़ों से सावधान रहना चाहिए।

(घ) **बसेरा और आवास**–इस क्षेत्र में स्वच्छता और सफाई बनाए रखने और जनता को महामारी से बचाए रखने के लिए विस्थापित लोगों के आवास की पर्याप्त व्यवस्था होनी चाहिए। राहत एजेंसियों को अपना शिविर लगाने में थोड़ा समय लगता है। इस अवधि के दौरान स्थानीय प्रशासन को बची हुई और सुरक्षित इमारतों के उपयोग का पूरा प्रयास करना चाहिए। इसके लिए पहले से ही योजना बना लेनी चाहिए और इस प्रकार के इमारतों और बसेरों को पहचान कर रखना चाहिए। इस प्रकार के बसेरों की पहले से जानकारी रहने पर संसाधनों को एक ही जगह भेजने की व्यवस्था करने में मदद मिलती है।

उपलब्ध इमारत में दो व्यक्तियों को कम से कम साढ़े तीन मीटर की जगह, 10 मी. साँस लेने की जगह और 30 मी. जगह हवा के आने जाने के लिए होना चाहिए। दो बिस्तरों के बीच की दूरी कम से कम 75 से.मी. की होनी चाहिए।

शिविर लगाने के लिए पहले से ही स्थान निर्धारित कर लेना चाहिए। यह कूड़ा-करकट वाले स्थानों और औद्योगिक परिसरों से दूर होने चाहिए। शिविर ऐसे स्थानों में लगाने चाहिए जहाँ विस्तार की गुंजाइश हो। इन शिविरों के आस-पास मच्छर प्रजनन क्षेत्र नहीं होना चाहिए। 1000 व्यक्तियों के लिए 304 हेक्टर जगह की जरूरत पड़ती है। दो तम्बुओं के बीच की दूरी कम से कम 8 मी. होनी चाहिए। दो व्यक्तियों के लिए कम से कम 3.5 मी. का स्थान उपलब्ध होना चाहिए। पानी के वितरण, कूड़ा-करकट फेंकने का पात्र और नहाने धोने और साफ-सफाई की व्यवस्था होनी चाहिए।

शिविर में रहने वाले लोगों के लिए भोजन की मात्रा और गुणवत्ता का भी ध्यान रखना चाहिए और यह ध्यान रखना चाहिए कि प्रत्येक व्यक्ति को कार्बोहाइड्रेट,

प्रोटीन, विटामिन, वसा और खनिज नियमित रूप से मिलता रहे। गर्भवती महिलाओं, बच्चों और बुजुर्गों का खास ध्यान रखना चाहिए।

(3) रोगाणु नियंत्रण–आपदाओं के तुरंत बाद मलेरिया और प्लेग जैसी फालसिपेरम बीमारियाँ तेजी से फैलती हैं। लातूर में भूकंप आने के तुरंत बाद प्लेग फैला था। वातावरण में असंतुलन और नियंत्रण की कमी होने से रोगाणु सक्रिय हो जाते हैं और लोगों को तेजी से अपनी चपेट में ले लेते हैं।

आपदाओं के बाद शिविरों में आमतौर पर मलेरिया और डेंगू फैलता है। इसलिए आपदाओं के आने के पूर्व और बाद की सार्वजनिक स्वास्थ्य योजनाओं में रोगाणु नियंत्रण को अवश्य शामिल किया जाना चाहिए।

आपदा के तुरंत बाद निगरानी तंत्र को सक्रिय किया जाना चाहिए। स्थानीय स्वास्थ्यकर्मियों को इस बात के लिए प्रेरित करना चाहिए कि वे ऐसे मामलों जैसे तेज बुखार के बाद बेहोशी, चूहों की मौत आदि की जानकारी तुरंत संबद्ध अधिकारियों को भेजें।

रोगाणु नियंत्रण के लिए निम्नलिखित प्रविधियाँ स्वास्थ्यकर्मियों द्वारा अपनाई जा सकती हैं–

(क) पर्यावरणीय नियंत्रण।

(ख) रासायनिक नियंत्रण।

(ग) जैविक नियंत्रण।

(घ) आनुवंशिक नियंत्रण।

आपदा आने से पहले ही रोगाणु नियंत्रण कार्यक्रम की शुरूआत कर देनी चाहिए। मक्खी और मच्छरों को कम करने का प्रयास हमेशा जारी रहना चाहिए। इनकी रोकथाम के लिए लोगों को शिक्षित और जागरूक करते रहना चाहिए। इनके पैदा होने के स्थानों को नष्ट कर देना चाहिए या उनके निकास तथा ढकने का इंतजाम करना चाहिए। भंडारगृहों की सही बनावट तथा सामान का सही रख-रखाव से भंडारगृहों में चूहों आदि जैसे कृन्तकों का नियंत्रण किया जा सकता है।

आमतौर पर रोगाणुओं को मारने के लिए रासायनिक दवाइयों का प्रयोग किया जा सकता है जिन्हें तीन समूहों में वर्गीकृत किया जा सकता है। ये हैं–

समूह 1–आरगेनोक्लोराइन कम्पाउंडस-डीडीटी, एच सी एच, डाइलड्रिन, क्लोरडेन, मेथोक्सीक्लोर (Organochlorine Compounds - DDT, HCH, Dieldrin, Chlordane, Methoxychlor)

समूह 2–आरगेनोफोस्फोरस कम्पाउंडस -मालाथियन, फेनथियन, ऐबेट (Organophosphorus Compounds - Malathion, Fenthion, Abate)

समूह 3–कारबामेटस - प्रोपोक्सर (Carbamates - Propoxur)

इन कीटनाशकों की सहायता से मच्छरों और मक्खियों को नियंत्रित किया जा सकता है। चूहों आदि को मारने के लिए बेरियम कार्बोनेट, जिन्क फोसफाइड, वारफेरिन, डिफासिनोन और पिनडोन का इस्तेमाल किया जा सकता है। एक खुराक वाली दवा से 24

से 48 घंटे में कृन्तकों की मृत्यु हो सकती है जबकि बहु-खुराक वाली कृन्तकनाशी दवाा से कृन्तकों को मारने में ज्यादा समय लगता है।

तालाबों में गम्बुसिया मछली डालकर रोगाणुओं का आनुवंशिक नियंत्रण किया जाता है। वे मच्छर का लार्वा खा जाते हैं। रोगाणुओं को नियंत्रित करने के लिए आनुवंशिक तौर पर रूपांतरित प्रजातियों का इस्तेमाल किया जा सकता है। परंतु अभी यह योजना प्रयोग के स्तर पर है और इससे कई नैतिकता संबंधी सवाल जुडे हुए हैं।

(4) जनसंचार अभियान—आपदा के समय मुद्रित या इलेक्ट्रोनिक सभी प्रकार के जनसंचार माध्यमों का ध्यान उधर केंद्रित हो जाती है। ऐसे समय में जनता तक तथ्य और सूचना पहुँचाना 'फोर्थ इस्टेट' की अहम भूमिका होती है।

आपदा के बारे में सूचना और जागरूकता फैलाने में जनसंचार अभियान की महत्त्वपूर्ण भूमिका होती है। इस प्रकार के अभियान से आपदा प्रबंधन अभिकरणों को भी मदद मिलती है कि वे संवेदनशील लोगों को जोखिम बढ़ाने वाले कारकों की जानकारी दे तथा उन्हें रोकथाम के उपायों के लिए प्रेरित करें। जनसंचार अभियान के उद्देश्य इस प्रकार हैं—

(क) स्वास्थ्य जोखिम के बारे में जनता को सूचित करना।

(ख) आपदा शिविरों और उनके नाम पता की सूचना प्रदान करना।

(ग) पेय जल और मल निपटान की जानकारी देना।

(घ) लोग अपनी रक्षा कैसे करें इसकी जानकारी देना।

जनसंचार अभियान दो चरणों में बँटा हुआ है—

पूर्व-आपदा चरण—मीडिया लोगों को आपदाओं के बारे में सही सूचना देता है और यह बताता है कि बिना घबराए कैसे स्थिति का सामना किया जाए। राहत एजेंसियों, बसेरों के पते, स्वच्छता एवं सफाई के उपाय और क्या करना है क्या नहीं करना है की भी सूचना देता है।

टेलीविजन, रेडियो, मुद्रित माध्यम, समुदाय, स्थानीय नेता, संघ और गैर-सरकारी संगठन को इस अभियान में अवश्य शामिल करना चाहिए।

उत्तर आपदा चरण—आपदा आने के बाद संचार व्यवस्था तुरंत ध्वस्त हो सकती है। ऐसी परिस्थितियों में रेडियो बेहतर विकल्प साबित होता है। इसी प्रकार जन उद्घोषणा और मौखिक प्रचार द्वारा भी सूचनाएँ पहुँचाई जा सकती है। चिकित्सा शिविरों की स्थापना और बसेरों की निर्माण जैसी नई सूचनाएँ पहुँचाई जा सकती हैं। मृतकों की सूची सावधानीपूर्वक बनानी चाहिए।

आपदा के बाद मीडिया का एक महत्त्वपूर्ण काम अफवाहों को रोकना है। मीडिया को भी समाचार प्रकाशित या प्रचारित करने से पहले इसकी विश्वसनीयता जाँच लेनी चाहिए। आपदा आने से पहले और बाद की सही सूचना ही अफवाहों को दबा सकती है और अफरा-तफरी मचने से रोक सकती है।

(5) न्यूनीकरण योजना—न्यूनीकरण योजना बनाते समय निम्नलिखित पक्षों का ध्यान रखना चाहिए—

(क) सामुदायिक स्तर पर स्वास्थ्य जोखिम संबंधी जागरूकता पैदा करना।

(ख) इस प्रकार के जोखिमों को कम करने के लिए सामुदायिक भागीदारी के द्वारा स्थानीय लोगों को शामिल किए जाने को बढ़ावा देना।

(ग) अपने क्षेत्र के समुदायों पर पड़ने वाले प्रभावों और जोखिमों को समझने में निर्णयकर्त्ताओं (राजनीतिज्ञों और प्रशासकों) की मदद करना और स्वास्थ्य और चिकित्सा सेवाओं पर प्राकृतिक आपदाओं के पड़ने वाले प्रभाव के आर्थिक परिणामों का मूल्यांकन करना।

(घ) समुचित निर्णय और नियोजन के जरिए राष्ट्रीय, क्षेत्रीय और सामाजिक-आर्थिक परिस्थितियों की सीमाओं को देखते हुए इन जोखिमों को कम करने के तरीके और रास्ते स्पष्ट करना।

(ङ) आपदा न्यूनीकरण योजनाओं को लोक प्रशासन के विभिन्न स्तरों पर कार्यान्वयन करने के लिए प्रभावी तरीकों को प्रस्तुत करना जो जोखिम आंकलन व संवेदनशीलता मूल्यांकन पर आधारित हो।

इस प्रकार की न्यूनीकरण कार्यनीतियों के द्वारा स्वास्थ्य पर पड़ने वाले दुष्परिणामों को कम किया जा सकता है। आपदा प्रबंधन के क्षेत्र में काम कर रहे स्थानीय समुदाय, सरकारी निकाय और अन्य एजेंसियाँ अपने क्षेत्र में आने वाली आपदा के जोखिम के कारणों, गंभीरता और जोखिम के तत्त्वों का आंकलन कर सकती है। इससे समुचित स्वास्थ्य सुरक्षा संबंधी कदम उठाने में उन्हें मदद मिलेगी।

(6) प्रशिक्षण और अभ्यास–डब्ल्यू एच ओ ने यह घोषणा की है कि किसी भी प्रकार के स्वास्थ्य कार्यक्रम में सामुदायिक भागीदारी अनिवार्य है। इसलिए अब किसी भी प्रकार की आपदा में जोखिम कारकों को रोकने में स्थानीय समुदाय की भूमिका और महत्त्व को सभी एजेंसियाँ प्रमुखता से स्वीकार कर रही हैं।

आपदा आने के तुरंत बाद की जरूरतों को पूरा करने की दृष्टि से स्थानीय समुदाय के लोगों को प्रोत्साहित और प्रशिक्षित करना चाहिए। स्थानीय विशेषज्ञता के अभाव में स्वास्थ्य प्रबंधन की आधारभूत सेवाएँ प्रदान नहीं की जा सकती है। स्थानीय लोग अपनी समस्याओं को जानते, समझते और बूझते हैं तथा वे इसके समाधान का मार्ग भी जानते हैं। स्थानीय जनता अपने क्षेत्र में उपलब्ध संसाधनों के बारे में भी जानकारी रखती है।

गैर-सरकारी संगठनों और आपदा प्रबंधन अभिकरणों को सामुदायिक कार्यकर्त्ताओं और सार्वजनिक स्वास्थ्य कार्मिकों के लिए प्रशिक्षण कार्यक्रम आयोजित करना चाहिए। यथा संभव लोगों को सभी तरह की गतिविधियों के लिए प्रशिक्षित किया जाना चाहिए। प्रशिक्षण अनौपचारिक हो सकता है और यह स्कूलों तथा कार्यालयों में जाकर दिया जा सकता है। इसके लिए नुक्कड़ नाटक और मनोरंजन कार्यक्रम भी आयोजित किए जा सकते हैं।

प्रशिक्षण के बाद इसका अभ्यास जरूरी है। अभ्यास के दो प्रमुख फायदे हैं। एक, इससे संगठन और समुदाय को आपदा का सामना करने में तैयारी हो जाती है और दूसरी ओर,

मीडिया के द्वारा अभ्यास और संदेश पूरे समाज तक फैल जाता है और लोग आपातकालीन स्थिति की तैयारी करने के तरीके से वाकिफ हो जाते हैं। इससे समुदाय में एक साथ कई कार्यकर्त्ता तैयार हो जाते हैं।

परंतु यहाँ एक सावधानी भी रखनी चाहिए। हमेशा अभ्यास ही नहीं कराते रहना चाहिए। लगातार अभ्यास से जनता तथा जनसंचार की रूचि समाप्त हो जाती है। जनता और समुदाय को जागरूक बनाए रखने के लिए साल में एक बार अभ्यास करवाना काफी होता है।

चिकित्सा तैयारी योजना

प्रश्न 1. आपदाओं के लिए चिकित्सा तैयारी का महत्त्व स्पष्ट कीजिए।

उत्तर– आपदा स्वास्थ्य को कई तरीकों से प्रभावित करती है। सबसे पहली बात यह कि आपदाओं के प्रकार के अनुसार ही स्वास्थ्य समस्याएँ पैदा होती हैं। भूकंप में जहाँ शारीरिक चोट पहुँचती है, वहीं बाढ़ में संक्रमण और दूषित पानी से जन्म लेने वाली बीमारियाँ पनपती हैं। इस प्रकार विभिन्न प्रकार की आपदाओं का आबादी पर विभिन्न प्रकार से स्वास्थ्य प्रभाव पड़ता है।

दूसरी बात यही है कि दूसरे, कुछ स्वास्थ्य समस्याएँ ऐसी हैं जो हर प्रकार की आपदाओं में आबादी को प्रभावित करती हैं। मसलन, सभी प्रकार की आपदाओं में संक्रामक रोग के फैलने का खतरा रहता है। आपदाओं में लोगों के मानसिक स्वास्थ्य पर भी प्रभाव पड़ता है।

प्रभावित आबादी का आंकलन कर, उनकी जरूरतों को पहचानकर, पूर्वानुमान कर तथा स्वास्थ्य संबंधी अन्य समस्याओं और जोखिमों की पहचान कर आबादी की आवश्यकताओं का पता लगाया जा सकता है। जोखिमों का पता लगाकर, उस क्षेत्र के अस्पतालों की क्षमता और सामर्थ्य की जाँचकर, हताहतों और घायलों की संख्या का आंकलन कर और उपलब्ध साजो-सामान का पता लगाकर यह कार्य किया जा सकता है।

किसी आपदा में बड़े पैमाने पर हताहत और घायल हुए लोगों के लिए चिकित्सा सुविधा उपलब्ध कराने की व्यवस्था को आपदाओं के कालक्रम से जोड़कर देखना चाहिए। इसे ठीक से समझने के लिए यूनाइटेड नेशन्स डिजास्टर रिलीफ ऑर्गेनाइजेशन (UNDRO) द्वारा प्रस्तुत आपदओं के कालक्रम का एक प्रारूप आरेख के रूप में प्रस्तुत किया गया है।

आपदा के कालक्रम का यू एन डि आर ओ द्वारा प्रस्तुत प्रारूप

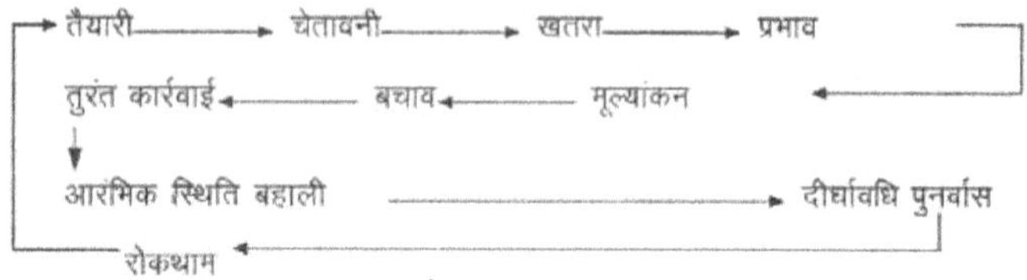

इन चरणों की चर्चा निम्न प्रकार है–

(1) चेतावनी और खतरा चरण–चेतावनी मिलने के बाद तुरंत आपदा का सामना करने की तैयारी शुरू हो जानी चाहिए। इसमें सबसे पहले यह पता लगाया जाना चाहिए कि जरूरत का सामान किस मात्रा में उपलब्ध हैं और आपदा आशंकित क्षेत्र में प्राथमिक उपचार व ट्राऐज करने वाले दलों को भेजना चाहिए।

(2) राहत और बचाव चरण–इस चरण में समस्या का तुरंत विश्लेषण किया जाता है। चिकित्सा राहत दल तुरंत आपदा स्थलों में फैल जाते हैं और आपदा पीड़ित लोगों को प्राथमिक उपचार, ट्राऐज व स्थिरता प्रदान करते हैं। स्थिति के अनुसार उन्हें अलग-अलग चिकित्सा क्षेत्रों में भी भेजा जाता है।

(3) तुरंत कार्रवाई चरण–इस समय रोगी की समुचित देखभाल की जाती है, उसके बारे में सूचना प्राप्त की जाती हैं, प्रशिक्षण का पुनर्मूल्यांकन किया जाता है, इलाज की व्यवस्था की जाती है आपातकालीन कक्ष/सघन चिकित्सा की सुविधा उपलब्ध कराई जाती है और मरीज के मर्ज का पता कर इलाज किया जाता है।

(4) आरंभिक बहाली चरण–इस चरण में पीड़ितों को सामान्य स्थिति में लाने का प्रयास किया जाता है। यह चरण महत्त्वपूर्ण होता है क्योंकि आरंभिक झटके से उबरने के बाद मरीजों को शारीरिक इलाज के साथ-साथ मानसिक इलाज की भी जरूरत पड़ती है।

(5) दीर्घावधि पुनर्वास चरण–इस चरण में पीड़ितों को अस्पताल से पुनः घर भेजा जाता है, उन्हें घर पर चिकित्सा सुविधा उपलब्ध कराई जाती है और प्रयास किया जाता है कि वे फिर से सामान्य स्थिति में काम करने लगें। कुछ पीड़ितों को सामान्य जीवन जीने में मदद करने के लिए सामाजिक समर्थन की भी जरूरत पड़ती है ताकि वह मानसिक अवरोधों को दूर कर सकें।

प्रश्न 2. आपदा प्रभावित क्षेत्रों में अस्पताल-पूर्व तैयारी योजना की विशेषताओं का वर्णन कीजिए। (जून-2017, प्र.सं.-4)

अथवा

चिकित्सा तैयारी योजना के अस्पताल-पूर्व चरण पर एक टिप्पणी लिखिए। (जून-2018, प्र.सं.-2)

अथवा

चिकित्सा तैयारी योजना की व्याख्या कीजिए।

अथवा

चिकित्सा तैयारी योजना के चरणों का वर्णन कीजिए।

(जून-2019, प्र.सं.-3)

अथवा

आपदा क्षेत्र में अस्पताल पूर्व योजना की विशेषताओं की व्याख्या कीजिए।

(जून-2020, प्र.सं.-3)

अथवा

चिकित्सा तैयारी योजना के चरणों को उजागर कीजिए।

(दिसम्बर-2020, प्र.सं.-1)

अथवा

अस्पताल स्तर पर चिकित्सा तैयारी योजना पर एक टिप्पणी लिखिए।

(दिसम्बर-2018, प्र.सं.-1)

अथवा

अस्पताल तैयारी योजना की विशेषताओं का वर्णन कीजिए।

(जून-2019, प्र.सं.-2)

उत्तर– चिकित्सा तैयारी योजना के निम्नलिखित तीन चरण हैं–

(1) अस्पताल ले जाने से पहले का चरण – इसके अंतर्गत चेतावनी चरण, खतरा चरण और राहत और बचाव चरण शामिल होते हैं। इस चरण में राहत, प्राथमिक चिकित्सा, बचाव, मरीजों और हताहतों की छँटाई व वर्गीकरण और अस्पताल भेजना शामिल होता है।

(2) अस्पताल पहुँचते ही दूसरा चरण आरंभ हो जाता है और यहाँ मरीजों का सुनिश्चित इलाज, देख-भाल और उन्हें सामान्य करने की प्रक्रिया आरंभ हो जाती है।

(3) पुनर्वास चरण–इस चरण में आपदा से पीड़ित व्यक्तियों के मानसिक स्वास्थ्य का इलाज किया जाता है।

अस्पताल पूर्व योजना–अस्पताल पूर्व चरण में आपदा स्थल पर चिकित्सा सुविधा का संयोजन और देखरेख शामिल होता है। इस चरण का महत्त्व इस बात को लेकर है कि इसमें पीड़ितों को जल्द से जल्द चिकित्सा सुविधा उपलब्ध कराई जाती है। यह एक सुनिश्चित तथ्य है कि घायलों को जितनी जल्दी चिकित्सा सुविधा उपलब्ध कराई जाती है, उनके जीवित बचने की संभावना उतनी ही बढ़ जाती है।

अस्पताल पूर्व चरण में चेतावनी या खतरे की सूचना मिलने के बाद तुरंत तैयारी का काम शामिल होता है। निर्देश और नियंत्रण कक्ष की स्थापना, प्राथमिक चिकित्सा और पीड़ितों को बाहर निकालने और ले जाने के लिए परिवहन की व्यवस्था का इंतजाम भी इसमें शामिल होता है।

आपदा की आशंका की सूचना मिलते ही तुरंत निम्नलिखित कार्रवाइयाँ की जानी चाहिए–

आपदा नियंत्रण केंद्रों की स्थापना–आपदाओं के प्रबंधन में संगठन, निर्देश और नियंत्रण ढाँचे महत्त्वपूर्ण होते हैं। चेतावनी देने के तुरंत बाद आपदा राहत संयोजन प्रकोष्ठ

में एक मुख्य निर्देश केंद्र बनाया जाता है। इसमें विभिन्न क्षेत्रों में कार्यकर्त्ताओं को भेजने और घटना स्थल के आसपास कमान चौकी स्थापित करने का आदेश दिया जाता है।

वह आपदा अभ्यास सफल माना जाता है जिसमें चेतावनी मिलने के तुरंत बाद और जल्द से जल्द आपदा क्षेत्र में राहत दल पहुँच जाता है। गौरतलब है कि चक्रवात और तूफान जैसी आपदाओं में तो तैयारी का समय मिल जाता है, परंतु भूकंप जैसी आपदाएँ बिना किसी पूर्व सूचना के आती हैं और इसमें तैयारी का बिल्कुल समय नहीं मिलता। इसलिए आपदा राहत दलों को भौगोलिक क्षेत्रों के बनावट के विश्लेषण के आधार पर संभावित आपदाओं से संबंधित तैयारी करके रखनी चाहिए।

समय-समय पर आपूर्ति भंडारण की जाँच और समीक्षा की जानी चाहिए। क्षेत्र में काम करने वाले राहत दलों को मुख्य नियंत्रण कक्ष तक संवाद पहुँचाना चाहिए।

कमान चौकी की स्थापना—राहत कार्य की देखरेख करने के लिए आपदा क्षेत्र में कमान चौकी की स्थापना की जाती है। यहाँ से आपदा की गंभीरता और व्यापकता के आंकलन में मदद मिलती है। ग्रामीण क्षेत्रों या अर्ध शहरी क्षेत्रों में मौजूद प्राथमिक स्वास्थ्य चिकित्सा केंद्रों को आसानी से चिकित्सा राहत केंद्रों में परिवर्तित किया जा सकता है।

बड़ी संख्या में हताहतों के प्रबंधन के लिए नियोजन और तकनीकी कार्यक्रम

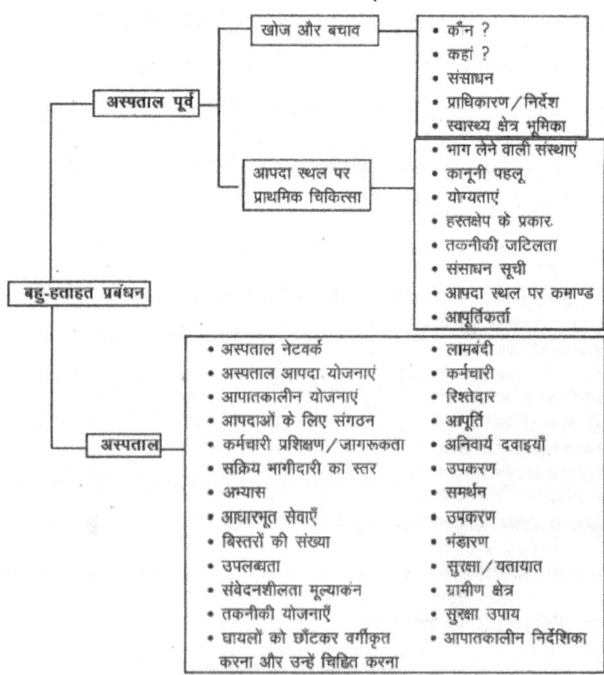

पीड़ितों को तुरंत चिकित्सा सुविधा उपलब्ध कराने के लिए चिकित्सा राहत दल को तुरंत आपदा से प्रभावित इलाकों तक पहुँच जाना चाहिए। इस दल को सबसे पहले घायलों

की प्राथमिक चिकित्सा करनी चाहिए और उसके बाद ट्राऐज द्वारा घायलों और हताहतों को अलग-अलग करके गंभीर अवस्था वाले लोगों को अलग-अलग अस्पतालों में भेजना चाहिए। आपदा क्षेत्रों में चिकित्सा सुविधा का संयोजन यहाँ एक आरेख द्वारा प्रस्तुत किया जा रहा है।

आपदा क्षेत्र में चिकित्सा राहत का संयोजन

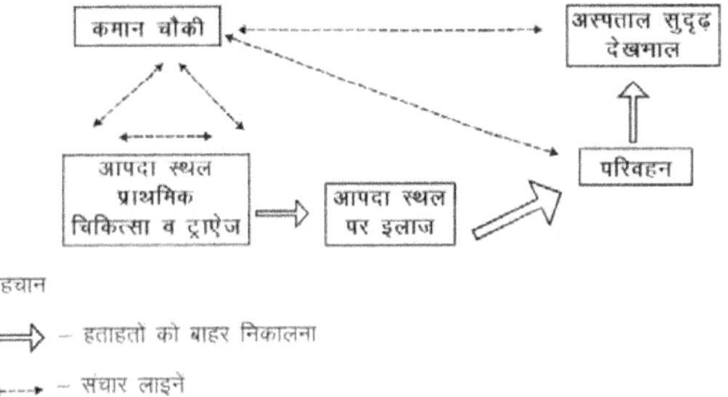

प्राथमिक चिकित्सा और जीवन रक्षण के लिए स्थल चिकित्सा दल–आपदा का आक्रमण होते ही खोज व बचाव दल/प्राथमिक चिकित्सा और जीवन रक्षक दल तुरंत आपदा प्रभावित इलाकों की ओर कूच कर जाते हैं। इन दलों का मुख्य उद्देश्य पीड़ितों को प्राथमिक चिकित्सा मुहैया कराना तथा उन्हें जल्द से जल्द अस्पताल पहुँचाना है। इसके साथ-साथ ये पीड़ितों की गंभीरता अनुसार छँटाई व वर्गीकरण भी करते चलते हैं। इसलिए यह आवश्यक है कि इन दलों की संगठनात्मक क्षमता बढ़ाने का प्रयास किया जाए जिससे वे कम से कम समय में आपदा स्थलों तक पहुँच सकें।

छँटाई एवं वर्गीकरण (ट्राऐज)–किसी भी आपदा क्षेत्र में हताहतों और घायलों की संख्या ज्यादा होती है जिसे चिकित्सा राहत दलों के लिए संभालना मुश्किल होता है। हताहतों और घायलों की देखरेख को प्राथमिकता के हिसाब से वर्गीकृत किया जाता है और उसी के अनुसार उन्हें चिकित्सा मुहैया कराई जाती है।

सबसे पहले घायलों का उनकी गंभीर अवस्था के अनुसार छँटाई व वर्गीकरण किया जाता है। जिसके बचने की संभावना ज्यादा होती है उन्हें जल्द से जल्द अस्पताल पहुँचाया जाता है। आपदा स्थल पर इलाज पुनरूज्जीवन यानि 'रिससिटेशन' तक ही सीमित होता है।

जैकब ने घायलों को चार वर्गों में वर्गीकृत किया है–

वर्ग I - गंभीर रूप से घायल व्यक्ति, जिन्हें जल्द से जल्द उपचार कर बचाया जा सकता है।

वर्ग II - बहुत जरूरी, परंतु जिन्हें कुछ समय बाद भी अस्पताल पहुँचाया जा सकता है।

वर्ग III - घायल, परंतु चल सकने की स्थिति में।

वर्ग IV - मृत, या अति गंभीर रूप से घायल जिनके बचने की संभावना न के बराबर हो।

घायलों का वर्गीकरण दल के सबसे अनुभवी व्यक्ति द्वारा किया जाना चाहिए। यह काम किसी चिकित्सक द्वारा कराया जाए तो बेहतर होता है। परंतु आपदा की स्थिति में जरूरी नहीं कि चिकित्सक उपलब्ध ही हो। इसलिए मरीजों को वर्गीकृत करने का काम अर्ध चिकित्साकर्मी भी कर सकते हैं। वर्गीकरण दो स्थलों पर किया जाता है – (i) आपदा स्थल, और (ii) अस्पताल, जहाँ मरीजों को सुनिश्चित देखभाल और इलाज के लिए पहुँचाया जाता है।

मरीजों को वर्गीकृत करने से उन्हें अस्पताल पहुँचाने और इलाज करने में सुविधा होती है। वर्ग I में शामिल मरीजों को सबसे पहले एम्बुलेंस द्वारा अस्पताल पहुँचाया जाता है। मृत और मृतप्राय घायलों को सबसे अंत में अस्पताल पहुँचाने की व्यवस्था की जाती है।

टैग लगाना–घायलों को वर्गीकृत करने के बाद उन्हें एक खास रंग का टैग लगा दिया जाता है और उसे वर्गीकृत कर दिया जाता है। आमतौर पर इस टैगिंग के लिए निम्नलिखित रंगों का उपयोग किया जाता है–

- **लाल**–प्राथमिकता एक/वर्ग एक
- **पीला**–प्राथमिकता दो/वर्ग दो
- **हरा**–प्राथमिकता तीन/वर्ग तीन
- **काला**–प्राथमिकता चार/वर्ग चार

इस टैग में मरीज का नाम, उम्र, लिंग, प्राथमिकता, आधारभूत चिकित्सा सूचना और दिए गए प्राथमिक चिकित्सा उपचार का उल्लेख रहता है। मरीजों को टैग लाने से उन्हें अस्पताल ले जाने में सुविधा होती है और साथ ही साथ चिकित्सा दलों द्वारा आपदा क्षेत्रों में उपलब्ध कराई गई चिकित्सा सुविधा का भी प्रमाण मिल जाता है। ये टैग मरीजों के हाथ और पैर में लगाए जाते हैं जिसे आसानी से देखा जा सकता है।

हताहतों को बाहर निकालने वाले दल–हताहतों को बाहर निकालने तथा सुरक्षित जगह पहुँचाने वाले दल की भूमिका दो प्रकार की होती है–

(1) ऐसे स्थलों की स्थापना जहाँ आपदा स्थलों से घायलों को लाया जाएगा, परीक्षण किया जाएगा और आवश्यक हुआ तो उन्हें आधारभूत सुविधाएँ भी दी जाएगी।

(2) अस्पताल ले जाना।

जैसा कि पहले बताया जा चुका है कि प्राथमिक चिकित्सा केंद्र या उपकेंद्र आपदा क्षेत्रों के सर्वोत्तम राहत केंद्र होते हैं। इस बात का भी ध्यान रखना चाहिए कि जहाँ राहत केंद्र की स्थापना की गई हो वहाँ संचार की व्यवस्था हो और वहाँ तक एम्बुलेंस आसानी से पहुँच सकें। इन केंद्रों पर इलाज की आधारभूत सुविधाएँ भी मौजूद होनी चाहिए ताकि कुछ घायलों को अस्पताल पहुँचाने से पहले इलाज किया जा सके और उन्हें कुछ हद तक सामान्य बनाया जा सके।

घायलों की प्राथमिकता और उन्हें लगाए गए टैग के आधार पर मरीजों को अस्पताल पहुँचाया जाता है। यहाँ यह बात ध्यान रखने की है कि टैग लगाना एक लचीली प्रक्रिया है और विभिन्न चरणों पर इस पर पुनर्विचार करते रहना चाहिए।

चलता फिरता (मोबाइल) अस्पताल—पूरी दुनिया में आपदा के दौरान चलते फिरते या गतिशील अस्पताल बड़े महत्त्वपूर्ण साबित हुए हैं। जिन इलाकों में चिकित्सा सुविधा नहीं पहुँच पाती और जहाँ चिकित्सा सुविधा की तुलना में हताहतों की संख्या ज्यादा होती है वहाँ इस प्रकार की इकाइयाँ बड़ी कारगर सिद्ध होती हैं।

भूकंपों में इस प्रकार के चलते-फिरते अस्पताल खासतौर पर उपयोगी साबित होते हैं। परंतु इन अस्पतालों की सबसे बड़ी खामी यह होती है कि इसे बेहतर ढंग से चलाने के लिए पैसा और समय दोनों खर्च होते हैं। इसके अलावा इन अस्पतालों में थोड़े कर्मचारी होते हैं और उन्हें स्थानीय संसाधनों पर ही निर्भर रहना पड़ता है। इसलिए इनका उपयोग भी सोच समझकर करना चाहिए।

संचार—विभिन्न क्षेत्रों में काम कर रहे दलों, कमान चौकियों और अस्पतालों के बीच संवाद स्थापित होना चाहिए। चिकित्सा राहत योजना में इस मुद्दे पर अवश्य विचार किया जाना चाहिए। संसाधनों के बेहतर उपयोग और बेहतर निर्णय लेने में इस प्रकार के संपर्क सूत्रों का महत्त्व काफी बढ़ जाता है।

अस्पताल योजना—आपदाओं के दौरान घायल हुए लोगों को बचाने में अस्पताल की महत्त्वपूर्ण भूमिका होती है। भौगोलिक अवस्थिति में और क्षेत्र के संकट विश्लेषण के आधार पर अस्पताल आपदा योजनाएँ बनाई जाती हैं। अस्पतालों की क्षमता और सामर्थ्य का भी ध्यान रखा जाता है। विश्व स्वास्थ्य संगठन ने आपदा स्थितियों के लिए चिकित्सा सुविधा केंद्रों के 5 प्रकार बताए हैं—

(1) राष्ट्रीय चिकित्सा केंद्र—सदमा से पीड़ित, जले हुए मरीजों आदि का इलाज करने की विशेषज्ञता से युक्त उच्च स्तरीय केंद्र।

(2) क्षेत्रीय मुख्य अस्पताल—इन अस्पतालों में राज्य या क्षेत्र द्वारा चिकित्सा सुविधा मुहैया कराने का उत्तरदायित्व होता है और ये छोटे केंद्रों की गतिविधियों का संयोजन करते हैं। ये अस्पताल देश के मेडिकल कॉलेज अस्पतालों की क्षमतावाले होते हैं।

(3) छोटी चिकित्सा सुविधा इकाइयाँ—इन चिकित्सा सुविधा इकाइयों में आधारभूत सुविधाएँ उपलब्ध होती हैं। इनमें सामान्य चिकित्सा, शल्य चिकित्सा और स्त्री रोग विभाग आदि भी होता है। ये अस्पताल राज्यों के जिला अस्पताल के समतुल्य होते हैं।

(4) विशेष चिकित्सा सुविधा केंद्र—इसमें एक अस्पताल जितनी क्षमता होती है परंतु इसमें कुछ खास रोगों के इलाज की ही सुविधा होती है। आपातकाल के दौरान इस अस्पताल का उपयोग भी सामान्य रोगियों के इलाज के लिए किया जा सकता है जिससे अस्पतालों का बोझ कम हो सके।

(5) चिकित्सा सुविधा केंद्र—गाँवों या कस्बों में स्थित इन छोटे केंद्रों में थोड़े बहुत स्वास्थ्यकर्मी काम करते हैं। इनका उपयोग प्राथमिक स्वास्थ्य के लिए किया जाता है।

सामान्य सिद्धांत—विश्व स्वास्थ्य संगठन ने आपदा स्थितियों के लिए अस्पताल आपात योजना के कुछ सामान्य सिद्धांत निर्धारित किए हैं, जो इस प्रकार हैं—

(1) योजना आसानी से सबको समझ में आने वाली होनी चाहिए और इसकी जानकारी सबको होनी चाहिए।

(2) योजना इस प्रकार बनाई जानी चाहिए कि आपातस्थिति में इसमें कुछ फेर-बदल भी किया जा सके।

(3) योजना बनाते समय कर्मचारियों और अन्य आपदा राहत अभिकरणों को विचाराधीन लेना चाहिए।

(4) योजना वस्तुनिष्ठ होनी चाहिए और इसमें दो मुद्दों का अवश्य ध्यान रखा जाना चाहिए – संभावित माँग, और उपलब्ध संसाधन या उन्हें जुटाए जाने की व्यवस्था।

अस्पताल योजना में निम्नलिखित पक्ष शामिल होते हैं–

अस्पताल की भूमिका–आपदाओं में अस्पताल की कई प्रकार की भूमिकाएँ होती हैं। क्षेत्र के प्रमुख अस्पतालों में घायलों का समुचित इलाज किया जाता है। ये अस्पताल क्षेत्र विशेष में आपदाओं के समय नेतृत्व भी प्रदान करते हैं और मरीजों को अस्पताल पहुँचाने से पूर्व आपदा स्थलों पर चिकित्सा सुविधा मुहैया कराने में विभिन्न राहत अभिकरणों की मदद भी करते हैं। यहाँ आपदा राहत सुरक्षा दल के साथ-साथ अस्पतालों में उपलब्ध सामग्री की भी समीक्षा की जाती है।

अस्पताल चिकित्साकर्मियों को शिक्षित और प्रशिक्षित करने का केंद्र बिंदु है। इनके द्वारा नियमित अंतरालों पर समुदाय और चिकित्साकर्मियों को आपदा अभ्यास कराया जाना चाहिए। सामुदायिक शिक्षा और जागरूकता अस्पतालों की एक मुख्य जिम्मेदारी होती है जिसे आमतौर पर नजरअंदाज कर दिया जाता है।

प्रमुख अस्पताल क्षेत्र से विभिन्न अस्पतालों के बीच समन्वय स्थापित करने और विभिन्न निर्देश केंद्रों और अस्पतालों के बीच संवाद स्थापित करने की आशा की जाती है। आपदाओं के बाद दीर्घावधि पुनर्वास कार्यक्रमों तथा आपदा पीड़ितों और आपदा राहतकर्मियों का मानसिक स्वास्थ्य बहाल करने के लिए कार्यक्रम बनाने में इन अस्पतालों की महत्त्वपूर्ण भूमिका मानी गई है।

आपदा की सूचना मिलने पर की जाने वाली कार्रवाई–अस्पताल को आपदा से जूझने के लिए हमेशा तैयार रहना चाहिए और सूचना मिलते ही तुरंत कार्रवाई करनी चाहिए। सूचना मिलते ही सबको सतर्क रहने की घोषणा करनी चाहिए।

सतर्कता–जैसे ही ड्यूटी मेडिकल ऑफिसर या कैजुअल्टी ऑफिसर को आपात राहत संयोजन स्रोतों से आपदा संबंधी सूचना मिलती है वह सबको चौकस करता है। सतर्कता को आमतौर पर लाल, अम्बर या हरे रंग में वर्गीकृत किया जाता है। बड़ी आपदा आने पर 'रेड अलर्ट' की घोषणा की जाती है और सभी कर्मचारियों को ड्यूटी पर तैनात रहने का आदेश दिया जाता है और उन्हें दिन या रात कभी भी बुलाया जा सकता है। 'अम्बर अलर्ट' में उपलब्ध कर्मचारी अस्पताल में उपलब्ध संसाधनों और सामग्रियों को जुटाने में लग जाते हैं। 'ग्रीन एलर्ट' द्वारा अस्पताल में मौजूद कर्मचारियों को अपने स्थान पर मुस्तैदी से तैनात रहने का आदेश दिया जाता है।

तुरंत कार्रवाई करते हुए अस्पताल को आपदा क्षेत्र में राहत दल भेजना चाहिए।

संचार—अगले चरण में संचार व्यवस्था पुख्ता और दुरूस्त की जाती है। छुट्टी पर गए कर्मचारियों को भी काम पर लौटने का आदेश दिया जाता है। इलाज करने वाले विभिन्न विभागों, दुर्घटना और आपातकालीन विभागों, और ऑपरेशन थियेटर को तैयार रहने के लिए सूचित किया जाता है।

लोगों के सवालों का जवाब देने के लिए विशेष फोन लाइनें उपलब्ध कराई जाती हैं तथा रेडियो और टेलीविजन जैसे जनसंचार माध्यमों से जन-जन तक संदेश पहुँचाया जाता है।

नियंत्रण कक्ष—प्रत्येक अस्पताल में एक नियंत्रण कक्ष स्थापित किया जाता है। यह नियंत्रण कक्ष जनता के लिए सूचना केंद्र के रूप में काम करेगा और अन्य आपात राहत अभिकरणों के साथ संपर्क स्थापित करेगा। इस नियंत्रण कक्ष में सभी प्रकार के संचार साधन उपलब्ध होंगे। इसमें अस्पतालों में भर्ती मरीजों की सूची और मरीजों की स्थिति का ब्यौरा रहेगा, जिसे नियमित रूप से अद्यतन किया जाएगा। कर्मचारियों के रिपोर्टिंग सूचना भी इस कक्ष में उपलब्ध होगी। आपदा संयोजक की देखरेख में स्वयंसेवकों के बीच कार्य का बँटवारा किया जाएगा।

नियंत्रण कक्ष की भूमिका और जिम्मेदारियों को आरेख द्वारा भी प्रस्तुत किया जा सकता है।

इलाज करने वाले विभिन्न क्षेत्र।

सतर्कता के वर्ग के अनुसार वार्ड का निर्धारण किया जाता है और मरीजों को स्थानांतरित किया जाता है। दुर्घटना और आपातकालीन विभाग में विभिन्न इलाजों के लिए विभिन्न क्षेत्र निर्धारित किए जाते हैं। जरूरत पड़ने पर सामग्री उपलब्धता की समीक्षा कर सामग्रियाँ भंडारगृह से मँगा लेनी चाहिए।

अस्पताल में नियंत्रण केंद्र की भूमिकाएँ और जिम्मेदारियाँ

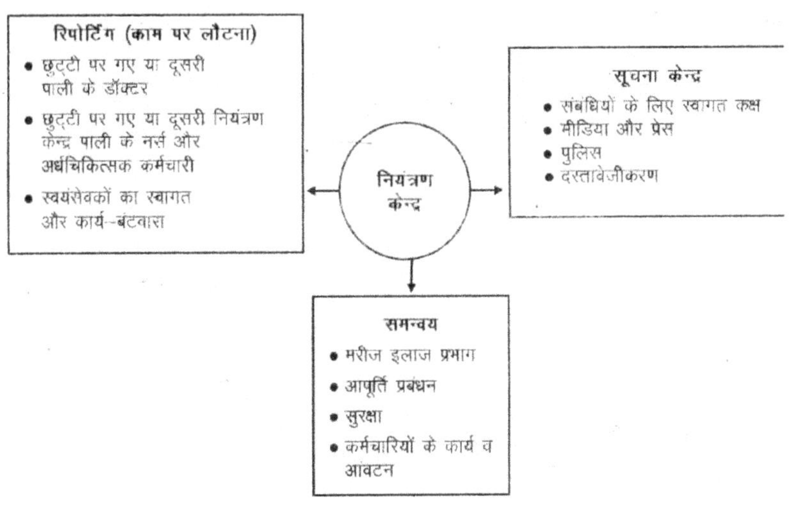

आमतौर पर इलाज के दो क्षेत्र होते हैं, प्राथमिक इलाज क्षेत्र और परवर्ती इलाज क्षेत्र। इन पर चर्चा निम्न प्रकार है–

(1) प्राथमिक इलाज क्षेत्र - दुर्घटना और आपातकालीन विभाग (ए.ऐंड.ई.)– आपदा में घायल हुए लोगों को सीधे अस्पताल के दुर्घटना और आपातकालीन विभाग में पहुँचाया जाता है। आपदाओं में मरीजों की संख्या जरूरत से ज्यादा होने के कारण यहाँ अफरा-तफरी मचने की काफी आशंका होती है। आपदा संयोजक को इस विभाग को सुव्यवस्थित रखने का खास ख्याल रखना चाहिए और कोशिश करनी चाहिए कि इस विभाग के चिकित्सकों और अर्ध चिकित्सा कर्मचारियों के काम में किसी प्रकार का व्यवधान न पड़े तथा कम से कम असुविधा हो।

इस विभाग में एक स्वागत और सूचना कक्ष होगा। इसके बाद मरीजों को ट्राऐज व पुनरूज्जीवन देने का कक्ष होगा। यहाँ एक तात्कालिक इलाज क्षेत्र और एक सामान्य इलाज क्षेत्र भी निर्धारित किया जा सकता है।

(क) स्वागत और सूचना क्षेत्र–स्वागत और सूचना क्षेत्र में सभी को आने की इजाजत नहीं होनी चाहिए। लोगों के आने जाने को नियंत्रित करने के लिए सुरक्षाकर्मी तैनात किए जाने चाहिए और आम जनता को अंदर आने की इजाजत नहीं मिलनी चाहिए। स्वागत कक्ष के पास ही पर्याप्त संख्या में स्ट्रेचर, ट्रॉली और व्हील चेयर भी उपलब्ध होने चाहिए। मरीजों को उठाने के लिए तथा पीड़ितों की पहचान, ट्राऐज, टैगिंग और दस्तावेजीकरण के लिए अस्पताल कर्मचारी और नर्स भी उपलब्ध होने चाहिए।

(ख) ट्राऐज क्षेत्र–वर्गीकरण क्षेत्र में एक डॉक्टर और अनुभवी नर्स अवश्य होनी चाहिए। डॉक्टरों की कमी होने पर नर्स भी यह काम कर सकती है। मरीजों के मर्ज का तुरंत पता लगाकर उन्हें संबद्ध विभाग को सौंप देना चाहिए। मृतकों को शवगृह में भेज देना चाहिए।

(ग) मरीज को होश में लाना या पुनरूज्जीवन/तात्कालिक इलाज क्षेत्र–तुरंत इलाज वाले मरीजों को इसी क्षेत्र में लाया जाता है। सबसे पहले जीवन रक्षा के लिए उपाय किए जाने चाहिए। वहाँ डॉक्टर, नर्स और अर्ध चिकित्सक हमेशा मौजूद रहते हैं।

लेबोरेट्री सहायक, ब्लड बैंककर्मी और दस्तावेज तैयार करने वाले सहायकों को अपना-अपना काम करने के लिए तत्पर रहना चाहिए।

(घ) अत्यंत आवश्यक इलाज–इस इलाज क्षेत्र में विशेष इलाज की सुविधा होती है। इस क्षेत्र में जले हुए मरीजों, हड्डी टूटने वाले मरीजों, धुएँ से प्रभावित लोगों, रेडियो ऐक्टिव से संक्रमित तथा मानसिक रूप से अस्वस्थ मरीजों के इलाज की व्यवस्था होती है।

(ङ) सामान्य इलाज–कुछ मरीजों का इलाज आउटडोर में ही किया जा सकता है। इनका इलाज यहीं करके छुट्टी दी जा सकती है। अधिकांश मरीजों का इलाज

इसी क्षेत्र में हो जाता है। इस क्षेत्र को आपातकालीन मामलों के क्षेत्र से अलग और दूर होना चाहिए ताकि जरूरत से ज्यादा भीड़ भाड़ से बचा जा सके।

प्राथमिक चिकित्सा क्षेत्र को नीचे एक आरेख द्वारा समझाया जा रहा है–

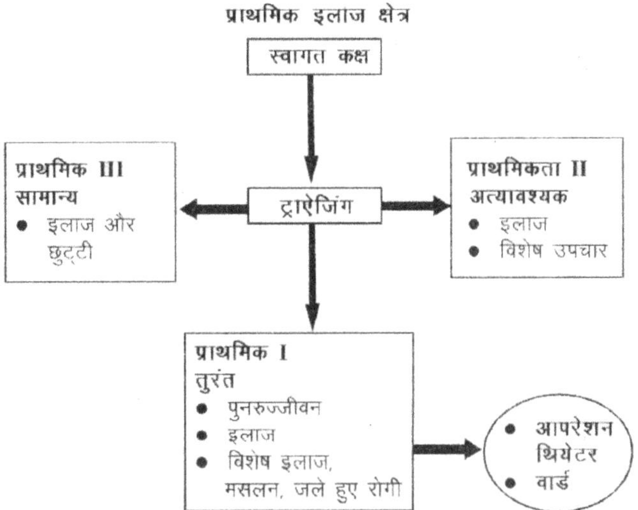

(2) परवर्ती इलाज क्षेत्र–ऑपरेशन थियेरटर, इन्टेनसिव केयर यूनिट और वार्ड परवर्ती इलाज क्षेत्र के रूप में जाने जाते हैं। जिन मरीजों का इलाज लंबा चलना होता है उन्हें इन परवर्ती इलाज क्षेत्रों में भर्ती कराया जाता है।

(क) आपरेशन थियेटर (शल्य चिकित्सा कक्ष)–शल्य चिकित्सा कक्ष इस क्षेत्र का प्रमुख अंग है। यह चौबीसों घंटे काम करता है। आपरेशन थियेटरों की संख्या, शल्य चिकित्सकों की संख्या, एनेस्थेइस्ट (बेहोश करने वाले विशेषज्ञ, डॉक्टर) और उपकरणों की उपलब्धता सीमाएँ बन सकती हैं। एक सर्जिकल टीम 8 घंटे आराम कर 12 घंटों तक काम कर सकती हैं।

(ख) वार्ड–आपदा से प्रभावित लोगों के लिए अलग से एक वार्ड बना देना चाहिए। अस्पताल में भर्ती पुराने मरीजों को या तो छुट्टी दे दी जानी चाहिए या उन्हें उसी जगह के दूसरे अस्पताल में भर्ती करा देना चाहिए। प्राथमिकता के आधार पर अधिक गंभीर रूप से घायल मरीजों को वार्ड में रखना चाहिए। इससे संसाधनों का बेहतर उपयोग हो पाता है। विभिन्न प्रकार के मरीजों का इलाज करने के लिए विधिवत् नियम बनाए गए हैं।

(ग) सर्वोत्तम सुनिश्चित इलाज–आमतौर पर 12 घंटे के भीतर आरंभिक इलाज संपन्न हो जाना चाहिए और इसमें 24 घंटे से ज्यादा का समय लगना ही नहीं चाहिए।

सहयोगी कर्मचारी–आपदा संयोजक अस्पताल में आपदा कार्यक्रम का संयोजन करता है जो नियंत्रण केंद्र में स्थित होता है। आपदा संयोजक सुनिश्चित करता है कि कर्मचारी विभिन्न इलाज क्षेत्रों में तैनात रहें और उनकी हर तरह से मानव और भौतिक संसाधन संबंधी सहायता की जाए।

अस्पताल का प्रशासक अस्पताल, जनता और प्रेस के बीच संपर्क का काम करता है। वह सूचना और प्रेस अधिकारी भी होता है और स्वयंसेवकों की तैनाती को संगठित करता है।

बिस्तर, तौलिया, कपड़ा आदि के इंतजाम, केंद्रीय स्टेरालाइजेशन ऐंड सप्लाई (सी एस एस डी), फार्मेसी, रखरखाव, मेडिकल रिकार्ड और शवगृह को व्यवस्थित रखने के लिए कर्मचारियों को मुस्तैद रखना अस्पताल की जिम्मेदारी है। सीएसएसडी और फार्मेसी से की जाने वाली आपूर्ति मानकीकृत सूची के अनुरूप होनी चाहिए तथा बंद पैकटों में होनी चाहिए जिससे वितरण और गणना में सुविधा हो सके।

सामाजिक कार्यकर्त्ताओं से मरीजों और उनके संबंधियों की सहायता करने का अनुरोध किया जा सकता है। भीड़ को नियंत्रित करने के लिए लगभग सभी स्थानों पर सुरक्षाकर्मी की तैनाती होनी चाहिए। ए ऐंड ई विभाग, नियंत्रण केंद्र, स्वयंसेवक स्वागत कक्ष, शवगृह, यातायात और मुख्य प्रतिक्षा कक्ष या लॉबी में सुरक्षाकर्मी तैनात रहने चाहिए।

दस्तावेजीकरण–अस्पताल में हो रही कई तरह की गतिविधियों पर नियंत्रण रखने के लिए दस्तावेजीकरण आवश्यक है। दस्तावेजीकरण मरीज क्षेत्र और प्रशासनिक क्षेत्र कहीं भी किया जा सकता है।

मरीज क्षेत्र–दस्तावेजीकरण के तहत मरीजों को स्वागत कक्ष में टैग लगाने से लेकर उनके एडमिशन चार्ट और मेडिकल रिकार्ड सब शामिल होते हैं। इसके अलावा अस्पताल के नियंत्रण कक्ष में मरीजों की सूचना भी उपलब्ध रहती है। संबंधीगण यहाँ से मरीज की हालत और रोग की जाँच की जाँच की सूचना प्राप्त कर सकते हैं। प्रेस की सूचना के लिए हताहतों और घायलों की संख्या, चोट के प्रकारों और स्थान की सूचना बड़े-बड़े अक्षरों में लिखी होनी चाहिए। मृतकों की सूचना भी उपलब्ध होनी चाहिए।

प्रशासनिक क्षेत्र–काम पर आने वाले कर्मचारियों के लिए स्टाफ रिपोर्टिंग और ड्यूटी एसाइन्मेन्ट कार्ड उपलब्ध होना चाहिए। अधिक स्वयंसेवकों की आवश्यकता और माँग भी उपलब्ध होनी चाहिए।

आपदा नियमावली–आपदा नियमावली एक लिखित दस्तावेज है जिसे प्रत्येक अस्पताल में उपलब्ध होना चाहिए। इस नियमावली में आपदा के समय काम करने वाले कर्मचारियों के कर्त्तव्यों और उत्तरदायित्वों का उल्लेख होना चाहिए। यह नियमावली सभी कर्मचारियों के पास होनी चाहिए।

नियमावली में निम्नलिखित बातें शामिल होती हैं–

(1) कर्मचारी सतर्कता प्रणाली–कर्मचारियों को चौकस करने के लिए विस्तृत विवरण उपलब्ध होना चाहिए ताकि उसको मालूम हो कि किसे क्या करना है। रेड/अम्बर/ग्रीन अलर्ट का मतलब सबको ज्ञात होना चाहिए।

(2) मरीज इलाज क्षेत्रों और अस्पताल सेवाओं के लिए अस्पताल की नीतियाँ और कार्यवाहियाँ।

(3) दुर्घटना और आपातकालीन विभाग का क्षेत्रों में विभाजन तथा प्रत्येक क्षेत्र में कर्मचारियों की उनके कर्त्तव्यों और उत्तरदायित्वों समेत नियुक्ति।

(4) वार्ड–आपदा पीड़ितों को वार्ड में भर्ती करना। रेफरल मरीजों के लिए कार्यवाही, पुराने मरीजों को छुट्टी देने और पीड़ितों को स्थान देने की कार्यवाही।

(5) कमान और नियंत्रण केंद्र–कमान केंद्र की स्थापना और इसके कार्यों का उल्लेख।

(6) ऑपरेशन थियेटर–इनकी कार्यपद्धति और भंडार की प्राप्ति।

(7) आपूर्ति विभाग–कर्त्तव्य और जिम्मेदारियाँ, पैकेज के सामान और प्राप्ति तथा आपात प्राप्ति।

(8) नर्सिंगकर्मी–ड्यूटी आवंटन तथा आवश्यकतानुसार फेर-बदल।

(9) सुरक्षा इंतजाम।

(10) जन सेवा/सूचना केंद्र।

आपदा अभ्यास (ड्रिल)–अस्पताल की तैयारी की जाँच करने के लिए आपदा अभ्यास अत्यावश्यक है। अभ्यास से अस्पतालकर्मियों को ज्ञात होता है कि आपदा की सूचना मिलने पर किन-किन वस्तुओं की जरूरत पड़ सकती है और किस प्रकार आने वाली बाधाओं को दूर किया जा सकता है।

Feedback is the breakfast of Champions.

Ken Blanchard

Be the first one to report any mistake in Gullybaba Books.

You can Help other students.
"Inform any error or mistake in this book."

We and Universe
will reward you for Your Kind act.

Email at : feedback@gullybaba.com
or
WhatsApp on 9350849407

साजो-सामान प्रबंधन

प्रश्न 1. साजो-सामान प्रबंधन के विभिन्न सिद्धांतों का विवेचन कीजिए।

(जून-2019, प्र.सं.-3)

अथवा

साजो-सामान प्रबंधन के सिद्धांतों का विवरण दीजिए।

(जून-2020, प्र.सं.-2)

अथवा

साजो-सामान प्रबंधन के सिद्धांतों एवं घटकों की चर्चा कीजिए।

(दिसम्बर-2020, प्र.सं.-3)

साजो-सामान प्रबंधन के घटकों की व्याख्या कीजिए।

(जून-2018, प्र.सं.-3)

उत्तर– साजो-सामान योजना ऐसी बनानी चाहिए जिसके द्वारा आपदा के तुरंत बाद आपदा कार्यवाहियों को साजो-सामान समर्थन मिल सके और लंबे समय के लिए आपदा प्रयासों की अनुपूर्ति हो सके।

साजो-सामान प्रबंधन के सिद्धांत–साजो-सामान प्रबंधन के आधारभूत सिद्धांत इस प्रकार हैं–

(1) आपूर्तियों का मानकीकरण–आपदा आने के काफी पहले इसका निर्धारण कर लेना चाहिए। क्षेत्रीय भंडारगृहों में नियमित रूप से स्टॉक की समीक्षा की जानी चाहिए और इन्हें लगातार अद्यतन रखना चाहिए।

(2) इस बात का अवश्य ध्यान रखना चाहिए कि समुदाय की जरूरतें आपदा के प्रकार पर निर्भर करती है, अत: आपदाओं के अलग-अलग प्रकार का ध्यान रखना चाहिए जिससे समुदाय की जरूरतों की पूर्ति की जा सके।

(3) यथासंभव स्थानीय रूप से उपलब्ध संसाधनों का ज्यादा से ज्यादा उपयोग करना चाहिए। ये सस्ते होने के साथ-साथ स्थानीय परिवेश के अनुकूल भी होते हैं।

(4) बाहर से प्राप्त संसाधनों के बारे में ठीक से सोच विचार कर लेना चाहिए और उनके भंडारण, देख-भाल और वितरण की समुचित योजना बना लेनी चाहिए।

साजो-सामान योजना के तहत सामानों की पहचान, प्राप्ति, सामानों की छँटाई, वर्गीकरण, सूची प्रबंधन और भंडारण तथा वितरण शामिल होता है।

साजो-सामान समर्थन योजना

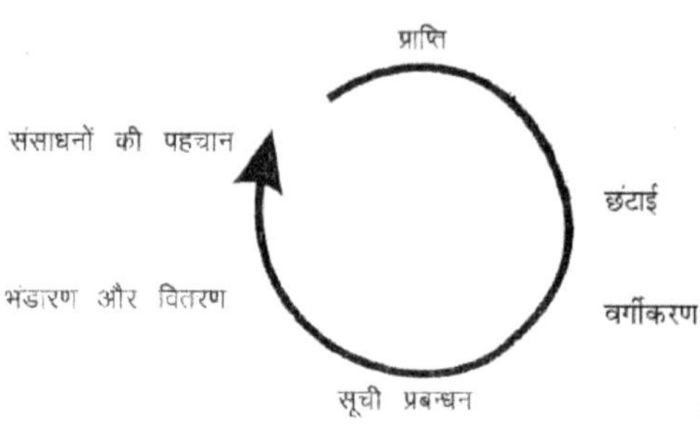

इन पर चर्चा निम्न प्रकार है–

संसाधनों की पहचान–आपदा के प्रकार के आधार पर राहत सामग्री और उसकी मात्रा का निर्धारण किया जाता है और आपूर्ति की उपलब्धता तय की जाती है। क्षेत्र विशेष के प्रभावित होने की आशंका के आधार पर संसाधनों की पहचान पहले ही कर लेनी चाहिए ताकि आपदाओं के समय उन्हें तुरंत हासिल किया जा सके।

प्राप्ति–आदर्शत: स्थानीय संसाधनों का उपयोग करना चाहिए। स्थानीय संसाधनों के उपयोग के कई फायदें हैं–

(1) स्थानीय संसाधन सस्ते होते हैं।

(2) स्थानीय संसाधन आसानी से उपलब्ध होते हैं, और उन्हें आसानी से बदला/बढ़ाया जा सकता है।

(3) इन्हें तुरंत प्राप्त किया जा सकता है।

अन्य क्षेत्रों/देशों से आने वाले संसाधन हवाई जहाज से लाए जाने के कारण महँगे होते हैं और हो सकता है वे स्थानीय परिस्थितियों के अनुकूल भी न हो। ये संसाधन आपदा के 2 से 4 दिनों के बाद मिलते हैं, और जब तक यह जरूरतमंदों तक पहुँचतें हैं तब तक 7 से 10 दिन बीत जाते हैं।

छँटाई–प्राथमिकता के आधार पर संसाधनों की छँटाई होती है। आपदा आने पर चारों ओर से मदद स्वरूप सामग्रियाँ प्राप्त होने लगती हैं और उन्हें जल्द से जल्द आपदा स्थल तक पहुँचाना होता है। सबसे पहले जल्द से जल्द चिकित्सा राहत सामानों की आपूर्ति करनी होती है।

वर्गीकरण—बेहतर प्रबंधन के लिए भंडारगृहों को वर्गीकृत किया जा सकता है। इसी वर्गीकरण के आधार पर केंद्रीय भंडारगृहों से सामान भेजा जाता है। आपूर्ति पबंधन प्रणाली प्रारूप में आपूर्ति को 10 श्रेणियों में विभक्त किया गया है। ये हैं—

- दवाइयाँ
- पानी और पर्यावरण स्वास्थ्य
- भोजन
- बसेरा/बिजली का सामान
- साजो-सामान/प्रशासन
- कार्मिक जरूरतें/शिक्षा
- मानव संसाधन
- कृषि/पशुधन
- अवर्गीकृत।

सूची प्रबंधन—आपूर्ति को पुनः तकनीकी कोटियों, लागत, उपयोग और लेखा इकाइयों में उपवर्गीकृत किया जाता है। सूची प्रबंधन के द्वारा स्टॉक में मौजूद सामग्रियों का बेहतर संयोजन किया जा सकता है और वैज्ञानिक पद्धति से इसका संचालन किया जा सकता है। इससे न तो कोई सामग्री एकाएक घट जाती है और न ही कोई सामग्री जरूरत से ज्यादा पहुँच पाती है।

भंडारण और वितरण—वर्गीकरण के सिद्धांत के आधार पर आपूर्तियों का भंडारण और वितरण किया जाता है। आदर्शतः भंडारगृह आपदा स्थल के नजदीक होना चाहिए। सूचना मिलते ही आपदा स्थल तक सामग्रियाँ पहुँचाई जानी चाहिए और नियमित रूप से सामान की सूची को अद्यतन करते रहना चाहिए।

साजो-सामान प्रबंधन के घटक—PAHO ने आपदा स्थिति में साजो-सामान का एक आरेख प्रस्तुत किया है जिसे हम यहाँ पेश कर रहे हैं।

आपदाओं में आवश्यक संसाधनों और साजो-सामान समर्थन की आरेखीय प्रस्तुति–

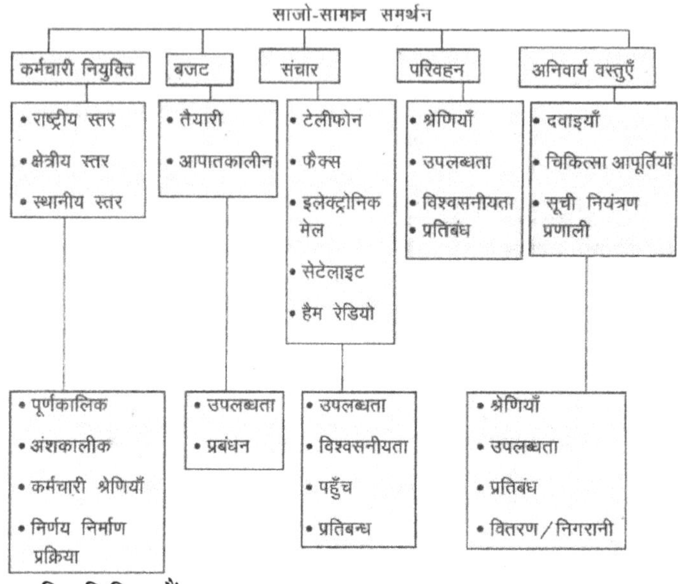

ये घटक निम्नलिखित हैं–

कर्मचारी नियुक्ति और कार्य निर्धारण–चिकित्सा राहत कार्यों के लिए मानव शक्ति की पहचान करनी पड़ती है। इसके लिए सबसे पहले समुदाय को पर्याप्त प्रशिक्षण प्रदान किया जाना अति महत्त्वपूर्ण है क्योंकि आपदा के तुरंत बाद सबसे पहली आपदा राहत व सहायता समुदाय से ही आती है।

क्षेत्र विशेष के विभिन्न चिकित्सा केंद्रों में उपलब्ध चिकित्साकर्मियों की उपलब्धता मालूम होनी चाहिए। चिकित्सकों की सहायता के लिए क्षेत्रीय और राष्ट्रीय स्तर पर राहत दल बनाने का काम करना चाहिए। स्वयंसेवक प्रबंधन टास्क फोर्स का भी निर्माण किया जाना चाहिए। चिकित्साकर्मियों की भूमिका स्पष्ट, सुनिश्चित और सुपरिभाषित होनी चाहिए।

चिकित्साकर्मियों के अलावा चिकित्सा राहत सामग्री के आपूर्ति प्रबंधन में अन्य कर्मियों की भी आवश्यकता होती है जैसे फर्मासिस्ट और स्टोरकीपर। चिकित्सा संसाधनों के सही और समान वितरण के लिए इन कर्मचारियों को प्रमुख आपूर्ति क्षेत्रों में भेजा जाना चाहिए।

बजट का प्रावधान–बजट बनाना एक आवश्यक और अनिवार्य प्रक्रिया है। संबद्ध मंत्रालय के बजट में आपदा प्रबंधन के मद में भी राशि आवंटित होनी चाहिए।

संचार–आपदा राहत कार्य में संचार की विशेष भूमिका होती है। आपदा के दौरान सबसे पहले इसे ही नुकसान पहुँचता है। क्षेत्र विशेष में सहायता और राहत पहुँचाने के लिए आपदा समितियों/अभिकरणों के पास इन्हीं के जरिए सही सूचना पहुँचती है।

आधारभूत सिद्धांत–

- **उपलब्धता**–आपदा क्षेत्रों में काम कर रहे कर्मचारियों के पास संचार के साधन होने चाहिए। साथ ही साथ यह भी देखना चाहिए कि संचार के ये माध्यम सुचारू रूप से काम कर रहे हैं।
- **विश्वसनीयता**–संचार साधन विश्वसनीय होना चाहिए और उसमें आपदा की स्थिति को झेलने की शक्ति होनी चाहिए।
- **पहुँच**–इसकी पहुँच समुदाय और आपदाकर्मियों तक होनी चाहिए। हालाँकि कभी-कभी सीमित पहुँच वाली प्रणाली का भी उपयोग किसी विशेष सेवा (चिकित्सा सेवा) के लिए किया जा सकता है।

संचार के साधन–आपदा क्षेत्रों में उपयोग किए जाने वाले विविध संचार के साधन इस प्रकार हैं–

(1) टेली संचार–

(क) सामान्य टेलीफोन–इस तरह के टेलीफोन कई क्षेत्रों में संचार के लिए बड़े उपयोगी साबित होते हैं परंतु ये बहुत विश्वसनीय नहीं होते क्योंकि आपदा के दौरान इनके लाइनों को नुकसान पहुँचता है और ये काम करना बंद कर देते हैं। कभी-कभी यह जाम भी हो जाते हैं। इसलिए आपदा स्थितियों में इस पर बहुत ज्यादा भरोसा नहीं किया जा सकता।

(ख) मोबाइल फोन–मोबाइल फोन को अपने साथ रखा जा सकता है और आपदाओं में इसकी थोड़ी बहुत उपयोगिता भी हो सकती है। यह फोन थोड़ा महँगा भी है। आपदा के दौरान यह संभवतः संदेशों के भार को समुचित रूप से वहन नहीं कर सकता।

(ग) विल (WLL)–"वायरलेस इन लोकल लूप" नवीनतम प्रौद्योगिकी है। इसमें टेली संचार के लिए वायरलेस प्रौद्योगिकी का इस्तेमाल किया जाता है। दिक्कत यह है कि यह बिजली से संचालित होता है और कई परिस्थितियों में बिजली न होने से यह काम करना बंद कर देता है।

(2) रेडियो–आपदाओं के दौरान रेडियो संचार बड़े मददगार साबित होते हैं। इससे तुरंत संपर्क साधा जा सकता है। चिकित्सा और स्वास्थ्य एजेंसियाँ सूचना भेजने के लिए पुलिस के रेडियो संचार नेटवर्क का इस्तेमाल कर सकती हैं। ऐसी प्रणाली दिल्ली शहर में मौजूद है जहाँ पुलिस नेटवर्क द्वारा केंद्रीकृत दुर्घटना और सदमा एम्बुलेंस सेवा तक सूचना पहुँचाई जा सकती है।

दूर तक समाचार भेजने के लिए उच्च फ्रिक्वेंसी की सिगनल साइडबैंड रेडियो का इस्तेमाल किया जा सकता है। कम दूरी तक संदेश भेजने के लिए उच्च फ्रिक्वेंसी हैंड-हेल्ड (हथेली) रेडियो संचार उपकरणों का उपयोग किया जा सकता है। यह सस्ता होने के साथ-साथ विश्वसनीय भी होता है। आपदा क्षेत्र में काम करने वाले कर्मी इसका उपयोग कर सकते हैं।

आपदा क्षेत्रों में सभी संचार माध्यमों के ठप्प हो जाने पर कई बार हैम रेडियो या गैर पेशेवर रेडियो आपदा राहत कार्य में एजेंसियों की मदद करता है। इसी प्रकार पेजींग सेवा और एसएमएस का भी उपयोग किया जा सकता है परंतु इसमें एकतरफा संवाद होता है और बैट्री पर चलने के कारण इन्हें बार-बार बिजली से चार्ज करना पड़ता है। मोबाइल फोन की सीमाएँ इनकी भी सीमाएँ हैं।

(3) सैटेलाइट संचार–आपदाओं के दौरान संदेश प्रसारित करने के लिए सैटेलाइट संचार उपकरणों का इस्तेमाल किया जा ससकता है। परंतु सैटेलाइट संचार उपकरणों का इस्तेमाल महंगा है और इनका उपयोग अभी भी सीमित रूप में होता है।

(4) अन्य–जरूरी सूचना, डाटा और संदेश भेजने के लिए इंटरनेट और ई-मेल का भी इस्तेमाल किया जा सकता है।

परिवहन–माननीय राहत कार्य में परिवहन की विशेष भूमिका होती है इसलिए परिवहन जरूरतों का पहले ही आंकलन कर लेना चाहिए। आपदा क्षेत्रों में राहतकर्मियों को ले जाने, सामान भेजने, घायलों को अस्पताल पहुँचाने, पानी/ईंधन पहुँचाने, महामारी आदि रोगी की निगरानी करने, शवों को हटाने और आपदा क्षेत्रों का निरीक्षण करने के लिए पर्याप्त मात्रा में वाहनों की उपलब्धता आवश्यक होती है। आपदा के दौरान ऐसे वाहनों का उपयोग किया जाना चाहिए जिसमें घायलों को अस्पताल पहुँचाया जा सके और लौटते वक्त आपदा स्थल पर जरूरी सामान भी पहुँचाया जा सके।

आमतौर पर सरकारी एजेंसियाँ, अग्निशमन सेवाएँ, पुलिस, सेना, रेड क्रॉस, गैर-सरकारी संगठन और स्वयंसेवक परिवहन उपलब्ध कराते हैं।

जरूरत को देखते हुए गाड़ियों की आवश्यकता की सूची बना लेनी चाहिए। इसमें वाहनों के उपयोग का खर्च भी लिखना चाहिए। नियोजन स्तर पर ही ईंधन और मानवशक्ति की लागत का आंकलन कर लेना चाहिए।

अनिवार्य आपूर्तियाँ–आपदा क्षेत्रों में केवल दवाइयों की ही जरूरत नहीं पड़ती है बल्कि जीने की मूलभूत आवश्यकताओं से जुड़ी वस्तुओं की भी वहाँ बड़े पैमाने पर जरूरत पड़ती है। परंतु यहाँ हम केवल स्वास्थ्य सेवाओं से जुड़ी वस्तुओं की आपूर्ति की ही चर्चा करेंगे।

चिकित्सा से जुड़ी आपूर्तियों में शामिल होता है–

(1) दवा भंडार–इसमें आपातकाल में उपयोग की जाने वाली दवाइयाँ, आपदा स्थिति के लिए विशेष तौर पर बनी दवाइयाँ, मेडिकल गैस, लेबोरेट्री के सामान, रेडियोग्राफी के सामान शामिल हैं।

(2) सर्जिकल स्टोर–इस प्रकार के स्टोर्स में शल्य चिकित्सा यानी ऑपरेशन के लिए जरूरी सामान जैसे – पट्टियाँ, शल्य चिकित्सा के उपकरण, रबर के सामान, शीशे के सामान, रूई और शल्य चिकित्सा में काम आने वाली सामान्य वस्तुएँ शामिल हैं।

(3) जनरल स्टोर–इसमें बिजली के सामान, फर्नीचर, विसंक्रमण सामान और साबुन जैसे सफाई के सामान शामिल होते हैं।

(4) कपड़ा भंडार–इसमें शामिल हैं–ऊनी कपड़े, दरियाँ, चादरें और पहनने के कपड़े।

(5) स्टेशनरी स्टोर्स–इसमें शामिल हैं–टैगिंग कार्ड, ट्राएेजिंग कार्ड, मेडिकल फॉर्म आदि।

(6) खानपान भंडार–इसमें पूरक खाद्यार्थ शामिल होते हैं।

(7) इंजीनियरिंग और रख-रखाव स्टोर–तम्बू, अस्थाई शिविर, सामान्य उपयोग की वस्तुएँ, बिजली के सामान जैसे जेनरेटर और एयर कंडिशनर शामिल होते हैं।

1977 में WHO की विशेषज्ञ समिति ने बताया था कि सीमित वित्तीय संसाधनों का बेहतरीन उपयोग करने के लिए जो सबसे जरूरी ओर जीवन रक्षक दवाइयाँ हैं और जो लोगों की स्वास्थ्य जरूरतों के लिए जरूरी और अपरिहार्य है उन्हें ही मँगाया जाना चाहिए। इस लिहाज से आपदा राहत का कार्य करने वाली अंतर्राष्ट्रीय एजेंसियों ने दवाइयों की कुछ सूचियाँ बनाई है। ये सूचियाँ हर क्षेत्र में अलग होती हैं और इसमें WHO समिति के आधारभूत सिद्धांतों का पालन किया जाता है।

सामानों की सूची बनाने और उसकी उपलब्धता और वितरण से संबंधित रिपोर्ट के लिए सॉफ्टवेयर तैयार किया गया है। इस SUMA सॉफ्टवेयर के तीन चिकित्सा मॉड्यूल्स हैं।

- **आपात संचालन केंद्र**–यहाँ सभी आँकड़े संग्रहीत होते हैं।
- **कार्यक्षेत्र इकाई मॉड्यूल केंद्र**–कार्य क्षेत्र में संकलित डाटा–जरूरत और वितरण।
- **भंडारगृह प्रबंधन**–स्टॉक नियंत्रण और वितरण।

वस्तुओं का वर्गीकरण किया जाता है और उसकी प्राथमिकता तय की जाती है। बहुत जरूरी पैकिंग पर लाल रंग का और सामान्य पैकेट पर नीले रंग का और उपयोग में नहीं आने वाले पैकेट पर काले रंग का निशान लगा होता है। इस प्रकार SUMA सॉफ्टवेयर की मदद से भंडारगृहों का वैज्ञानिक प्रबंधन संभव हुआ है और इसकी मदद से सामग्रियों की छँटाई, वर्गीकरण, वितरण, और निगरानी में मदद मिलती है।

प्रश्न 2. सामग्री प्रबंधन पर एक टिप्पणी लिखिए।

उत्तर– किसी संगठन द्वारा प्राप्त, जमा और उपयोग किए गए आपूर्तियों और उपकरणों को सामग्री कहा जाता है। सामग्री प्रबंधन वह प्रक्रिया है जो संगठन तक और द्वारा आने जाने वाली सामग्रियों से जुड़े कार्यों का समन्वित ढंग से संयोजन, पर्यवेक्षण और कार्यान्वयन करता है।

सामग्री प्रबंधन का उद्देश्य कम दाम में बेहतर गुणवत्तावाली सामग्री प्राप्त करना है। हालाँकि दाम को ध्यान में रखना जरूरी है परंतु यह और भी जरूरी है कि सामग्री की गुणवत्ता का ध्यान उच्चतम रहे। सामग्री प्रबंधन इस बात का भी ख्याल रखता है कि सामग्री की आपूर्ति लगातार होती रहे। बेहतर प्रबंधन के लिए सामग्रियों की सूची यथासंभव कम होनी चाहिए। सामग्री प्रबंधन में निम्नलिखित पक्ष शामिल होते हैं–

(1) **नियोजन**–लक्ष्य और वित्त स्रोतों का निर्धारण।

(2) **सारणी निर्धारण**–जरूरत, मात्रा और वितरण सारणी का निर्धारण।

(3) **खरीद और प्राप्ति**–विक्रेताओं का चुनाव और उनसे कॉन्ट्रेक्ट (ठेका)।

(4) **निरीक्षण और गुणवत्ता नियंत्रण**–निर्धारित मानदंड पर परीक्षण करना।

(5) **भंडारगृह और सूची नियंत्रण**–वस्तुओं का सूची निर्धारण, रख-रखाव, देखभाल।

(6) **सामग्री की देखरेख और बँटवारा**–साजो-सामान नियंत्रण, आगमन और वितरण के लिए और उपयोग के स्थान तक के लिए परिवहन।

इस प्रकार सामग्री प्रबंधन के द्वारा सही सामग्री, सही दाम पर, सही गुणवत्ता और सही मात्रा में, सही समय पर और सही स्रोत से प्राप्त किया जा सकता है।

प्रश्न 3. साजो-सामान प्रबंधन में सूची नियंत्रण के महत्त्व का उल्लेख कीजिए।
(जून-2017, प्र.सं.-2)

अथवा

सूची नियंत्रण पर एक टिप्पणी कीजिए।

उत्तर– सूची, उपलब्ध सामग्री की मात्रा होती है। भविष्य में उपयोग की जाने वाली वस्तुएँ भंडारगृह में जमा करके रखी जाती है और उसकी एक सूची बनाई जाती है। सूची को तीन समूहों में वर्गीकृत किया जा सकता है–

(1) अनुमानित सूची में भंडार में कौन-कौन से सामान उपलब्ध हैं और होने चाहिए, का पूरा ब्यौरा तैयार होता है। यह आपदा से बार-बार प्रभावित होने वाले क्षेत्रों के लिए बड़े उपयोगी होते हैं और इससे आपदा के समय सामान तुरंत मँगाने और उपलब्ध करने में सुविधा होती है। इसमें पैसा तो बहुत ज्यादा खर्च होता है। इसलिए इस प्रकार का भंडारण सीमित रूप में ही करना चाहिए।

(2) कुछ नियंत्रित अवस्थाओं में सामग्री का अंतर्प्रवाह और बहिर्गमन का मेल 'लेन-देन सूची' के अंतर्गत आता है। आपदा पर किसी का वश नहीं चलता और उस समय चीजों की माँग बढ़ जाती है। इस तरह की माँगें केवल लेन-देन सूची से पूरी नहीं हो सकती। आपदा का पहला झटका गुजर जाने के बाद जब माँग के पहले खेप की पूर्ति होने के बाद इसका उपयोग किया जा सकता है जब वस्तुओं की उपयोग में एक प्रकार की निश्चितता आ जाती है।

(3) ऐहतियात सूची, भविष्य में जरूरतों की निश्चिततापूर्वक भविष्यवाणी करने में असमर्थता के कारण, समय रहते ही सामग्री प्राप्त कर लेती है जिससे अतिरिक्त खर्चे को रोका जा सकता है। खास-तौर पर आरंभिक चरणों में अधिकांश आपदा प्रभावित क्षेत्रों में आपदा की जरूरतों को पूरा करने के लिए इस विधि का प्रयोग किया जाता है। इस प्रकार की वस्तुओं की आपूर्ति कम से कम समय में की जा सकती है और यह आरंभ में आपदा राहत एजेंसियों के लिए बड़ी उपयोगी साबित होती है।

सूची नियंत्रण के अंतर्गत कुछ शब्द प्रयोग में लाए जाते हैं जैसे–

- **समय अंतराल**–आपूर्ति का आदेश देने और आपूर्ति प्राप्त होने के बीच का समय।
- **सुरक्षित भंडार**–यह भंडार सुरक्षात्मक है, जिसे अचानक बढ़ी माँगों या समय अंतराल में आई अनिश्चितता के कारण उपयोग में लाया जा सकता है। सामान को भंडार में रखते समय इस बात का ध्यान रखना चाहिए कि इसमें सामान न जरूरत से ज्यादा रखा जाए और न कम।
- **सामान लागत**–इसके अंतर्गत वे लागत शामिल है जो सामान पर विभिन्न रूपों में लगते हैं जैसे कर, परिवहन लागत, ब्याज आदि। सामान ढोने का खर्च लगभग 25 प्रतिशत होना चाहिए।
- **प्राप्ति लागत**–इसमें सामग्री के खरीद मूल्य, निविदा का खर्च, निरीक्षण लागत, आपूर्ति आदेश जारी करने का लागत शामिल होता है।
- **पुनः आदेश देना**–सामानों की जरूरत पड़ने पर यानी स्टॉक में उसकी कमी होने पर सामान प्राप्ति के लिए यह आदेश जारी किया जाता है।

'इकॉनोमिक ऑर्डर' वह सूची है जिसमें वे सामग्रियाँ आती हैं जिसकी प्राप्ति से प्राप्ति तथा सामान को ले जाने की लागत को कम किया जा सकता है। यह उस समय लागू किया जाता है जब वस्तुओं की आवश्यकता अलग-अलग नहीं होती और प्राप्ति का समय समान होता है। यह एक आदर्श स्थिति है जिसे हमेशा प्राप्त नहीं किया जा सकता। इसके बावजूद इससे सामग्री प्रबंधन में मदद मिलती है।

सामान सूची नियंत्रण से सामान मंगाने में लगने वाले समय को कम करने, सामान के कम से कम खराब होने और गुणवत्ता में वृद्धि करने में मदद मिलती है।

सामानों की सूची और भंडार को नियंत्रित करने के लिए कई सांख्यिकी विधियाँ अपनाई जाती हैं। ठोस निर्णय लेने के लिए सामान सूची नियंत्रण तकनीक महत्त्वपूर्ण है। अनिश्चितता की स्थिति में भी निर्णय लेने में इससे मदद मिलती है। अनिश्चितता की स्थिति में खास-तौर पर आपदाओं के दौरान सामग्रियों के वितरण को भी इससे नियमित और नियंत्रित किया जाता है।

प्रश्न 4. आपदा के दौरान आने वाली समस्याओं का वर्णन कीजिए।

उत्तर– आपदा के समय सामग्री की आपूर्ति में कई समस्याएँ सामने आती हैं जिन्हें समय-समय पर सुलझाया जाना चाहिए। इनके निम्नलिखित कारण हो सकते हैं।

(1) आपदा के तुरंत बाद राहत सामग्री पहुँचानी होती है। समय कम होता है और अप्रभावी वितरण प्रणाली के कारण साजो-सामान प्रबंधन में समझौता किया जाता है।

(2) भंडारगृहों और सामान रखने के स्थानों की कमी।

(3) सामान वितरित करने के लिए महँगा परिवहन और ईंधन।

(4) जनसंचार माध्यम एवं दान प्रदान करने वाले आपूर्ति के बारे में अलग-अलग राय रखते हैं जिससे नकारात्मक प्रचार हो जाता है।

(5) आपूर्ति का वितरण सही ढंग से नहीं होता है। कहीं ज्यादा सामान पहुँच जाता है तो कहीं अधिक जरूरतमंद लोगों तक सामान नहीं पहुँचता है।

(6) ऐसे सामान जिनकी माँग नहीं होती या जिनकी जरूरत बहुत सीमित होती है दान में प्राप्त हो जाते हैं जिसके कारण समय और जगह दोनों पर प्रभाव पड़ता है।

दूर दराज के क्षेत्रों का नियोजन

प्रश्न 1. दूर दराज के क्षेत्रों में प्रशासनिक और चिकित्सा बुनियादी ढाँचे को समझाइए।

अथवा

दूर दराज के क्षेत्रों में प्रशासनिक और चिकित्सा बुनियादी ढाँचे की जानकारी किस प्रकार प्राप्त की जा सकती है?

उत्तर– हमारे देश के ग्रामीण क्षेत्रों में चिकित्सा संबंधी बुनियादी ढाँचे को लेकर सबसे पहले 1946 में भोर समिति की स्थापना की गई जिसने ग्रामीण क्षेत्रों में प्राथमिक स्वास्थ्य केंद्रों की वकालत की। धीरे-धीरे ग्रामीण क्षेत्रों में प्राथमिक स्वास्थ्य केंद्रों की स्थापना की जाने लगी। विभिन्न स्तरों पर उपलब्ध चिकित्सा बुनियादी ढाँचा इस प्रकार है–

जिला अस्पताल–

- पूरे जिले की जनसंख्या
- सभी आधारभूत चिकित्सा विशेषज्ञताएँ
- अर्ध चिकित्सा कर्मचारी
- जिला चिकित्सा प्रशासन केंद्र।

सामुदायिक स्वास्थ्य केंद्र (कम्यूनिटी हेल्थ सेंटर)–

- 80,000 से 1,20,000 की आबादी के लिए
- चार चिकित्सा अधिकारी
- तीस बिस्तरों वाला अस्पताल।

प्राथमिक स्वास्थ्य केंद्र (प्राइमरी हेल्थ सेंटर)–

- 20,000-30,000 की आबादी के लिए
- एक चिकित्सा अधिकारी फर्मासिस्ट, स्वास्थ्यकर्मी और स्वास्थ्य सहयोगी।

उप-केंद्र (सब-सेंटर)–

- 3000-5000 की आबादी के लिए
- सभी प्रकार के काम करने वाले कर्मी-पुरुष और महिला स्वास्थ्य कर्मी।

इसके अलावा ग्रामीण स्वास्थ्यकर्मी, स्थानीय दाई और आंगनबाड़ी कार्यकर्त्ता भी उपस्थित होते हैं। आमतौर पर एक स्वास्थ्य चिकित्सा केंद्र के छह उप-केंद्र और एक सामुदायिक स्वास्थ्य केंद्र के चार प्राथमिक चिकित्सा केंद्र होते हैं।

दूर दराज के क्षेत्रों में उपलब्ध चिकित्सा बुनियादी सुविधाएँ आपदा स्थितियों में मुख्य भूमिका नभाती हैं। इस कारण यह सुनिश्चित करना आवश्यक है कि सभी स्तरों पर अधिकारियों को स्पष्ट रूप से योजनाओं तथा उनकी भूमिकाओं से अवगत कराया गया है जिससे वे समय पर समुचित कदम उठा सकें।

प्रश्न 2. दूर दराज के क्षेत्रों की सुविधाएँ और बाधाएँ कौन-कौन सी हैं?

अथवा

दूर-दराज के क्षेत्रों में आने वाली बाधाओं और मिलने वाली सुविधाओं का वर्णन कीजिए।

उत्तर– दूर दराज के क्षेत्रों की योजना बनाते समय इन इलाकों की सुविधाओं और बाधाओं का ध्यान अवश्य रखना चाहिए। इन पर चर्चा निम्न प्रकार से है–

(1) मानव संसाधन–दूर दराज के क्षेत्रों में लोगों की आबादी घनी नहीं होती। इसलिए इन इलाकों में हताहतों और घायलों की संख्या घनी आबादी की अपेक्षा कम होती है।

घनी आबादी क्षेत्र की अपेक्षा हताहत सूचकांक भी कम होता है। इन क्षेत्रों में रहने वाले लोग एक छोटे समुदाय के रूप में रहते हैं, इसलिए आपदा से प्रत्येक व्यक्ति प्रभावित भी होता है। इसलिए ये लोग आपस में मिलकर और एकजुट होकर इसका सामना करते हैं। आपदा आने पर आपस में मिल-जुलकर लोग घायलों को बचाते हैं और इस तरह आपदा राहत का जो प्रथम चरण है उसे समुदाय स्वयं पूरा करता है।

छोटे समुदायों को दिया गया प्रशिक्षण और शिक्षा बहुत कारगर सिद्ध होता है। आपदा और चिकित्सा शिक्षा समुदाय के कुछ प्रमुख समूहों को जैसे गाँव के मुखियागण, स्कूल के शिक्षकों, स्वास्थ्य कर्मचारियों, युवाओं और महिलाओं आदि को दिया जा सकता है।

दूर दराज के क्षेत्रों में संसाधनों (मानव और सामग्री) की कमी सबसे बड़ी बाधा होती है। आपदा के दौरान कई प्रकार के विशेषज्ञों के बीच तालमेल की जरूरत होती है मसलन, अग्निशमक कर्मचारियों को लोगों की जिंदगी बचाने के लिए चिकित्साकर्मियों और पुलिस के साथ मिलकर काम करना होता है। दूर दराज के क्षेत्रों में इस प्रकार की तकनीकी विशेषज्ञता या तो सीमित रूप में उपलब्ध होती है या होती ही नहीं है।

ग्रामीण क्षेत्रों और दूर दराज के क्षेत्रों में आपदा आने पर संसाधन जुटाने की दिक्कत सबसे बड़ी बाधा होती है। तकनीकी कौशल से युक्त कार्मिकों को आने में समय लगता है

और सबसे पहले समुदाय को मिलकर ही अपनी समस्या का समाधान करना पड़ता है। इसी प्रकार उपकरण और आवश्यक सामग्री पहुँचने में समय लगता है। मानव शक्ति और सामग्री उपलब्ध होने पर भी संचार और परिवहन और टूटी-फूटी सड़कों के कारण या रेल सेवाएँ उपलब्ध न होने के कारण उपलब्ध संसाधनों का आपदा स्थल पर पहुँचना दुष्कर हो जाता है।

आमतौर पर साजो-सामान प्रबंधन का भी अभाव देखा जाता है और जहाँ जिन सामानों की जरूरत नहीं होती वहाँ वे सामान भेज दिए जाते हैं। इसलिए दूर दराज के क्षेत्रों में सामान भेजने से पहले यह सुनिश्चित कर लेना चाहिए कि वहाँ किन-किन सामग्रियों की जरूरत पड़ सकती है।

(2) सामग्री संसाधन–आमतौर पर ग्रामीण व्यक्ति मौसम भर का भोजन अपने पास एकत्र करके रखता है। आपदा के दौरान इससे बड़ी मदद मिलती है। इसी प्रकार स्थानीय संसाधनों का उपयोग घर और शरण स्थान बनाने में किया जाता है जो आपदा आने पर उपयोगी साबित होते हैं।

परंतु कभी-कभी आपदाएँ उनके जमा अनाज को भी नष्ट कर सकती हैं और उनके लिए भोजन की कमी हो सकती है। उनके पास कोई गोदाम नहीं होता और न ही इसके तुरंत बनने की संभावना होती है। इसके अलावा दवाई, कम्बल, उपकरण और अन्य जरूरी सामान पहुँचाना भी मुश्किल हो जाता है। इन इलाकों में कौन-कौन सा सामान पहुँचाना है उसकी पूरी सूची बनाई जानी चाहिए। इसके अलावा उपकरण और विभिन्न सामान भी काफी सीमित होते हैं। भूकंप आने पर ढहे मकानों के बीच से हताहतों और घायलों को निकालने के लिए भारी उपकरणों की जरूरत पड़ती है जो उनके पास नहीं होते।

(3) संचार–ग्रामीणों के पास संदेश भेजने के कुछ अपने तरीके होते हैं जिनका उपयोग आपदा के दौरान किया जा सकता है। संदेशवाहक यदि निकट के राहत केंद्र में जाकर आपदा से हुए नुकसान और हताहतों की संख्या को बता सके तो इससे बड़ी मदद मिलती है। ग्रामीणों को अपने इलाके के चप्पे-चप्पे का पता होता है, इसलिए राहत कार्य में उनकी मदद अवश्य ली जानी चाहिए।

दूर दराज के क्षेत्रों में संचार एक विकट समस्या है। आपदा के प्रभाव की सूचना की प्राप्ति में कई घंटे/दिन लग सकते हैं। आपदाओं से बिजली गुल हो जाती है, टेलीफोन बंद हो जाते हैं। इस कारण सूचना के लिए व्यक्तियों पर निर्भर करना पड़ता है जो कभी-कभी अतिश्योक्तिपूर्ण होती है।

पुलिस वायरलेस नेटवर्क और हैम रेडियो का उपयोग कर राहत एजेंसियों तक खबर पहुँचाई जा सकती है। दूर दराज के क्षेत्रों में राहत पहुँचाने के लिए रेल और सेना की संचार व्यवस्था का भी उपयोग किया जा सकता है और इसे समग्र आपदा प्रबंधन प्रणाली में शामिल किया जा सकता है।

(4) परिवहन–दूर दराज के क्षेत्रों में जाने के लिए खास तरह के वाहनों की जरूरत होती है मसलन, जीप और ट्रैक्टर। हताहतों और घायलों को ढोने, लोगों को ले जाने और ले आने और राहत सामग्री पहुँचाने के लिए इस प्रकार के वाहनों का उपयोग किया जा

सकता है। मलबे में दबे घायलों को बाहर निकालने और उन्हें अस्पताल पहुँचाने तथा रास्ते में पड़े मलबे को साफ करने तथा जरूरतमंदों के पास सामान पहुँचाने में ये वाहन बड़े मददगार सिद्ध होते हैं। इसी प्रकार बाढ़ आने पर गाँव के लोग नाव और देसी बेड़े का इस्तेमाल करते हैं।

आपदा में सबसे पहले सड़क और रेल यातायात प्रभावित होता है। दूर दराज के क्षेत्रों में परिवहन की बड़ी कमी होती है। इसलिए पूरी आबादी को किसी सुरक्षित स्थान पर पहुँचाना बड़ी मुश्किल का काम होता है और उनकी स्थिति और भी संवेदनशील और नाजुक हो जाती है।

इसके अलावा कुछ सामान्य दिक्कतें होती हैं जिनका ध्यान योजना बनाते समय अवश्य रखना चाहिए। 'द ऑस्ट्रेलियन जरनल ऑफ डिजास्टर मेडिसन' में इससे संबंधित निम्नलिखित बिंदुओं की चर्चा की गई है–

(1) **संचार**–जरूरत से ज्यादा बोझ, असंयोजित और अपर्याप्त नियंत्रण।

(2) **ज्ञान**–स्थानीय संसाधनों और सेवाओं का अपर्याप्त ज्ञान।

(3) **योजना**–अपर्याप्त योजना, प्रशिक्षण और अभ्यास।

(4) **समन्वय**–अपर्याप्त संयोजन।

(5) **पर्यावरण**–प्राकृतिक संसाधनों का अभाव, मौसम और कठिन इलाका।

(6) **क्षमता**–अपेक्षाकृत कमी।

(7) **नियंत्रण**–मुश्किल।

(8) **आधारभूत आवश्यकताएँ**–अपर्याप्त पानी, भोजन और आवास।

प्रश्न 3. दूर दराज के क्षेत्रों में चिकित्सा अनुक्रिया पर प्रकाश डालिए

(दिसम्बर-2018, प्र.सं.-4)

उत्तर– दूर दराज के क्षेत्रों में पहुँचाई जाने वाली चिकित्सा राहत को दो अवस्थाओं में विभक्त किया जा सकता है–

पहली अवस्था–पहली अवस्था में स्थानीय रूप से उपलब्ध संसाधनों का प्रयोग किया जाता है। आपदा स्थल पर प्रशिक्षित कार्मिक जाकर क्षेत्र और घायलों का मुआयना करते हैं, रोगियों का वर्गीकरण (ट्राऐज) करते हैं और उन्हें अस्पताल पहुँचाने का प्रबंध करते हैं। जिनकी हालत ज्यादा नाजुक होती है उन्हें तुरंत वही चिकित्सा सुविधा उपलब्ध कराई जाती है और उनके साँस और हृदय को सामान्य करने का प्रयास किया जाता है अथवा उन्हें तुरंत अस्पताल पहुँचाया जाता है।

दूसरी अवस्था–इस अवस्था में डॉक्टर और अर्ध चिकित्सा कार्मिक घायलों का सुनिश्चित इलाज करते हैं। उन्हें अस्पतालों में पहुँचाया जाता है। कभी-कभी दूसरे राज्यों से भी सहायता प्राप्त की जाती है।

अन्य क्षेत्रों की ही तरह दूर दराज के क्षेत्रों के लिए भी तैयारी की योजना बनानी पड़ती है। दूर दराज के क्षेत्रों में राहत पहुँचाने का जिम्मा पूरी तरह जिला प्रशासन का होता है और इसमें जिलाधिकारी, उप-जिलाधीश और उपखण्ड विकास अधिकारी नेतृत्व प्रदान करते हैं।

तैयारी—गाँव, उपखंड और जिला में प्रशासन के हरेक स्तर पर दूर दराज के क्षेत्रों के लिए योजना बनाई जानी चाहिए। इसका पता समुदाय के मुखिया को होना चाहिए ताकि आपदा के समय वे इसका लाभ उठा सकें। हालाँकि योजना, आपदा के तीन चरणों में, अर्थात् पूर्व, दौरान एवं उपरांत, सबकी भूमिकाएँ स्पष्ट करती हैं, परंतु यह भी आवश्यक है कि आपदा योजना सही वक्त पर लागू की जाए। इसके लिए तैयारी बहुत जरूरी है।

आपदा के लिए योजना बनाते समय दो महत्त्वपूर्ण कारकों को ध्यान में रखना चाहिए जो ऑस्ट्रेलियाई एमरजेंसी मैनुयल के अनुसार सहायता में विलम्ब और हताहतों की बढ़ती नाजुक अवस्था है। राहत पहुँचाने में समय का बड़ा महत्त्व होता है। हताहतों को समय रहते जल्द से जल्द चिकित्सा सुविधा दी जानी चाहिए। इसलिए संसाधनों का समुचित उपयोग किया जाना चाहिए ताकि सही समय पर घायलों का इलाज हो सके। 'सबसे महत्त्वपूर्ण बात घायल व्यक्तियों के स्थिति का जायजा लेना और घायल होने तथा इलाज मिलने के बीच का समय अंतराल है।'

इसी प्रकार यदि इलाज में बिलम्ब ज्यादा होगा तो मौतें भी ज्यादा होंगी। चिकित्सा सुविधा समय पर उपलब्ध होने पर मृत्युदर को कम किया जा सकता है, नहीं तो 6 घंटे बाद मृतकों की संख्या बढ़ने लगती हैं तुरंत चिकित्सा सुविधा उपलब्ध होने पर 10 घंटे तक लोगों को बचाया जा सकता है और उतने समय में उन्हें अस्पताल भी पहुँचाया जा सकता है।

जिला से लेकर ग्रामीण स्तर के सभी अधिकारियों के पास संवेदनशीलता मानचित्र, आपातकालीन डायरेक्टरों तथा संबंधी जरूरतों के लिए संसाधनों की सूची होनी चाहिए। इसके अलावा समुदाय को बुनियादी स्वास्थ्य शिक्षा प्रदान की जानी चाहिए मसलन, प्राथमिक उपचार और घायल लोगों और पीड़ितों को राहत शिविरों और अस्पतालों तक पहुँचाना।

आपदा-स्थल तथा अस्पताल में चिकित्सा सुविधा की पूरी व्यवस्था होनी चाहिए। उपखंडों और गाँवों में स्थापित सामुदायिक और प्राथमिक चिकित्सा केंद्र के अधिकारियों को हताहत स्थल प्रबंधन और हताहतों को अपने केंद्रों में सही उपचार प्रदान करने की व्यवस्था करनी चाहिए।

अनुक्रिया—दूर दराज के क्षेत्रों में चिकित्सक, अर्ध चिकित्सक और ग्रामीण स्वास्थ्य सेवक मिलकर सार्वजनिक स्वास्थ्य पहुँचाते हैं। आपदा आने पर संसाधनों और सामग्रियों को सही ढंग से जरूरतमंदों तक पहुँचाने में राज्य की महत्त्वपूर्ण भूमिका होती है। इन्हें कार्यान्वित करने का काम जिला प्रशासन का होता है। जिला अस्पताल, क्षेत्रीय अस्पताल और मेडिकल कॉलेज भी इसमें महत्त्वपूर्ण भूमिका निभाते हें। इसके अलावा अन्य सरकारी एजेंसियाँ के तहत काम करने वाले अस्पताल और चिकित्सा एजेंसियाँ भी आपदा के समय मदद पहुँचाती हैं मसलन, कर्मचारी राज्य बीमा (ई.एस.आई.) अस्पताल चिकित्सक तथा अर्ध चिकित्सा दल द्वारा मदद पहुँचाते हैं। भारतीय रेल दुर्घटनाओं में राहत पहुँचाने के लिए ट्रेन चलाती है

जो जल्द से जल्द राहत स्थल पर सामग्रियाँ पहुँचा सकती है। परंतु कभी-कभी आपदाओं के कारण रेलवे लाइन को भी नुकसान पहुँचता है जिससे राहत कार्य मुश्किल हो जाता है।

सेना के अपने अस्पताल होते हैं और खास-तौर पर फील्ड या क्षेत्रीय अस्पताल जो आपदा स्थल में तुरंत पहुँच सकते हैं और इनमें बुनियादी सुविधाएँ भी होती हैं। गुजरात भूकंप के समय क्षेत्रीय आधार पर इस प्रकार के आत्मनिर्भर अस्पतालों की सहायता भी ली गई थी। इस तरह आपदाओं में ये बहुत महत्त्वपूर्ण होते हैं।

दूर दराज के क्षेत्रों में योजना बनाते समय इस बात का ध्यान रखना चाहिए कि जरूरत पड़ने पर अन्य एजेंसियों से भी सहायता ली जा सके। इसके अलावा दूर दराज के इलाकों में मौजूद निजी स्वास्थ्य एजेंसियों, अस्पतालों, निजी नर्सिंग होम और डॉक्टरों से मदद ली जा सकती है।

स्वयंसेवी एजेंसियों और गैर सरकारी संगठनों से भी सामाजिक व चिकित्सा सहायता प्राप्त की जा सकती है। महामारी रोग-विज्ञान सर्वेक्षण और महामारी फैलने से रोकने में राष्ट्रीय स्वास्थ्य कार्यक्रम कर्मचारी महत्त्वपूर्ण भूमिका निभा सकते हैं।

दूर दराज के क्षेत्रों में देसी दवाओं और इलाज के चिकित्सक भी मददगार साबित होते हैं। आयुर्वेद, सिद्ध, यूनानी, तिब्बती और होमियोपैथी चिकित्सकों को आपदा नियोजन में शामिल करना चाहिए। गौरतलब है कि ये चिकित्सक समुदाय से जुड़े होते हैं और वे समुदाय को शिक्षित करने में महत्त्वपूर्ण भूमिका निभाते हैं।

उपलब्ध मानवशक्ति को राहत कार्य में लगाकर मानव संसाधन में बढ़ोत्तरी की जाती है। विभिन्न क्षेत्रों में चिकित्सा राहत पहुँचाने के लिए जिला अस्पताल और मेडिकल कॉलेजों की सहायता ली जा सकती है। इनकी टीमों को अलग-अलग प्रभावित इलाकों में भेजा जा सकता है। स्वयंसेवियों को भी अलग-अलग क्षेत्रों का दायित्व सौंपा जा सकता है। आपदाओं के बाद बड़ी संख्या में स्वयंसेवी राहत कार्य के लिए पहुँचते हैं। उनकी सहायता विवेकपूर्ण ढंग से लेनी चाहिए। जब गुजरात में भूकंप आया था तो गुजरात के कई चिकित्सा और स्वास्थ्य कार्यकर्त्ता राहत करने के लिए पहुँचे। पर उनके पास समुचित संसाधन नहीं थे, जैसे तंबू, भोजन, कपड़े आदि। इसलिए वे भी स्थानीय संसाधन पर ही आश्रित हो गए और स्थानीय संसाधनों पर बोझ भी बढ़ गया। इसलिए ये आवश्यक है कि जो सहायता आवश्यक नहीं है उसे सौहार्द्रपूर्ण तरीके से मना कर देना चाहिए।

समुदाय अपना पहला मददगार होता है। ग्रामीण स्वास्थ्यकर्मी और जिला स्वास्थ्यकर्मी सबसे पहले होते हैं जो हताहतों और घायलों को बचाने के लिए पहुँचते हैं। इन कर्मियों को प्रशिक्षित करने की आवश्यकता है।

आरंभ में स्थानीय स्वयंसेवक घायलों को राहत पहुँचाते हैं। संसाधनों की कमी को देखते हुए स्थानीय तौर पर ही उपलब्ध सामग्रियों जैसे बांस, कपड़े आदि से स्ट्रेचर बना लेना चाहिए। उपलब्ध साधनों के उपयोग की जानकारी स्वास्थ्यकर्मियों और लोगों को दी जानी चाहिए।

इसके अतिरिक्त, स्थानीय शासन को साफ पेयजल, सफाई और स्वच्छता, सुरक्षित भोजन तथा महामारी रोकने के उपाय करने चाहिए।

आपदाओं के स्वास्थ्य प्रबंधन में शिक्षा और प्रशिक्षण

प्रश्न 1. आपदाओं में चिकित्सा और स्वास्थ्य अनुक्रिया में शिक्षा और प्रशिक्षण की भूमिका का वर्णन कीजिए। (दिसम्बर-2017, प्र.सं.-4)

अथवा

'आपदा चिकित्सा में स्वास्थ्य शिक्षा और प्रशिक्षण महत्त्वपूर्ण होते हैं।'-टिप्पणी कीजिए। (जून-2018, प्र.सं.-4)

उत्तर– लोगों/समुदायों को स्वस्थ जीवनशैली और व्यवहार अपनाने की ओर प्रेरित करना आपदा प्रबंधन में स्वास्थ्य शिक्षा और प्रशिक्षण का प्रमुख उद्देश्य होता है। इस उद्देश्य के तहत लोगों को स्वास्थ्य संबंधी बुनियादी सूचनाएँ और जानकारी देना, जीवनशैली में परिवर्तन करना और इसके लिए उन्हें प्रेरित करना प्रमुख लक्ष्य होता है।

शिक्षा से व्यक्ति को निर्णय लेने में सुविधा होती है। आपदाओं के दौरान भी शिक्षित व्यक्ति बेहतर निर्णय ले सकता है। अचानक आए संकट से निपटने में जानकार और शिक्षित व्यक्ति अधिक सक्षम होता हैं

प्रशिक्षण कार्यक्रमों के जरिए शिक्षा का प्रचार प्रसार किया जा सकता है। समुदाय को प्राथमिक चिकित्सा में, घायलों को अस्पताल पहुँचाने में, सफाई और स्वच्छता बनाए रखने में और ऐसी ही कई बातों में प्रशिक्षण दिया जा सकता है। इस प्रकार उन्हें किसी भी संकट का सामना करने के लिए तैयार किया जा सकता है।

इस प्रकार शिक्षा और प्रशिक्षण से एक ऐसा आत्मनिर्भर और स्वयं निर्णय लेने वाला व्यक्ति तैयार होता है, जो सोच सकता है और सोच कर निर्णय भी ले सकता है। आपदा प्रबंधन में इसकी महत्त्वपूर्ण भूमिका होती है। इससे व्यक्ति के व्यक्तित्व और कौशल का विकास होता है।

किसे ध्यान में रखा जाए?–आपदा प्रबंधन में स्वास्थ्य शिक्षा और प्रशिक्षण लगातार गतिशील होने चाहिए जिसमें तात्कालिक और दीर्घावधि कार्यनीतियों को शामिल किया जाना चाहिए। किसके लिए कार्यक्रम बनाना है, यह कार्यनीति पर निर्भर करता है।

(1) दीर्घावधि दृष्टिकोण–दीर्घावधि दृष्टिकोण के अंतर्गत विद्यालय और महाविद्यालय के विद्यार्थियों को ध्यान में रखना चाहिए। शिक्षा से भावी पीढ़ी का नजरिया बदला जा सकता है। कई विकासशील देशों में विद्यार्थियों की जानकारी के लिए और जरूरत पड़ने पर लोगों की मदद करने के लिए विद्यालयों को नियमित रूप से आपदा अभ्यास कराया जाता है। यह जरूरी है कि प्रत्येक आयु समूहों के लिए अलग-अलग शिक्षा और प्रशिक्षण कार्यक्रम बनाए जाए ताकि यह रुचिकर हो और वे इसे ठीक से समझ सकें।

(2) तात्कालिक दृष्टिकोण–समुदाय के सभी सदस्यों को ध्यान में रखकर यह दृष्टिकोण अपनाया जाना चाहिए। हालांकि भूमिका और कार्य के आधार पर प्रत्येक व्यक्ति को अलग से प्रशिक्षित करने की आवश्यकता पड़ सकती है। परंतु यह बात स्पष्ट रूप से समझ लेनी चाहिए कि तात्कालिक दृष्टिकोण केवल एक बार सिखाया जाने वाला कार्यक्रम नहीं है। यह निरंतर चलने वाली प्रक्रिया है जिसके जरिए समुदाय को सूचित किया जाता है, नई जानकारियाँ दी जाती हैं और प्रेरित किया जाता हैं दोनों दृष्टिकोणों में अंतर यह है कि जहाँ दीर्घकालिक दृष्टिकोण में लोगों का नजरिया बदला जाता है जिससे अंततः समुदाय को फायदा होता है और यह एक पीढ़ी के बाद ही नजर आता है। जबकि तात्कालिक दृष्टिकोण के तहत लोगों को स्थिति से मजबूती से निपटने के लिए तैयार किया जाता है।

आपदा प्रबंधन में स्वास्थ्य शिक्षा और प्रशिक्षण कार्यक्रमों के लक्ष्य समूह और लोगों को निम्नलिखित आरेख में दर्शाया गया है।

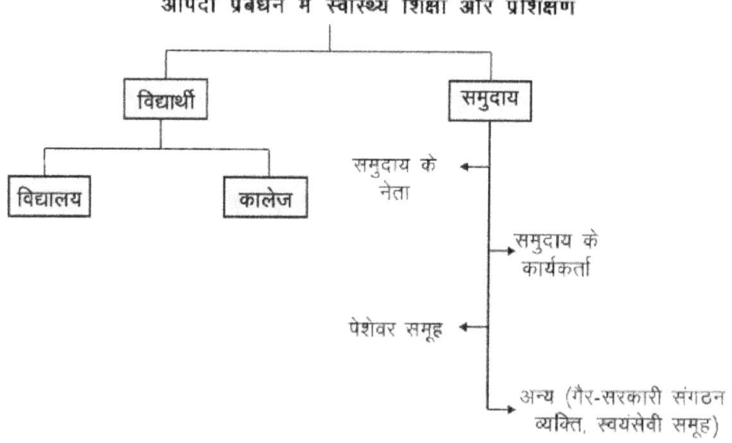

कैसे उपलब्ध कराया जाए?–शिक्षा और प्रशिक्षण कई तरीके से दिया जा सकता है। व्याख्यान और प्रदर्शन इसके दो प्रमुख रूप हैं। परंतु लक्ष्य समूह और उनके उद्देश्य के अनुसार माध्यम बदलता रहता है। शिक्षा और प्रशिक्षण के कुछ प्रमुख तरीके निम्नलिखित हैं–

(1) व्यक्तिगत परामर्श–व्यक्तिगत परामर्श के द्वारा विस्तृत ज्ञान प्रदान किया जाता है। कई बार व्यक्तिगत परामर्श कारगर सिद्ध होता है जिससे समुदाय के मुखिया को विधानों, नियमों तथा नीतियों को प्रभावित करने के लिए प्रेरित किया जा सकता है।

(2) सामूहिक परामर्श–सामूहिक परामर्श की भी महत्त्वपूर्ण भूमिका होती है क्योंकि इसमें एक साथ कई व्यक्तियों को परामर्श दिया जा सकता है। इसमें विस्तार से बातें समझाई जा सकती हैं और उनका समाधान प्रस्तुत किया जा सकता है। जहाँ तक आपदा का प्रश्न है उसमें पुलिस, अग्निशमक, शिक्षक और अर्ध चिकित्सकों को इस विधि से फायदा हो सकता हैं गैर-सरकारी संगठनों, स्कूलों और कॉलेजों के विद्यार्थियों के लिए भी यह लाभदायक हो सकता है। सामूहिक परामर्श ज्ञान देने की एकतरफा प्रक्रिया नहीं है। सामूहिक परामर्श का एक लाभ यह होता है कि यह किसी खास पेशेवर समूह के लिए तैयार किया जाता है और यह आपसी समझ और आदान-प्रदान पर निर्भर करता है।

(3) औपचारिक प्रस्तुति–विभिन्न स्वास्थ्य कार्यक्रमों और न्यूनीकरण उपायों के बारे में समुदाय को जानकारी देने के लिए स्लाइड्स और चार्ट के जरिए औपचारिक प्रस्तुति की जाती है। यह एकतरफा संवाद होता है।

(4) पैम्फलेट, पोस्टर और ब्रोशर–समुदाय के बीच संदेश प्रसारित करने के लिए पैम्फलेट, पोस्टर और ब्रोशर बाँटे जा सकते हैं। प्रचार सामग्री आकर्षक बनाई जा सकती है। पोस्टर में उतनी ही सामग्री रहनी चाहिए जितनी लोग पढ़कर आत्मसात कर सकें। इसमें विस्तृत लेखन नहीं करना चाहिए। समुदाय तक पहुँचने की यह एक सर्वाधिक जानी पहचानी और आम प्रविधि है।

(5) रेडियो और फिल्म–जनता को जागृत करने में रेडियो और फिल्म की महत्त्वपूर्ण भूमिका है। इसमें कई प्रकार के स्वास्थ्य और आपदा प्रबंधन कार्यक्रमों का प्रसार किया जा सकता है जिसमें समुदाय के लोग अपने अनुभवों और प्रयोगों का साझा कर सकते हैं। सफल अभियान की कहानियाँ सुनाई जा सकती हैं जिसे सुनकर दूसरे समुदाय के लोग उसका अनुकरण करने को प्रेरित हो सकते हैं।

(6) प्रशिक्षण और अभ्यास–समुदाय को आपदाओं के लिए तैयार करने के लिए अभ्यास जरूरी है। प्रत्येक व्यक्ति को यह मालूम होना चाहिए कि आपदा आने पर क्या करना चाहिए और क्या नहीं। प्रशिक्षण और अभ्यास से समुदाय की आपदा का सामना करने की शक्ति बढ़ती है। किसी पेशेवर एजेंसी से आपदा-अभ्यास भी कराया जा सकता है।

(7) आदर्श प्रदर्शन–शिक्षा और प्रशिक्षण को प्रभावी बनाने में यह प्रभावी उपकरण साबित हो सकता है।

लोगों की जरूरतों और आवश्यकताओं को देखते हुए विभिन्न समूहों और व्यक्तियों के लिए विशेष कार्यक्रम बनाए जाने चाहिए और शिक्षा और प्रशिक्षण कार्यक्रम का उद्देश्य लोगों के अज्ञान और भ्रामक धारणा को दूर करना और जरूरी जागरूकता पैदा करना और पेशेवर विशेषज्ञता सिखाना होना चाहिए।

कहाँ उपलब्ध कराया जाए?–शिक्षण संस्थाओं, कार्यस्थलों और घरों में आपदा स्वास्थ्य शिक्षा और प्रशिक्षण दिया जाना चाहिए। महत्त्वपूर्ण है लोगों तक संदेश पहुँचाना; स्थान कोई भी हो सकता है। प्रशिक्षण संस्थाओं की पाठ्यचर्या में आपदा अभ्यास तथा प्रशिक्षण को शामिल किया जाना चाहिए।

विद्यालयों, महाविद्यालयों, दफ्तरों और घरों में नियमित रूप से आपदा संबंधी अभ्यास होना चाहिए। कार्यस्थलों पर सामूहिक परामर्श सत्र आयोजित किया जाना चाहिए।

प्रश्न 2. स्वास्थ्य शिक्षा और प्रशिक्षण कार्यक्रम में उठने वाले मुद्दों की चर्चा कीजिए।

अथवा

आपदा रोकथाम कार्यनीतियों पर टिप्पणी लिखिए।

उत्तर– स्वास्थ्य शिक्षा और प्रशिक्षण के कार्यक्रम में उठने वाले मुद्दें निम्न प्रकार हैं–

(1) आपदा रोकथाम कार्यनीतियाँ–स्वास्थ्य आधारित शिक्षा और प्रशिक्षण कार्यक्रमों में रोगों की रोकथाम के माध्यमों और प्रविधियों पर विशेष बल दिया जाना चाहिए। समुदाय को आपदा के समय फैलने वाली महामारियों की रोकथाम की जानकारी होनी चाहिए। इससे उन्हें आपदाओं के दौरान उत्पन्न होने वाली स्वास्थ्य समस्याओं का सामना करने में मदद मिलेगी। स्वास्थ्य संबंधी नुकसानों को कम करने के लिए रोकथाम के उपाय कारगर सिद्ध होते हैं। शिक्षा और प्रशिक्षण कार्यक्रमों के जरिए टीकाकरण, विसंक्रमणीकरण, प्राथमिक उपचार, सफाई और स्वच्छता की जानकारी दी जा सकती है।

(2) आपदा चेतावनी–स्वास्थ्य शिक्षा और प्रशिक्षण कार्यक्रमों में विद्यार्थियों और समुदायों को आपदा चेतावनी से संबंधित जानकारी दी जानी चाहिए। इससे उन्हें सावधानी के तौर पर कुछ इंतजाम करने – जैसे प्राथमिक चिकित्सा का बॉक्स तैयार रखना, पीने के पानी का बंदोबस्त करना, भोजन इकट्ठा करना, साफ–सफाई आदि में मदद मिल सकती है।

(3) संभावित आपदा के लिए की जाने वाली कार्यवाही–शिक्षा और प्रशिक्षण कार्यक्रम के द्वारा सभी संबंधित गुटों को आपदा के समय की जाने वाली कार्यवाही के लिए तैयार किया जाना चाहिए। चिकित्साकर्मियों को प्राथमिक चिकित्सा देने, बेहोश व्यक्ति को होश में लाने, घायलों को ढोने, खून का इंतजाम करने, राहत शिविरों की देख–भाल करने आदि के लिए शिक्षित और प्रशिक्षित किया जाना चाहिए। इसी प्रकार समुदाय के लोगों को स्वास्थ्य संबंधी शिक्षण और प्रशिक्षण दिया जाना चाहिए जिससे कि वे स्वास्थ्यकर्मियों की घायलों के देख–भाल करने में मदद कर सकें। समुदाय को विभिन्न आपदाओं के प्रति कदम उठाने में शिक्षित करना चाहिए, जैसे कि बाढ़ आने की सूचना मिलते ही वे ऊँचे स्थान पर चले जाएँ, चक्रवात की सूचना मिलते ही वे सुरक्षा शिविरों में चले जाएँ, आधारभूत जरूरतों को बचा कर रखें तथा मिलकर एक स्वयंसेवी संगठन बनाएँ।

(4) आपदा के बाद की स्थिति से मुकाबला करना–आपदा के दौरान और उसके बाद की स्थिति से निपटने के लिए समुदाय को शिक्षित और प्रशिक्षित किया जाना चाहिए। एकजुट होकर काम करने की भावना से पीड़ित व्यक्ति को सहज होने में कम वक्त लगता है। शैक्षिक पुनर्वास कार्यक्रमों का आयोजन किया जाना चाहिए और समुदाय को पुनर्वास के मुद्दे की जानकारी दी जानी चाहिए।

आपदा स्थल प्रबंधन

प्रश्न 1. आपदा स्थल प्रबंधन के महत्त्व की चर्चा कीजिए।

उत्तर– आपदा स्थल प्रबंधन आपदा स्थल पर हताहतों और घायलों का प्रबंधन है। प्रभावी आपदा स्थल प्रबंधन से मृत्यु, चोटें और बीमारियों को कम किया जा सकता है।

सबसे पहले आपदा पीड़ित लोगों को 'बचाना' जरूरी होता है और यह कोशिश की जाती है कि उनके स्वास्थ्य और सुरक्षा को और अधिक नुकसान न पहुँचे। इसके बाद उन्हें प्राथमिक चिकित्सा व सुनिश्चित उपचार दिया जाता है। आपदा स्थल पर प्राथमिक चिकित्सा के जरिए निम्नलिखित उपाय किए जाते हैं–

- A शरीर में प्राणों का संचार (Airway Maintenance)
- B श्वास प्रक्रिया की बहाली (Breathing)
- C प्रवाह (Circulation)

इस प्राथमिक उपचार को A B C के नाम से भी जानते हैं।

बड़े पैमाने पर घायलों को बचाने के लिए सर्वव्यापी सिद्धांतों को लागू किया जाना चाहिए और घायलों को उनकी गंभीरता के अनुसार अलग-अलग वर्गीकृत करके चिकित्सा सुविधाएँ प्रदान की जानी चाहिए। इससे तेजी से काम होता है और कम से कम संसाधन में अधिक से अधिक लोगों की जान बचाई जाती है।

आपदा स्थल प्रबंधन में निम्नलिखित पक्ष शामिल होने चाहिए–

- कमान और नियंत्रण
- संचार
- संयोजन
- चिकित्सा सुविधा की निरंतरता।

जिस अधिकारी को आपदा की देख-रेख के लिए तैनात किया गया हो उसे पूरे अधिकार प्राप्त होने चाहिए ताकि वह पुख्ता इंतजाम कर सके और जरूरी सामान बिना

किसी रोक-टोक के मँगा सके। हमारे स्थानीय प्रशासन व्यवस्था में जिलाधीश प्रमुख अधिकारी होता है, इस कारण उसे आपदा स्थल प्रबंधन का नियंत्रक अधिकारी होना चाहिए तथा उसी के आदेश पर सबको काम करना चाहिए ताकि उपलब्ध संसाधनों का अधिकतम उपयोग और संयोजन हो सके।

जब आपदा का प्रभाव बड़े क्षेत्रों में व्याप्त होता है तो इसके लिए कई एजेंसियों की मदद लेनी पड़ती है और उस समय आपदा स्थल प्रबंधन की जटिलता बढ़ जाती है। प्रत्येक आपदा में आपदा स्थल का प्रबंधन भिन्न-भिन्न होता है। इसके कई कारण हैं-

- उस क्षेत्र में रहने वाली जनसंख्या की सघनता
- शहर का फैलाव
- भाषा और सांस्कृतिक अंतर
- संसाधनों की कमी
- जीवन और संपत्ति की असुरक्षा
- मीडिया की अतिरेक उत्साह, जिसमें वह तुरंत उत्तर पाना चाहता है।

आपदा स्थल पर प्रबंधन संबंधी समस्याएँ-आपदा स्थल पर राहतकर्मियों या आपदा प्रबंधकों को कई प्रकार की समस्याओं का सामना करना पड़ता है-

- विश्वसनीय और सटीक सूचना का अभाव
- अपर्याप्त संचार
- एक पर्यवेक्षक को रिपोर्ट करने वाले जरूरत से ज्यादा लोग
- एक ही कार्य के लिए जरूरत से ज्यादा पर्यवेक्षक
- प्राधिकार की अस्पष्टता
- विभिन्न एजेंसियों के बीच संयोजन और समन्वय का अभाव
- नागरिक प्राधिकरण, पुलिस, स्वास्थ्य आदि जैसे विभिन्न सरकारी एजेंसियों की अलग-अलग कार्रवाई।

आपदा कोई और कैसी भी हो उसमें राहत कार्य को प्रभावी और असरदार बनाने के लिए एक मानकीकृत आपदा स्थल प्रबंधन प्रणाली की आवश्यकता होती है जिसमें निम्नलिखित गुण होने चाहिए-

- साधारणता
- लोचशीलता
- व्यवहारिकता
- सस्ता
- बहु-समूह भागीदारी।

इसके निम्नलिखित उद्देश्य होने चाहिए-

- विभिन्न कार्यरत समूहों/एजेंसियों के बीच पूर्ण समन्वय
- विकसित संचार व्यवस्था
- संसाधनों का अधिकतम उपयोग
- काम का दुहराव कम या न के बराबर।

याद रखना चाहिए कि प्रभावी प्रबंधन से ज्यादा से ज्यादा पीड़ितों को कम से कम लागत में अधिक से अधिक मदद पहुँचाई जा सकती है और ज्यादा से ज्यादा लोगों की जान बचाई जा सकती है।

स्थल आपदा प्रबंधन में कई चिकित्सा संबंधी और संगठनात्मक गतिविधियाँ शामिल होती हैं। इसमें सही मरीज को सही अस्पताल में सही समय से पहुँचाना होता है। इसे अंग्रेजी में कहा जाए तो 'Get the Right Patient to the Right Hospital at the Right Time-Three R's.। इन तीनों 'आर' को याद रखना चाहिए।

चिकित्सा के नजरिए से देखें तो आपदा एक ऐसी विनाशकारी दुर्घटना है जिसमें इतने लोग हताहत और घायल होते हैं कि इलाज की उपलब्ध व्यवस्था पिछड़ जाती है। इस प्रकार किसी आपदा की भयावहता या बीहड़ता मापने के कुछ पैमाने होते हैं जो इस प्रकार हैं–

- हताहतों और घायलों की संख्या
- दुर्घटना की भयावहता
- चिकित्सा सेवा की क्षमता।

कितने लोग हताहत और घायल हुए हैं, कितने को गंभीर चोटें आई हैं और मेडिकल सेवाओं की क्षमता कितनी है, इसी से स्वास्थ्य सेवा सुविधाओं की कार्य क्षमता तय होती है और इसी के आधार पर स्वास्थ्य सुविधाओं को और सुदृढ़ बनाने का प्रयास किया जाता है। आस-पास की चिकित्सा सुविधाओं से भी मदद लेनी पड़ती है।

आपदा स्थल प्रबंधन चिकित्सा व प्रशासन का मिला-जुला प्रयास होता है। इसमें प्रशासनिक या संगठनात्मक गतिविधियाँ तथा चिकित्सा गतिविधियाँ इस प्रकार हैं–

(1) प्रशासनिक या संगठनात्मक गतिविधियाँ–

(क) कानून व्यवस्था लागू करना

(ख) पुलिस द्वारा स्थल का दौरा और निरीक्षण

(ग) स्थल संयोजन – जल व्यवस्था, शौच व्यवस्था, भोजन वितरण की व्यवस्था, खतरनाक क्षेत्रों को निष्क्रिय करना, लोगों को बचाना, स्वास्थ्य सुविधाओं जैसे अस्पताल आदि को नियत करना आदि।

(घ) एम्बुलेंस सेवा सहित परिवहन व्यवस्था करना।

(2) चिकित्सा और उससे जुड़ी गतिविधियाँ–

(क) स्थानीय रूप से उपलब्ध चिकित्सा सुविधाओं का कार्यान्वयन

(ख) प्राथमिक उपचार और चिकित्सा सुविधा का प्रावधान

(ग) हताहतों और मरीजों को बाहर निकालकर स्वास्थ्य सेवा केंद्रों तक पहुँचाना।

सबसे पहले चिकित्सा राहत दल आपदा स्थल पर पहुँचता है जिसमें स्थानीय सरकारी अस्पताल की अग्रणी भूमिका होती है। जिला स्तर पर जिला स्वास्थ्य और चिकित्सा अधिकारी चिकित्सा सेवा दल का नेतृत्व करता है। गैर-सरकारी संगठन और निजी तथा कॉरपोरेट क्षेत्र उसके इस काम में मदद करते हैं। सूचना प्राप्त करते ही स्थानीय चिकित्सा केंद्र (सामुदायिक चिकित्सा केंद्र, प्राथमिक सेवा केंद्र, उपकेंद्र) सुनियोजित ढंग से स्थल

तक पहुँचते हैं। जरूरत के मुताबिक स्थान-स्थान पर प्राथमिक चिकित्सा केंद्र स्थापित किए जाते हैं। इसका उद्देश्य जल्द से जल्द पीड़ित लोगों को चिकित्सा सुविधा उपलब्ध कराना होता है। इन केंद्रों के निम्नलिखित कार्य होते हैं–

- प्राथमिक चिकित्सा प्रदान करना
- आधारभूत चिकित्सा सेवा प्रदान करना
- जरूरत पड़ने पर अस्पताल ले जाना।

आपातकालीन चिकित्सा सुविधा के दो चरण होते हैं–

- अस्पताल पूर्व चरण
- अस्पताल चरण।

पूर्व-अस्पताल चरण का संबंध आपदा स्थल के प्रबंधन से है। अस्पताल आपदा स्थल पर अपने केंद्र स्थापित करता है।

सबसे पहले पीड़ितों को कम से कम नुकसान पहुँचा कर सुरक्षित ढंग से बाहर निकालकर उनकी जान बचाई जाती है। घायलों को हर हालत में बचाने का प्रयास किया जाता है। घायल व्यक्ति खून से लथपथ और अचेत हो सकता है या फिर सदमे की स्थिति में हो सकता है। घायल मरीज के लिए समय बड़ा महत्त्वपूर्ण होता है। घायलों की अवस्था का मूल्यांकन व पुनरूज्जीवन साथ-साथ किया जाता है। पुनरूज्जीवन का प्रयास यह होता है कि अत्यधिक रूप से घायलों को अत्यधिक सुरक्षित रूप से नजदीकी चिकित्सा केंद्रों तक पहुँचाया जाए। घायलों की अवस्था का मूल्यांकन इस लिहाज से किया जाता है कि किस घायल को पहले चिकित्सा केंद्र या अस्पताल पहुँचाना है। अतः घायलों को चार श्रेणियों में विभक्त किया जाता है–

श्रेणी 1–हृदय फुफ्फुसीय पुनरुज्जीवन, जब मरीज की साँस नहीं चल रही है।

श्रेणी 2–अस्थिर व्यक्ति जिसे आपदा से जबरदस्त सदमा पहुँचा है।

श्रेणी 3–मरणासन्न, जिनकी अवस्था बहुत ही कमजोर है।

श्रेणी 4–ऐसा घायल व्यक्ति जिनकी अवस्था स्थिर व सामान्य है।

पूर्व-अस्पताल चरण में रोगियों को वर्गीकृत कर उनका निम्नलिखित रूप में इलाज किया जाता है–

- श्वासनली और सर्वाइकल स्पाइन यानी गर्दन और रीढ़ की हड्डी को नियंत्रित करना;
- श्वास की प्रक्रिया की जाँच;
- रक्त प्रवाह को सहज करना;
- आंतरिक रक्तस्राव को नियंत्रित करना;
- यदि कोई सदमें में हो तो उसका इलाज करना;
- दूसरे प्रकार की चोटों की जाँच करना, टूटी हुई हड्डी को बाँधना तथा तंत्रिका (न्यूरोलॉजीकल) मूल्यांकन करना; और
- अस्पताल ले जाना।

प्रश्न 2. स्थल वर्गीकरण (ट्राऐज) पर एक टिप्पणी लिखिए।

(जून-2017, प्र.सं.-5(a)), (जून-2019, प्र.सं.-10(b))

अथवा

आपदा स्थल पर स्थल वर्गीकरण एवं घायलों की टैगिंग की चर्चा कीजिए।

(दिसम्बर-2020, प्र.सं.-9)

उत्तर– आपदा स्थल पर रोगियों को उनकी गंभीरता के अनुसार वर्गीकृत किया जाता है। इसे अंग्रेजी में 'ट्राऐज' कहते हैं, जो फ्रेंच शब्द 'ट्राऐर' से लिया गया है, जिसका अर्थ है छँटाई, चयन या वर्गीकरण करना। आपदा चिकित्सा में इसे जरूरी समझा जाता है क्योंकि इससे उपलब्ध संसाधन में अधिक से अधिक मरीजों का इलाज हो पाता है। व्यक्ति को लगी चोट की गंभीरता के अनुसार वर्गीकृत कर उसके इलाज को प्राथमिकता दी जाती है। वर्गीकरण निम्नलिखित आधारों पर किया जाता है–

- घायल की स्थिति
- इलाज की जरूरत
- पूर्वानुमान
- उपलब्ध चिकित्सा संसाधन।

रोगियों का वर्गीकरण एक जटिल प्रक्रिया है जिसमें पीड़ितों को वर्गीकृत किया जाता है और उसकी जान बचाने का प्रयास किया जाता है। यह कार्य निम्नलिखित स्थानों पर होता है–

- आपदा स्थल
- परिवहन के दौरान
- अस्पताल में।

इसके आधार पर यह निर्णय लिया जाता है कि पहले किसे अस्पताल पहुँचाया जाए, किसे शल्यचिकित्सा की आवश्यकता है और किसे किस ढंग का इलाज करना है। आपदा स्थिति में घायल का वर्गीकरण एक सतत प्रक्रिया है जो स्थल से शुरू होकर घायलों का अस्पताल के आपातकालीन विभाग पहुँचने तक चलती रहती है। प्रत्येक स्तर पर वर्गीकरण तथा पुनः वर्गीकरण की प्रक्रिया अनिवार्य है और स्थल से अस्पताल तक यह कायम रहती है। इस प्रकार यह लगातार चलने वाली प्रक्रिया है।

घायलों के वर्गीकरण के मुख्य रूप से दो प्रकार हैं–

- **स्थल वर्गीकरण–**यह गैर-चिकित्सा वर्गीकरण है और इसमें राहत दल या स्थल पर प्राथमिक उपचार करने वाला दल सबसे पहले घायलों को छाँटता है। इसे अस्पताल पूर्व वर्गीकरण भी कहते हैं।
- **अस्पताल वर्गीकरण–**अस्पताल पहुँचने पर घायलों का चिकित्सा आधारित वर्गीकरण प्रशिक्षित चिकित्सक तथा सर्जन द्वारा दिया जाता है।

घायलों की गंभीर स्थिति के अनुसार उन्हें वर्गीकृत किया जाता है और उन्हें अलग-अलग रंग का टैग पहनाया जाता है। इसी को देखकर उन्हें अस्पताल भेजने और

इलाज करने की प्राथमिकता तय की जाती है। दुनियाभर में और अंतर्राष्ट्रीय स्तर पर "द एयरपोर्ट कलर कोडेड ट्राऐज टैगिंग सिस्टम" सर्वमान्य है।

लाल–

(1) प्रथम वरीयता।

(2) घायल की स्थिति नाजुक और प्रमुख अंग अस्थिर।

(3) तुरंत चिकित्सा सुविधा की जरूरत।

पीला–

(1) दूसरी वरीयता

(2) घायल की स्थिति चिंताजनक परंतु प्रमुख अंग काम रहे हैं।

(3) घायल जिन्हें तात्कालिक जोखिम नहीं है परंतु उन्हें तुरंत इलाज की आवश्यकता है और बिना सहायता के उन्हें अस्पताल नहीं पहुँचाया जा सकता।

हरा–हल्की फुल्की चोट और घायल चलने की स्थिति में।

काला–मृत व्यक्ति।

आपदा स्थल पर काम करने वाले राहतकर्मियों, जो घायलों का प्रथम ट्राऐज करते हैं, को घायलों के हाथ पर अलग-अलग रंग का टैग बाँध देना चाहिए। इसमें उन्हें काफी सावधानी बरतनी होती है। साथ ही साथ प्राथमिक उपचार करने वाले कर्मियों को लाल टैग के घायलों के शरीर से निकलने वाले खून को नियंत्रित करना चाहिए और उन्हें सदमें की स्थिति से बाहर निकालना चाहिए। कर्मियों को हरे फीते वाले घायलों को खतरे के इलाके से बाहर निकालना चाहिए तथा बेहोश पड़े व्यक्तियों को होश में लाना चाहिए। साथ ही, लाल तथा पीले टैग वाले मरीजों को तुरंत अस्पताल भेजने का प्रावधान करना चाहिए।

प्रश्न 3. आपदा के संचार के साधन पर टिप्पणी लिखिए।

(जून-2019, प्र.सं.-5(a))

अथवा

"चिकित्सा और स्वास्थ्य अनुक्रिया में संचार की भूमिका सर्वाधिक महत्त्वपूर्ण होती है।" टिप्पणी कीजिए। (दिसम्बर-2019, प्र.सं.-4)

अथवा

आपदा में संचार की भूमिका पर टिप्पणी कीजिए।

(जून-2020, प्र.सं.-5(ख))

अथवा

आपदा स्थल प्रबंधन में संचार पर एक टिप्पणी लिखिए।

(जून, 2021, प्र.सं.-4)

उत्तर– आपदा चिकित्सा में संचार व्यवस्था की भूमिका अहम होती है। आपदा के समय में कार्य कर रहे अलग-अलग दलों के एजुट होने और एक साथ मिलकर काम करने में संचार महत्त्वपूर्ण भूमिका निभाता है। संयोजन, आदेश और नियंत्रण इन्हीं तीन सूत्रों से इन

दलों के कार्यों में ताल-मेल स्थापित किया जाता है और इन तीनों सूत्रों को संचार प्रभावी बनाता है।

आपदा के प्रबंधन में एक महत्त्वपूर्ण बात यह है कि इसमें कोई गड़बड़ नहीं होनी चाहिए क्योंकि आपदा स्थल पर पहले से ही अफरा तफरी मची रहती है। विभिन्न कार्यों में जब तालमेल बिठाने का प्रयास किया जाता है तो कभी-कभी उलझन भी पैदा हो सकती है और विभिन्न एजेंसियों के उत्तरदायित्व, समन्वय और प्राधिकार को लेकर असमंजस्य भी हो सकता है। कौन क्या करेगा? स्थल पर कौन अधिकारी होगा? कौन किसका नियंत्रण करेगा और कितने लोग इसमें शामिल होंगे? इस संदर्भ में संदेश स्पष्ट होने चाहिए। आपदा स्थल प्रबंधन में जहाँ हर क्षण और कार्य मूल्यवान होता है वहाँ दोषरहित और असरदार संचार ही संचालन को सफल बनाता है। यहाँ हर क्षण कीमती होता है इसलिए परिष्कृत उपकरणों और प्रशिक्षित कार्मिकों द्वारा संचालित बहुस्तरीय व्यवस्था से स्थल तक पहुँचने वाली सूचना और कार्रवाई के विलम्ब या देरी को कम किया जा सकता है।

संचार की आधारभूत जरूरतें इस प्रकार हैं–

- स्थिति का पूर्ण ज्ञान
- स्पष्टता
- जागरूकता
- संदेश का पूर्ण समावेश और सही कार्यवाही
- हड़बड़ाहट, अफरा तफरी और अफवाहों को रोकने के लिए समय पर सही सूचना देना।

संचार के साधन–घटना की सूचना देने, सूचना को पुख्ता बनाने, संसाधनों को जुटाने, आदेश देने तथा उनका सत्यापन करने के लिए संचार के सभी साधनों की मदद ली जाती है।संचार के विभिन्न माध्यमों की सूची नीचे दी गई है।

आपदा प्रबंधन में निम्नलिखित संचार सुविधाओं का प्रयोग किया जाता है–

- वायरलेस सेट

(1) स्थिर, (2) मोबाइल (वाहनों पर लगे हुए), (3) हैंडसेट (वॉकी-टॉकी)

- हॉटलाइन
- संचार प्रेषण और प्राप्ति में कोई विलम्ब नहीं (दोनों ओर से)
- एयर रेड प्रिकॉशन इक्वीपमेंट (ARP)
- प्रत्येक सैटलाइट नियंत्रण कक्ष को मुख्य नियंत्रण कक्ष से एकतरफा संचार
- सामान्य डाक और टेले संचार लाइन
- मुख्य टेलीफोन एक्सचेंज से विस्तार
- इंटरकॉम संपर्क
- सायरन, घंटी या घंटा
- मोटर साइकिल चालक पत्रवाहक
- साइकिल चालक संदेशवाहक

- पेजिंग प्रणाली
- एयर हॉर्न
- जीप, वैन या मोटरबोट पर लगे लाउडस्पीकर
- दूरदर्शन (टेलीविजन)
- आकाशवाणी (रेडियो)
- सिनेमा हॉल में स्लाइड प्रदर्शन
- 'पैच-अप' प्रणाली पर पहले से रिकॉर्ड किया गया संदेश
- सेल्यूलर फोन।

अन्य महत्त्वपूर्ण पहलू–

- **भीड़ नियंत्रण–**भीड़ के कारण बार राहत और बचाव कार्य में बड़ी बाधा पहुँचती है। भीड़ को नियंत्रित करने के लिए सामाजिक कार्यकर्त्ताओं और स्वयंसेवकों की मदद लेनी चाहिए।
- **सामान्य स्थिति बहाल करना–**भूकंप, बाढ़, सुनामी और दंगों जैसी बड़ी आपदाओं में जीवन और सामाजिक व्यवस्था पूरी तरह से भंग हो जाती है। विद्यालय, महाविद्यालय, दफ्तर और वाणिज्यिक संसाधनों को शीघ्र खोलने से जीवन बहाल होता है और इससे प्रभावित जनता को एक मनोवैज्ञानिक सहारा मिलता है। लातूर/शोलापुर में ऐसा ही किया गया था। बीसवीं शताब्दी के इस सबसे बड़े भूकंप के दो-तीन बाद ही स्कूल, कॉलेज और सरकारी कार्यालय खोल दिए गए थे।
- आपदा स्थल पर अति गणमान्य व्यक्तियों के दौरे पर, राहत और बचाव कार्य खत्म होने तक, रोक लगा देनी चाहिए।
- रेडियो और टेलीविजन से लोगों को आगाह किया जाना चाहिए कि सीधे आपदा स्थल पर भोजन/राहत दल न भेजें।

प्रश्न 4. परिवहन पर टिप्पणी कीजिए।

उत्तर– समय बड़ा बलवान है। एक बार समय हाथ से निकल गया तो फिर इसे कोई भी मूल्य चुकाकर वापस नहीं किया जा सकता। बुरी तरह से घायल या सदमें की स्थिति में पहुँचे मरीज का यदि एक घंटे के भीतर इलाज हो जाता है तो उसके बचने की संभावना बढ़ जाती है। इसमें हड़बड़ी मचाने से काम नहीं चलता बल्कि घायल व्यक्ति को सावधानीपूर्वक, कम समय में उपयुक्त अस्पताल में, पहुँचाना जरूरी होता है।

परिवहन आपदा चिकित्सा व्यवस्था का एक अनिवार्य घटक है और यह अस्पताल पूर्व चरण को अस्पताल चरण से जोड़ता है। घायलों को ले जाने के लिए एम्बुलेंस या किसी भी सामान ढोने वाले वाहन का इस्तेमाल किया जा सकता है।

एम्बुलेंस में निम्नलिखित उपकरण अवश्य होने चाहिए–

- पोर्टेबल सक्सन उपकरण
- मैनुअल एम्बुलेंस बैग

- ऑरोफेरिनजील एयरवेज
- पोर्टेबल ऑक्सीजन उपकरण
- स्टराइल आई.वी. फ्लूड्स
- विभिन्न प्रकार के सर्जिकल ड्रेसिंग्स, स्पिलन्ट्स, स्टराइल बर्न शीट्स, आई.वी. सेट्स, और प्रयोज्य सुइयाँ
- विसंक्रमित प्रसूति उपकरण
- जहर उतारने वाली दवाइयाँ
- रक्तचाप (B.P.) मापने वाले उपकरण
- आला (स्टेथोस्कोप), टॉर्च, आदि
- जीवन रक्षक औषधियाँ।

एम्बुलेंस चालक और एम्बुलेंस सहायकों (दो) को बचाव, प्राथमिक उपचार और पुनरुज्जीवन तथा हृदय गति को सामान्य करने की विधि में प्रशिक्षण दिया जाना चाहिए।

प्रौद्योगिकी में हुई प्रगति के साथ आपदा के समय घायलों को अस्पताल पहुँचाने के लिए हेलीकॉप्टर, एम्बुलेंस और सघन चिकित्सा वाहन पूरी तरह सभी उपकरणों से सुसज्जित होते हैं। एम्बुलेंस के कर्मचारियों का बीमारी से बचाव किया जाना चाहिए। इसके लिए उन्हें मुखौटा, चश्मा और दस्ताने अवश्य देने चाहिए।

प्रश्न 5. चिकित्साकर्मियों के लिए संभावित जोखिम पर टिप्पणी कीजिए।
(दिसम्बर-2019, प्र.सं.-5(ख))

उत्तर– कई बार कुछ बाधाएँ आती हैं जिनसे आपदा स्थल प्रबंधन प्रभावित होता है। आपदा स्थल पर सबसे पहले पहुँचने वाले राहतकर्मियों और चिकित्साकर्मियों को कभी-कभी काफी कठिनाइयों का सामना करना पड़ता है। इसके अलावा उन पर वहाँ फैल रही बीमारी से संक्रमित होने का भी खतरा मंडराता रहता है। उन्हें इन परिस्थितियों में बड़े दबाव में काम करना पडत्रा है। आपदा होने के तुरंत बाद जब राहत दल वहाँ पहुँचता है तो उसे कई पर्यावरणीय जोखिमों का भी सामना करना पड़ता है जैसे – इमारत ढह जाना, जहरीली गैस का रिसाव, भूस्खलन, जमीन धसना, धमाका, आग, बिजली का झटका आदि, और इसके अलावा उनके कार्यों पर आक्षेप भी किया जा सकता है।

चिकित्साकर्मियों के लिए संभावित जोखिम–राहतकर्मियों को आपदा स्थल पर कई प्रकार के जोखिमों का सामना करना पड़ सकता है। स्थल पर काम करते वक्त प्रकृति फिर रौद्र रूप धारण कर सकती है, इसलिए आपदा स्थल पर काम कर रहे राहतकर्मियों को सभी प्रकार के खतरों से सावधान और सचेत रहना चाहिए। आमतौर पर जो खतरे अलग-अलग आपदाओं में सामान्य रूप से राहतकर्मियों को प्रभावित करते हैं वे इस प्रकार हैं–

तालिका 8.1 : संभावित जोखिम

आपदा का प्रकार	पर्यावरणीय जोखिम
• दंगा	बंदूक की गोली लगना।
• आग और धमाका	घायल होना, जहरीली गैस निकलना।
• प्राकृतिक आपदाएँ	इमारत ढहना, दम घुटना, भूस्खलन, बिजली का झटका, जानवरों का काटना, धमाका और आग।

आपदा स्थल पर राहत पहुँचा रहे चिकित्साकर्मियों को संभावित खतरों के प्रति सचेत रहना चाहिए और जरूरी ऐतिहात बरतना चाहिए। उन्हें बताए गए नियमों का पालन करना चाहिए जो निम्नलिखित हैं–

- **पूर्वानुमान–**खुद को बचाओ, दूसरों को बचाओ, पीड़ितों को बचाओ।
- **नियंत्रण–**स्थल परीक्षण, चेतावनी, भगदड़, नियंत्रण।
- घायलों की छँटाई और वर्गीकरण/ट्राऐज।
- 'ABC' के आधार पर इलाज करना।
- घटना स्थल से अस्पताल तक घायलों को ले जाने की व्यवस्था करना।

राहतकर्मी कभी-कभी जरूरत से ज्यादा उत्साह दिखाकर जोखिम उठाते हैं। जोखिम उठाकर वे दूसरों का जीवन बचा सकते हैं और उन्हें सफलता भी मिल सकती है। कई बार जोखिम उठाना जरूरी भी होता है। परंतु आपदा स्थल पर जो भावनात्मक स्थिति और परिवेश बनता है उसमें राहतकर्मियों की सुरक्षा का भी ध्यान रखना चाहिए और सुरक्षा नियमों का पालन करना चाहिए। लोगों को बीमारी और दुर्घटना से बचाने के लिए राहतकर्मियों को खुद भी अपनी रक्षा करनी चाहिए। मध्य और ऊँचे स्तर के अधिकारियों को यह देखना चाहिए कि राहतकर्मियों के स्वास्थ्य और सुरक्षा की पूरी व्यवस्था की गई है। राहतकर्मियों के घायल होने या मरने पर न केवल काम में बाधा पड़ती है बल्कि सीमित संसाधनों पर और अधिक बोझ पड़ जाा है और उनके साथियों पर भी इसका मनोवैज्ञानिक प्रभाव पड़ता है।

रक्त और शरीर से होने वाले संक्रमणों से भी राहतकर्मियों को अपनी सुरक्षा करनी होती है। हालांकि एचआईवी और हेपेटाइटिस बी के रोगाणुओं का खतरा कम होता है परंतु इसके बावजूद आवश्यक सावधानी रखनी चाहिए। चिकित्साकर्मियों को मल-मूत्र, थूक-खंखार और उल्टी तथा अन्य शारीरिक स्त्रावों से होने वाले संक्रमणों से अपने को बचाना चाहिए।

इसके लिए निम्नलिखित सावधानियाँ बरतनी चाहिए–

- सुई या तेज औजार की चोटों से बचना।
- दस्ताने, मुखौटे आदि पहनकर स्वयं को संक्रमण से बचाना।
- हाथ और अन्य स्थल विसंक्रमित करना।

प्रशिक्षण—आपदा राहतकर्मियों का प्रशिक्षण आपदा तैयारी का अभिन्न अंग हैं, उन्हें खास-तौर पर उबड़-खाबड़ स्थलों और मलबों से घायलों को सुरक्षित ढंग से निकालने, उनकी देखभाल करने, मलबों से निकालने और सही स्थान पर पहुँचाने की जानकारी होनी चाहिए। उन्हें पर्यावरणीय जोखिमों के प्रति सचेत रहनाचाहिए, जिससे वे अपने को सुरक्षित रख सकें।

सुरक्षात्मक कपड़ा—राहत दल के प्रत्येक सदस्यों को सुरक्षात्मक कपड़े पहनने चाहिए। इसमें निम्नलिखित प्रकार के कपड़े शामिल होते हैं—

- नीचे से ऊपर तक ढके कपड़े जिसमें घुटने और कुहनी पर पैड लगा हो।
- जूते जिसमें एड़ी पर कम से कम जोर पड़े और कोई भी सख्त चीज पैर में न चुभे।
- हाथों की रक्षा के लिए दस्ताने;
- धूल और गंदगी से बचाव के लिए चश्मा;
- हो हल्ला से बचने के लिए 'इयर प्लग';
- ऐसे कपड़े जिसे चमकने वाला पेंट हो जो रात को भी दिखाई दे;
- माथे की रक्षा के लिए हैलमेट; और
- अतिरिक्त धूल या जहरीली गैस से बचने के लिए श्वसन सावधानी मास्क।

राहतकर्मियों के काम करने का परिवेश—राहतकर्मियों को जिस परिवेश में काम करना पड़ता है उस पर निगरानी रखनी चाहिए और बीच-बीच में छुट्टी तथा आराम भी मिलते रहना चाहिए। उन्हें पर्याप्त भोजन और डीहाइड्रेशन से बचने के लिए पर्याप्त मात्रा में पानी उपलब्ध कराया जाना चाहिए।

मनोवैज्ञानिक समर्थन—राहतकर्मियों को मनोवैज्ञानिक समर्थन भी मिलना बहुत जरूरी होता है, हालांकि इसे अक्सर नजरअंदाज कर दिया जाता है। रोगियों और पीड़ितों की मदद करते समय वे कई बार अपने को मजबूर पाते हैं और उन्हें लगता है कि किसी का समर्थन चाहिए।

अस्थाई शव स्थल—आपदा स्थल के आस-पास ही अस्थाई शव गृह बना देना चाहिए। आपदा स्थल से शवों को लाकर यहाँ रखा जा सकता है।

चिकित्सालयी आपात प्रबंधन

प्रश्न 1. चिकित्सालीय आपात प्रबंधन की व्याख्या कीजिए।

अथवा

अस्पतालों में चिकित्सालयी आपात प्रबंधन के लक्ष्यों और उद्देश्यों की व्याख्या कीजिए।

अथवा

अस्पताल सतर्कता व अनुक्रिया की विशेषताओ की विवेचना कीजिए।

अथवा

अस्पताल में घायलों का वर्गीकरण पर टिप्पणी कीजिए।

उत्तर– जैसे ही खतरे की घंटी बजती है अस्पताल का आपातकालीन विभाग चौकन्ना हो जाता है और बड़े पैमाने पर घायलों का इलाज करने के लिए अपने को तैयार कर लेता है। प्रत्येक छोटे या बड़े अस्पताल में आपदा योजना होनी चाहिए जिसे आपदा की सूचना मिलते ही कार्यान्वित किया जा सके। अस्पताल के चिकित्सा अधीक्षक को चाहिए कि वह आपदा के बारे में पूरी जानकारी ले और यह पता लगाने की कोशिश करे कि किस तरह के और कितने घायल उसके अस्पताल में पहुँच सकते हैं। अस्पताल चरण सतर्कता व अनुक्रिया, मरीजों व घायलों की छँटनी व इलाज, दस्तावेजीकरण और चिकित्सा-कानूनी संबंधी कार्यों से प्रारंभ होता है। इन कार्यों की चर्चा निम्न प्रकार है–

अस्पताल सतर्कता व अनुक्रिया–यह अस्पताल अवस्था का प्रथम चरण है और इसमें निम्नलिखित कार्यवाई होनी चाहिए–

(1) सतर्कता–सभी चिकित्सा और अर्ध चिकित्सा कर्मचारियों को अस्पताल के आपातकालीन विभाग में इकट्ठा होने की सूचना भेजी जाती है।

(2) आपातकालीन क्षेत्र का विस्तार–यदि ऐसा महसूस होता है कि अस्पताल का आपातकालीन क्षेत्र पर्याप्त नहीं है तो प्रमुख ओ.पी.डी. कक्ष या फिर दूसरे स्थान को

आपातकालीन स्थल में बदल देना चाहिए। वार्ड/साइड/कमरे/गोष्ठी कक्ष/सेमिनार कक्ष/हॉल और उपलब्ध सभी स्थानों में मरीजों को रखने की व्यवस्था करनी चाहिए और कुछ कम गंभीर रोगियों को अस्पताल से छुट्टी दे देनी चाहिए। सभी मौजूदा ऑपरेशन थियेटरों को पूरी तरह तैयार रखना चाहिए। प्रत्येक जिला अस्पताल में सूचना मिलने पर 'आपदा वार्ड' बनाने की क्षमता होनी चाहिए। घायलों की संख्या ज्यादा होने पर अस्पताल का प्रसार किया जाना चाहिए। यदि अस्पताल में पर्याप्त स्थान नहीं हो तो आस-पास के सामुदायिक भवनों, विद्यालयों आदि को आपदा वार्ड में परिवर्तित किया जा सकता है।

(3) पुलिसकर्मियों की मदद से अस्पताल सुरक्षा कर्मियों द्वारा अस्पताल में सुरक्षा व्यवस्था–पुलिस को यातायात नियंत्रक के रूप में भी काम करना चाहिए और घायलों तथा उनके संबंधियों को अलग-अलग स्वागत केंद्रों पर भेजना चाहिए। समस्या तब और बढ़ जाती है जब केवल घायलों की संख्या ही ज्यादा नहीं होती बल्कि संबंधी, सहायक और आम जनता भी इकट्ठी हो जाती है और इससे अस्पताल में भीड़ बढ़ जाती है और काम-काज में बाधा पहुँचती है। जरूरत पड़ने पर अस्पताल के प्रवेश द्वार पर पुलिसकर्मियों को तैनात कर देना चाहिए।

(4) घायलों की देखभाल–जरूरत और इलाज के आधार पर घायलों को वर्गीकृत किया जाना चाहिए।

(5) मृतक–अस्पताल लाने से पहले या रास्ते में ही प्राण त्याग देने वाले शवों को अलग कर देना चाहिए और उन्हें अस्थाई तौर पर बनाए गए शव गृह में रख देना चाहिए। पीड़ितों और कर्मचारियों को निरूत्साहित होने से बचाने के लिए यह काम तुरंत करना चाहिए।

(6) रोग जाँच सेवाएँ–जाँच प्रयोगशालाएँ, रेडियोलॉजी और इमेजिंग सेवाएँ पूरी तरह से दुरूस्त होनी चाहिए ताकि जरूरत पड़ने पर उनका पूरा इस्तेमाल किया जा सके।

(7) बिजली की आपातकालीन व्यवस्था–आपातकालीन कक्ष, ब्लड बैंक और एक्सरे विभाग में अतिरिक्त जेनरेटर लगाना चाहिए। अलग से एक 500 के.वी. का ट्रांसफॉर्मर भी लगाया जाना चाहिए।

(8) संचार–सभी प्रकार की संचार व्यवस्थाओं को सबल रखना चाहिए।

(9) सहयोगी और उपयोगी सेवाएँ–इन्हें सतर्क कर देना चाहिए। इंजीनियरिंग विभाग को हमेशा इस बात का ध्यान रखना चाहिए कि कभी भी पानी और बिजली की कमी न हो।

(10) चिकित्सा आपूर्ति–अस्पताल में दवाइयों और अन्य वस्तुओं की लगातार आपूर्ति होनी चाहिए और अस्पताल के स्टॉक में रखे सामानों का उपयोग होना चाहए। नियमानुसार जिन चीजों की जरूरत हो उन्हें तुरंत खरीदना चाहिए।

(11) ब्लड बैंक सेवाओं को सतर्क करना–चिकित्सा अधिकारी या प्रभारी अधिकारी को सभी ग्रुपों का रक्त हासिल करने के लिए विभिन्न स्वयंसेवी संस्थाओं और स्वयं सेवियों से संपर्क करना चाहिए।

(12) जनसंपर्क और सूचना प्रणाली–अस्पताल में एक ऐसा अधिकारी होना चाहिए जो जनता, प्रेस, रेडियो, और अन्य संगठनों को सूचना दे सके। केवल उसे ही सभी प्रकार की सूचनाएँ देने का अधिकार होना चाहिए। उसके अतिरिक्त अस्पताल के किसी भी कर्मचारी को किसी भी प्रकार की सूचना नहीं देनी चाहिए क्योंकि इससे बेमतलब का विवाद और असमंजस फैल जाता है। आपदा में अफरातफरी और भगदड़ सबसे खतरनाक तत्त्व होता है, इस कारण अस्पताल को अपना काम तुरंत शुरू कर देना चाहिए।

(13) रोगियों को छुट्टी देने का तरीका–रोगियों का इलाज कर उन्हें अस्पताल से छुट्टी दे देनी चाहिए। उनका पता नोट कर लेना चाहिए और पुलिस को इसकी सूचना दे देनी चाहिए।

अस्पताल में घायलों का वर्गीकरण/ट्राऐज–घायलों को अस्पताल लाने के बाद उनकी स्थिति के अनुसार उन्हें अलग किया जाता है तथा इलाज के लिए उनकी प्राथमिकता तय की जाती है। इसका उद्देश्य अधिक से अधिक लोगों का इलाज तथा उपलब्ध संसाधनों और सेवाओं का अधिकतम उपयोग करना होता है। अस्पतालों में रोगियों के वर्गीकरण करने का उद्देश्य मृत्यु और अपंगता को कम से कम करना होता है। वर्गीकरण/ट्राऐज के उद्देश्य इस प्रकार हैं–

- सबसे पहले किस रोगी को इलाज की अत्यधिक आवश्यकता है उसका चयन और इलाज की शुरूआत।
- यह सुनिश्चित करना कि मरीज विशेष को उसी विशेषज्ञ चिकित्सक के पास भेजा जाए जो उस मर्ज का सही इलाज कर सकता है। इससे अलग-अलग मर्जों के लिए अलग-अलग चिकित्सकों के पास भेजा जा सकता है और सीमित कार्मिकों और आपूर्ति संसाधनों का उपयोग किया जा सकता है।

घायलों के वर्गीकरण या ट्राऐज का काम वरिष्ठ चिकित्सकों को करना चाहिए। जरूरत से ज्यादा भारत होने पर चार दल बनाए जाने चाहिए जिसमें कम से कम निम्नलिखित चिकित्सक अवश्य हों–

- एक शल्य चिकित्सक (सर्जन)
- एक हड्डी शल्य चिकित्सक (आर्थोपेडिक सर्जन)
- एक फिजिशियन
- एक एनेस्थेसिस्ट (ऑपरेशन के दौरान मरीजों को बेहोश करने वाला विशेषज्ञ चिकित्सक)
- दो नर्स
- नर्स सहायक
- एक सफाईकर्मी
- स्ट्रेचर ढोने के लिए दो टीम, प्रत्येक टीम में एक स्ट्रेचर और दो सदस्य।

चिकित्सा की शब्दावली में वर्गीकरण यानि ट्राऐज का अर्थ होता है घायलों को उनकी गंभीरता अनुसार अलग-अलग छाँटना और इलाज के लिए वर्गीकृत करना। इस वर्गीकरण के जरिए घायलों को तीन श्रेणियों में विभाजित किया जाता है–

- **प्राथमिकता I**–गंभीर रूप से घायल और बीमार व्यक्ति जिसे तुरंत होश में लाना जरूरी होता है और उसकी जिंदगी बचाने के लिए छह घंटे के भीतर ऑपरेशन करना जरूरी होता है।
- **प्राथमिकता II**–ऐसे घायल या बीमार व्यक्ति जिसे होश में लाने की जरूरत होती है और अगले चौबीस घंटे के भीतर उसकी शल्य चिकित्सा की आवश्यकता होती है।
- **प्राथमिकता III**–इसमें अपेक्षाकृत कम बीमार और घायल लोगों को रखा जाता है। मरणासन्न व्यक्ति जिसके जीवित रहने की गुंजाइश शून्य होती है को भी इसी श्रेणी में रखा जाता है।

जब बड़े पैमाने पर लोग घायल होते हैं तो प्राथमिकता की पहचान करने के लिए उनकी कलाइयों पर अलग-अलग रंगों के टैग बाँध दिए जाते हैं–

- **लाल**–गंभीर मरीजों के लिए।
- **पीला**–अपेक्षाकृत कम गंभीर मरीजों के लिए।
- **नीला**–जिन मरीजों को लगातार निगरानी में रखना है।
- **काला**–मृतकों के लिए।

चिकित्सालयी देख-भाल–घायलों का अस्पताल में इलाज करने के क्रम में निम्नलिखित कार्य किए जाते हैं–

- जरूरत होने पर रोगी को होश में लाना/पुनरुज्जीवन।
- विभिन्न प्रकार की चोटों या बीमारियों का इलाज।

(1) रोगी को होश में लाना/पुनरुज्जीवन–आमतौर पर पुनरुज्जीवन की विधि को आपदा के समय में प्रभावी ढंग से लागू नहीं किया जा सकता है क्योंकि आपदा स्थिति में घायलों की आवश्यकताएँ बड़े पैमाने पर होती है जो उपलब्ध संसाधनों व सुविधाओं से बड़ी मात्रा में अधिक होती है।

अस्पताल में रोगियों को अलग-अलग वर्गों में विभाजित करने के बाद प्राथमिकता I वाले रोगी को पहले होश में लाने का प्रयास किया जाता है और यह जानते हुए भी कि उनके जीवित रहने की संभावना बहुत कम है, उन्हें जीवित रखने और उनकी हालत सुधारने का पूरा प्रयास किया जाना चाहिए।

रोगी को होश में लाने के लिए ABC प्रारूप का इस्तेमाल किया जाना चाहिए। इसमें निम्नलिखित प्रकार से इलाज किया जा सकता है–

(क) एयरवे और सर्वाइकल स्पाइन की देख-रेख।

(ख) श्वास गति का नियमन।

(ग) रक्त प्रवाह का नियमन और रक्त स्राव का नियंत्रण।

(2) विभिन्न प्रकार की चोटों या बीमारियों का इलाज–आपदा के दौरान जब बड़ी संख्या में घायल अस्पताल पहुँचते हैं तो सामान्य एन्टिसेप्टिक मरहम पट्टी से लेकर बड़ी शल्य चिकित्सा तक की जरूरत पड़ती है। हालांकि आमतौर पर आपदा स्थल पर ही सामान्य मरहम पट्टी कर दी जाती है।

इन स्थितियों में चोट या घाव का इलाज सबसे जरूरी होता है। हालांकि इसमें थोड़ी देर की जा सकती है परंतु इससे अधिकांश मरीजों का इलाज करके तुरंत छुट्‌टी दी जा सकती है। रोगियों के वर्गीकरण के बाद नर्सिंग स्टाफ को साधारण घावों के मरीजों की मरहम पट्‌टी करनी चाहिए। जिस घाव से खून का बहना कम नहीं हो रहा है उस पर ज्यादा ध्यान देना चाहिए और खून बंद करने का प्रयास करना चाहिए। घावों पर मरहम पट्‌टी की जानी चाहिए, दर्द कम करने की दवा, टेटनस का इंजेक्शन आदि भी दिए जाने चाहिए।

भूकंप, चक्रवात और इमारत ढहने जैसी आपदाओं में अधिकांश लोग मलबे में दबकर घायल होते हैं। इन घायलों को इन्ट्रावीनस द्रव और दर्द निवारक दवाइयों की आवश्यकता होती और उनके घावों और फ्रेक्चर के इलाज की भी जरूरत होती है।

यदि किसी घायल की हड्‌डी टूट जाती है तब ऑपरेशन होने तक टूटे हुए स्थान पर लकड़ी की फलिंका या स्प्लिन्ट लगाकर सहारा भी दिया जाना चाहिए ताकि टूटी हड्‌डी हिल न सके। साथ ही मरीज को दर्द निवारक दवा भी देनी चाहिए।

बच्चों का विशेष ख्याल रखने की जरूरत होती है। घायलों में विशेषकर बच्चों में शरीर का तापमान सामान्य बनाए रखने की आवश्यकता होती है क्योंकि उनके शरीर के तापमान में गिरावट अर्थात् हाइपोर्थमिया बहुत जल्दी हो जाता है। उनके शारीरिक वजन के अनुसार ही उन्हें दवाइयाँ दी जानी चाहिए और इन्ट्रावीनस द्रव देते समय काफी सावधानियाँ बरतनी चाहिए।

जले हुए रोगियों को तुरंत दर्द निवारक इंजेक्शन दिया जाना चाहिए। इसके अलावा उन्हें शीघ्र ही इन्ट्रावीनस द्रव दिया जाना चाहिए और उनके जले हुए स्थान की मरहम पट्‌टी की जानी चाहिए। जिन मरीजों के श्वसन अंग जल गए हैं उन्हें सर्व प्रथम चिकित्सा दी जानी चाहिए।

अस्पताल में यदि बड़े पैमाने पर जले हुए रोगी आते हैं तो उनके इलाज की समस्या विकट होती है। रोगियों को एक जगह से दूसरी जगह ले जाना भी बड़ा मुश्किल होता है। इसलिए यह जरूरी है कि जैसे ही ऐसी आपदा की सूचना मिले कि काफी संख्या में लोग जल गए हैं तो तुरंत जले हुए रोगियों का इलाज करने के लिए एक केंद्रीय आपात इकाई चालू की जानी चाहिए ताकि ज्यादा संख्या में जले हुए व्यक्तियों को अधिक चिकित्सा सुविधा प्रदान की जा सके।

अस्पतालों को आपदा का सामना करने के लिए निम्नलिखित सिद्धांतों का पालन करना चाहिए–

- प्राथमिकता तय करना और लगभग 100–200 मरीजों को भर्ती करने की तैयारी करना।
- पोस्टमार्टम के लिए कलक्टर की अनुमति लेना।
- कल्पना या पूर्वानुमान न करना।
- रंग कोड का इस्तेमाल करना।
- किसी भी टीम को बाहर न भेजना बल्कि अपने अस्पताल में घायलों को भर्ती करने की तैयारी करना।

- समकालीन कार्यवाई करना।
- ट्राऐज का इस्तेमाल घायलों के साथ-साथ वाहनों, टेलीफोन, दवाइयों आदि के लिए भी करना।

दस्तावेजीकरण—आपदा के बाद प्राथमिक उपचार और वर्गीकरण करते समय ही मरीजों का पहचान पत्र बना लेना चाहिए। रोगियों पर लेबल लगाने के साथ-साथ उन्हें एक क्रम संख्या भी दी जा सकती है और उनकी कलाई में पहचान की पर्ची बांधी जा सकती है। रोगी के शरीर पर भी एम सी पेंट या जी वी पेंट से पंजीयन संख्या लिखी जा सकती है। आपदा में रोगियों और कर्मचारियों दोनों पर चिकित्सा-कानूनी पक्ष लागू होते हैं इसलिए दस्तावेजीकरण में मदद करने वाले व्यक्ति और रोगी, दोनों की पहचान और किए गए इलाज का ब्यौरा होना चाहिए। रजिस्टरों में काम पर तैनात कर्मचारियों, उनके काम तथा उनके काम से लौटने का समय दर्ज होना चाहिए। रजिस्टर में रोगियों के रोग और कर्मचारी द्वारा किए गए इलाज का पूरा ब्यौरा भी लिखा होना चाहिए।

सामुदायिक स्वास्थ्य प्रबंधन

प्रश्न 1. सामुदायिक स्वास्थ्य प्रबंधन की अवधारणा को समझाइए।

अथवा

'सुरक्षित पेयजल और संक्रामक रोगों पर नियंत्रण सुनिश्चित करके प्रभावी सामुदायिक स्वास्थ्य प्रबंधन किया जा सकता है।' व्याख्या कीजिए।

अथवा

"प्रभावी सामुदायिक स्वास्थ्य प्रबंधन के द्वारा स्वास्थ्य संबंधी प्रमुख जरूरतों की व्यवस्था की जा सकती है।" व्याख्या कीजिए।

अथवा

सामुदायिक स्वास्थ्य प्रबंधन स्वास्थ्य आवश्यकताओं को पूरा करने के लिए उठाए गए कदमों का समावेश है। विस्तृत वर्णन कीजिए।

उत्तर– आपदा के दौरान सामुदायिक स्वास्थ्य प्रबंधन भी महत्त्वपूर्ण है। सामुदायिक स्वास्थ्य प्रबंधन समुदाय की स्वास्थ्य संबंधी जरूरतों को पूरा करने के लिए उठाया गया कदम है जिसमें लोगों की जरूरतों और उपलब्ध संसाधनों को ध्यान में रखा जाता है। सामुदायिक स्वास्थ्य प्रबंधन के अंतर्गत जल आपूर्ति में सुधार, टीकाकरण, स्वास्थ्य शिक्षा, बीमारी विशेष का नियंत्रण और स्वास्थ्य नीति जैसे उपायों को किया जाता है।

सामुदायिक स्वास्थ्य प्रबंधन में निम्नलिखित को शामिल होने चाहिए–

- उपलब्ध संसाधनों का प्रभावी इस्तेमाल,
- समुदाय विशेष के लोगों की भागीदारी, और
- अन्य एजेंसियों से तालमेल।

ये सभी पक्ष आपदा के दौरान और आपदा के बाद की स्थितियों में और भी महत्त्वपूर्ण हो जाते हैं। सबसे पहले आपदा की मार समुदाय को ही झेलनी पड़ती है और यहीं पर सीधी कार्रवाई भी करनी होती है। आपदा जितनी भयावह और व्यापक होती है समुदाय का

स्वास्थ्य भी उतना ही ज्यादा प्रभावित होता है। हमने आपदा स्थल और अस्पतालों में में घायलों और हताहतों के प्रबंधन पर विचार किया है। अब हम समुदाय के उन लोगों की चर्चा करेंगे जिन्हें अस्पताल में तो भर्ती नहीं किया गया परंतु उनके स्वास्थ्य प्रबंधन का ख्याल रखना जरूरी है। आपदा आने पर समुदाय के स्वास्थ्य पर गंभीर असर पड़ता है। यह तीन तरह से समुदाय को प्रभावित करता है।

- जल, वायु, मिट्टी, आवास, कूड़ा-करकट आदि को प्रदूषित करना।
- पेड़ पौधों और पशुओं के जीवन के साथ-साथ बैक्टेरिया, जीवाणु, रोगाणु, कीड़े मकोड़ों आदि के जीवन में उथल-पुथल और असंतुलन यानी पूरी जैविक प्रणाली का बाधित होना।
- रोजगार, आय, धर्म, आदि से जुड़ी सभी सामाजिक व्यवस्था का बाधित होना।

इन्हीं तीन घटकों का प्रबंधन सामुदायिक स्वास्थ्य प्रबंधन का आधार बनता है।

यहाँ हम आपदाओं में सामुदायिक स्वास्थ्य प्रबंधन से जुड़े महत्त्वपूर्ण मुद्दों को समझेंगे। इसमें सुरक्षित पेय जल, संक्रामक रोगों पर नियंत्रण, स्वास्थ्य और स्वच्छता बरकरार रखना और भोजन सुरक्षा के उपाय करना शामिल है।

सुरक्षित पेय जल–कहा जाता है कि जल ही जीवन है। वैज्ञानिक रूप से भी यह कथन सत्य है। मनुष्य के जीने के लिए यह अनिवार्य है। जल के बिना जीवन हो ही नहीं सकता। भारत में अधिकांश बीमारियाँ प्रदूषित पानी से होती हैं। पानी को संक्रमण से बचाना चाहिए और साफ और सुरक्षित पेय जल पर्याप्त मात्रा में सबको उपलब्ध होना चाहिए। पानी पीने के लिए जरूरी है और इस प्रकार किसी भी आपदा में इसकी सबसे ज्यादा जरूरत होती है। पेय जल सुरक्षित साफ और पर्याप्त होना चाहिए।

पेय जल में–

(1) कोई भी जीवाणु या रोगाणु नहीं होना चाहिए।

(2) किसी भी प्रकार के नुकसानदेह रासायनिक तत्त्व नहीं होने चाहिए।

(3) इसका कोई रंग नहीं होना चाहिए, दुर्गंध नहीं होनी चाहिए और पीने में स्वादिष्ट होना चाहिए।

(4) घरेलू उपयोग के लिए उपयुक्त होना चाहिए।

यदि पानी उपर्युक्त पर खरा नहीं उतरता है तो उस पानी को संक्रमित या प्रदूषित कहा जाता है। आपदा से प्रभावित जनता और राहतकर्मियों को सुरक्षित पेय जल उपलब्ध कराने में आपदा प्रबंधन की महत्त्वपूर्ण भूमिका है। यदि इन पर गंभीरता से विचार न किया गया तो पानी से उत्पन्न बीमारियाँ लोगों को ग्रसित कर लेंगी। इसीलिए पानी की स्वच्छता पर विशेष ध्यान देना चाहिए। आपदा के दौरान पानी कई वजहों से संक्रमित और दूषित हो जाता है इसलिए आपूर्ति और वितरण के पहले इसे साफ करना जरूरी होता है। पानी साफ करने के कई तरीके हैं। स्थानीय प्रशासन इन तरीकों को अपनाकर लोगों तक साफ पानी पहुँचा सकता है।

पानी की सफाई (प्री-ट्रीटमेंट)—झीलों और जलाशयों के पानी पर पूरे दिन सूरज की रोशनी पड़ती रहती है। इस पानी को जमा करके रखने से भी इसकी गंदगी नीचे बैठ जाती है। इस प्रकार के पानी की गुणवत्ता बेहतर होती है और इसमें व्याप्त नुकसान पहुँचाने वाले बैक्टेरिया और पैथोजेन्स नष्ट हो जाते हैं। पानी में अमोनिया का स्तर भी कम हो जाता है।

अवसादन और जमाव पद्धति—पानी में अल्युमिनियम सल्फेट, फेरिक या फेरस सल्फेट और फेरिक क्लोराइड जैसे रसायनों को मिलाकर उसकी अशुद्धता को दूर किया जा सकता है। इन रसायनां को ढालने से पानी में घुली हुई मिट्टी के कण बड़े होकर अलग से दिखने लगते हैं और एक जगह जम जाते हैं। मिक्सिंग की मदद से ये जेली जैसे पदार्थ में बदल जाते हैं जिन्हें ऊर्ण (फ्लौक) कहते हैं। ऊर्ण मिट्टी के कण और अन्य कलिल पदार्थ को जकड़ लेता है और इसकी सहायता से काफी हद तक पानी से गंढलापन और रोग वाले कीटाणु समाप्त हो जाते हैं। कलिलीय (coagulated) पानी को फिर अवसादन (sedimentation) टैंकों से गुजारा जाता है जिससे भारी पदार्थ नीचे बैठ जाते हैं और साफ पानी से उपयोग के लिए अलग कर लेते हैं।

पानी को छानना—पानी को कई कणीय पदार्थों की सतहों से छाना जाता है जैसे बालू का उपयोग किया जाता है जिससे शुद्ध पानी छानकर साफ हो जाए और पानी की गंदगी जैसे रंग, स्वाद, गंध तथा कुछ हद तक कीटाणु दूर हो जाएँ।

विसंक्रमण—जब पानी में विसंक्रमक जैसे क्लोरिन डालकर उसे साफ किया जाता है तो इसे विसंक्रमण कहते हैं। इस प्रकार थोड़ा सा क्लोरिन डालने से ही पानी काफी साफ हो जाता है। क्लोरिन डालने के अलावा पानी को उबालकर या चूना, ओजोन, आयोडीन, ब्रोनाइन, अल्ट्रावायोलेट किरणों और पोटाशियम परमैंगनेट से भी पानी साफ किया जा सकता है।

स्थानीय प्रशासन को पानी की जाँच करवाते रहना चाहिए। प्रशासन को इस बात का प्रयास करना चाहिए कि लोगों को शुद्ध पानी मिले। प्रयोगशालाओं में पानी की जाँच होनी चाहिए। विश्व स्वास्थ्य संगठन में पीने के पानी के स्तर के कुछ मानदंड बनाए हैं जो इस प्रकार हैं—

(1) पानी साफ होना चाहिए और इसमें कोई रंग या दुर्गंध नहीं होनी चाहिए। पानी जमा करने के दौरान इसका एक खास स्वाद और रंग हो जाता है परंतु इसे दूषित होने से रोका जा सकता है। पानी में अमोनिया, हाइड्रोजन सल्फाइड, सल्फेट्स, आदि जैसे अकार्बनिक तत्त्वों की मात्रा की जाँच कर लेनी चाहिए।

(2) पानी में बैक्टेरिया, वाइरस और अन्य जीवाणु जैसे प्रोटोजोआ, हेलमिन्थस, आदि की मौजूदगी बताने वाले माइक्रोबायोलॉजिकल (सूक्ष्मजीवी) संकेतक।

(3) पानी में रासायनिक तत्त्वों की जाँच आवश्यक है क्योंकि व्यापक आकस्मिक दूषण से पानी में जहरीले रसायनों की मात्रा बढ़ सकती है।

(4) पेय जल में रेडियोधमी पक्ष को भी नजरअंदाज नहीं करना चाहिए क्योंकि रेडियेशन के आवनीकरण का खतरा हो सकता है। पेयजल में रेडियोएक्टिविटी को सुरक्षित सीमा में रखना चाहिए।

पानी के भंडारण और वितरण की जिममेदारी स्थानीय प्रशासन के ऊपर है। आपात स्थिति में पानी कैनवास बैग, रबर-नायलन की थैलियों और प्लास्टिक की थैलियों में रखा जा सकता है। टैंकरों में भी पानी रखा जा सकता है। टैंक और पानी जमा करने के अन्य स्थानों को साफ और सुरक्षित रखा जाना चाहिए। लोगों को पानी ले जाने का बर्तन भी देना चाहिए। पानी-टैंकरों से पानी वितरित करते समय स्थानीय प्रशासन को यह ध्यान रखना चाहिए कि लोगों को साफ पानी उपलब्ध कराया जा रहा है।

संक्रामक रोगों का नियंत्रण–आपदा के बाद प्रायः संक्रामक रोगों के फैलने का खतरा बना रहता है। जब भी भूकंप या चक्रवात जैसी आपदाएँ आती हैं तो महामारी फैलने का खतरा पैदा हो जाता है। इसलिए इन संक्रामक बीमारियों तथा आपदा के समय में इनको खतरनाक बनाने वाले तत्त्वों के बारे में जानना बहुत जरूरी है। चिकित्सा की किताबों में संक्रामक रोगों को बैक्टेरिया, वाइरस या परजीवी रोगाणुओं के आधार पर विभाजित किया जाता है। आपदा प्रबंधन की दृष्टि से इन्हें रोगवाहकों के आधार पर वर्गीकृत किया जाना चाहिए।

- **व्यक्ति के संपर्क से फैलने वाली बीमारियाँ–**
  - खुजली, खाज
  - रोहा (ट्राकोमा)
- **मच्छरों से फैलने वाली बीमारियाँ–**
  - मलेरिया
  - पीला बुखार
  - मैंनिंगजाइटिस (मस्तिष्क झिल्ली सूजन)
  - प्लेग
- **मल से फैलने वाली बीमारियाँ–**
  - डायरिया
  - हैजा
  - टायफायड
  - एमोबास
  - हेपेटाइटिस
- **हवा से फैलने वाली बीमारियाँ–**
  - श्वास की बीमारियाँ
  - यक्ष्मा (टी.बी.)
  - खसरा
  - मेनिंगजाइटिस
- **यौन कर्म से फैलने वाली बीमारियाँ–**
  - गनोरिया
  - सिफलिस
  - एड्स

आपदाओं में संक्रामक रोगों के प्रभावों को निम्नलिखित कारक प्रभावित करते हैं–

- नए रोगाणुओं की मौजूदगी
- लोगों की संवेदनशीलता में वृद्धि। यह लोगों और व्यक्तियों के शरीर की प्रतिरोधक क्षमता पर निर्भर करता है। कुपोषित बच्चे और असुरक्षित समूह इस प्रकार के संक्रमण से ज्यादा प्रभावित होते हैं।
- शिविरों में जरूरत से ज्यादा भीड़, साफ सफाई का खराब इंतजाम और रिहाइश की बुरी स्थिति से बीमारी फैलती है। पर्याप्त मात्रा में पानी न उपलब्ध होने से भी बीमारी फैलती है।
- टीका न दिए जाने या रोगाणुओं को मारने की व्यवस्था न करने से स्थिति में गिरावट।

इस प्रकार आपदा के दौरान संक्रामक रोग बड़ी तेजी से बढ़ता है क्योंकि बीमारियों को नियंत्रित करने के पर्याप्त साधन उपलब्ध नहीं होते हैं। इस कारण मृत्युदर और हताहतों की दर अधिक हो जाती है।

इसके लिए कुछ सुरक्षा उपाय किए जाने चाहिए जो इस प्रकार हैं–

पूर्वानुमान–बीमारियों के पैुलाव और कारकों का पता लगने के बाद उसे रोकने के लिए पर्याप्त कदम उठाए जाने चाहिए। किसी भी बीमारी को रोकने के लिए तैयारी के कदम अत्यंत आवश्यक होते हैं।

सफाई और स्वच्छता–स्वच्छ और साफ परिवेश निर्मित करने से बीमारियों को फैलने से रोका जा सकता है। साफ-सफाई मच्छरों और बीमारी फैलने वाले कीटाणु पर नियंत्रण, कूडा-करकट फेंकने की समुचित व्यवस्था, जल मल निकास की समुचित व्यवस्था और दवा छिड़कने से बीमारियों की भयावहता और व्यापकता में कमी आ जाती है।

सामुदायिक स्वास्थ्य शिक्षण–सामुदायिक स्वास्थ्य शिक्षण भी महत्त्वपूर्ण है। समुदाय को संक्रामक बीमारियों के लक्षणों, निर्धारकों और इन पर नियंत्रण करने की जानकारी दी जानी चाहिए। उन्हें यह भी बताना चाहिए कि किस तरह पोषण से युक्त भोजन करने से उनके स्वास्थ्य और प्रतिरोधक क्षमता में बढ़ोत्तरी हो सकती है। उन्हें अधिक गंभीर लोगों का ध्यान रखने में भी शिक्षित किया जा सकता है। टीकाकरण तथा साफ-सफाई के प्रति लोगों को जागरूक बनाया जा सकता है जिससे समुदाय संक्रामक रोगों को फैलने से रोक सकता है। इसके अलावा आपदा की तैयारी और विभिन्न कार्यों में मदद करने के लिए, अलग-अलग स्तरों पर, आपदाकर्मियों और अन्यकर्मियों को भी प्रशिक्षित किया जाना चाहिए।

स्वच्छता और सफाई–आपदा के समय कई बीमारियाँ निम्नलिखित कारणों से फैल सकती है–

- व्यक्ति से व्यक्ति को।
- प्रदूषित जल से।
- संक्रमित भोजन से।

संक्रमण को रोकने के लिए निम्नलिखित सावधानियाँ बरतनी चाहिए–

मल का समुचित निपटान–आपदा स्थल पर मल के निपटान की कोई व्यवस्था न हो पाने पर बीमारी फैलने का खतरा बढ़ जाता है। इस दिशा में स्वयंसेवी मददगार साबित हो सकती हैं और वे लोगों को स्वास्थ्य शिक्षा दे सकते हैं। अस्थाई उपयोग के लिए निम्नलिखित प्रकार के शौचालयों का उपयोग किया जा सकता है–

- कम खुदाई वाले शौचालय।
- गहरी खुदाई वाले शौचालय।
- गड्ढ़ा खोदकर बनाया गया शौचालय।
- गहरा छेद करके बनाया गया शौचालय।

कूड़ा-करकट नियंत्रण–कूड़ा-करकट निपटान का भी महत्त्वपूर्ण स्थान है क्योंकि कूड़ा-करकट बीमारी पैदा करने के प्रमुख स्थल होते हैं। रोगवाहक मच्छरों, मक्खियों और अन्य कीटाणुओं को नियंत्रित करने के उपाय किए जाने चाहिए। यह काम खासतौर पर निम्नलिखित समयों पर किया जा सकता है–

- कूड़ा इकट्ठा करते समय।
- कूड़ा जमा करने के स्थान पर ले जाते समय।
- मलबा निपटान के समय (अधिकांशको जला देना चाहिए तथा बाकी को गाड़ देना चाहिए)।
- पुनः उपयोग या पुनः चक्रण।

रोगवाहकों का नियंत्रण–रोगवाहकों का नियंत्रण भी आवश्यक है। ज्यादा भीड़भाड़, गंदगी, पानी की कमी और जल मल निकास के अभाव की स्थिति में रोग फैलाने वाले कीटाणु और जीव तेज गति से पैदा होते हैं और वे तेजी से बीमारी फैलाते हैं। मक्खी, मच्छर, लाइस, पिस्सू और चूहे कुछ प्रमुख रोगवाहक हैं। इन रोगवाहकों का फैलाव इस बात पर निर्भर करता है कि कूड़ा-करकट और मलबों का निपटान किस तरह किया जा रहा है। इसके साथ-साथ निम्नलिखित उपाय भी किए जाने चाहिए–

- रोगवाहकों की संख्या को कम करना।
- मनुष्यों से उनके संपर्क को कम करना।

इसके लिए आमतौर पर निम्नलिखित विधियाँ अपनाई जानी चाहिए–

- जमेपानी का निकाल।
- लार्वानाशी दवा का उपयोग।
- कीटनाशकों का उपयोग।
- चूहेदानी का उपयोग।
- मच्छर भगाने की टिकिया या मच्छरदानी का उपयोग।
- कीड़ा मकोडा भगाने वाली टिकिया का उपयोग।

भोजन सुरक्षा–आपदा के बाद सुरक्षित भोजन आवश्यक होता है। इसमें भोजन की स्वच्छता भी शामिल होती है। विश्व स्वास्थ्य संगठन के अनुसार भोजन सुरक्षा का मतलब

उन स्थितियों से है जो भोजन के उत्पादन, संरक्षण, भंडारण, वितरण तथा बनाने में आवश्यक है जिससे भोजन सुरक्षित, स्वस्थ, पौष्टिक व खाने योग्य हो। इसलिए राहतकर्मियों को भोजन की निगरानी करनी चाहिए और देखना चाहिए कि लोगों को स्वच्छ भोजन उपलब्ध हो। राहत सामग्री संक्रमण का एक बड़ा माध्यम है और उत्पादन, भंडारण और उपयोग के समय इसके दूषित होने का खतरा बना रहता है, यानी खना बनाने से पहले और बाद हरेक चरण पर इसके दूषित होने का खतरा बना रहता है। आपदा के समयउ जब सामुदायिक रसोईघर में बड़े पैमाने पर भोजन बनता है तो उस समय भोजन स्वच्छता का ध्यान रखना बहुत जरूरी है। भोजन बनाने के स्थान और अस्थाई रसोईघर के आस-पास सफाई का पूरा ध्यान रखना चाहिए और इसका पर्यवेक्षण भी होना चाहिए। खाना बनाने और परोसने वालों को भी अपनी स्वच्छता का ध्यान रखना चाहिए।

भोजन सुरक्षा के कुछ उपाय इस प्रकार हैं–

- भोजन बनाने और उसकी सुरक्षा का ख्याल रखना।
- प्राप्त होने वाली खाद्य सामग्री के संक्रमित होने की गुणवत्ता नियंत्रण जाँच करना।
- खाना बनाने और भोजन करने के स्थान पर मक्यिों और अन्य संक्रमण फैलाने वाले कीड़े मकोड़ों की रोकथाम।
- बरतन सफाई से धोना।
- अपशिष्ट पदार्थों का समुचित निपटान।
- समुचित रूप से भंडारण करना।
- सफाई, स्वच्छता और जल-मल निकास की व्यवस्था करना।

विभिन्न आपदाओं के लिए चिकित्सा व स्वास्थ्य अनुक्रिया

प्रश्न 1. भूकंप के समय चिकित्सा व स्वास्थ्य अनुक्रिया को स्पष्ट कीजिए।

उत्तर– भूकंप के आने का पूर्वानुमान नहीं लगाया जा सकता है। इस कारण यह लोगों को अचानक अपने चपेट में ले लेता है जिससे बड़ी मात्रा में जान और माल का नुकसान होता है। इससे लोग बेघर हो जाते हैं, धन का नुकसान होता है और लोग एक मनोवैज्ञानिक सदमे से गुजरते हैं। गिरी हुई इमारतों के मलबों के नीचे लोग दब और फँस जाते हैं। इससे बड़ी संख्या में लोग घायल होते हैं और जान जाती है। बीमार, बूढ़े, विकलांग और बच्चों/(शिशुओं) की स्थिति इस समय बहुत बुरी हो जाती है। यहाँ तक कि चिकित्सा और स्वास्थ्य सुविधाएँ भी इससे प्रभावित होती हैं और कभी-कभी स्वास्थ्य केंद्र और बड़े अस्पताल भी इसकी चपेट में आ जाते हैं। इसलिए इस समय सबसे बड़ा मुद्दा होता है लोगों की जान बचाना और उन्हें तुरंत चिकित्सा सुविधा उपलब्ध कराना। इसलिए तुरंत कार्रवाई करना और राहत पहुँचाना निर्णायक साबित होता है और चिकित्सा और स्वास्थ्य सुविधाओं के अधिकारियों के तुरंत हरकत में आने से लोगों को राहत और सांत्वना मिलती है।

तैयारी

- चिकित्सा और स्वास्थ्यकर्मियों के लिए शिक्षा, प्रशिक्षण और अनुरूपण अभ्यास।
- भूकंप के दौरान और उसके बाद क्या करना चाहिए और क्या नहीं करना चाहिए, इसके बारे में समुदाय को जागरूक करना।
- समुदाय को प्राथमिक चिकित्सा, परिवहन आदि के बारे में शिक्षित और प्रशिक्षित करना।
- अलग-अलग प्रकार के घायलों के लिए चिकित्सा और स्वास्थ्य सेवाओं, जैसे–चिकित्सा शिविर, स्वास्थ्य केंद्र और बड़े अस्पताल का निर्धारण।

अनुक्रिया–नोजी के अनुसार भूकंप के दौरान चिकित्सा और स्वास्थ्य अनुक्रिया में निम्नलिखित पक्ष शामिल होने चाहिए–

- आपदा पीड़ितों का प्राथमिक उपचार, वर्गीकरण (ट्राऐज) और टैगिंग। बुरी तरह से घायल लोगों को अस्पताल ले जाना।
- पौष्टिक आहार, साफ पीने का पानी और साफ-सुथरा और सुरक्षित बसेरा तथा जल-मल त्याग की सुविधा और प्रावधान।
- प्रभावित लोगों की जरूरतों का आंकलन।
- सार्वजनिक स्वास्थ्य सूचना का प्रसार।
- पर्यावरण को साफ-सुथरा रखने की असरदार कोशिश और भयानक बीमारियों, जैसे-हैजा, आंत्रशोध और खसरा की जाँच और नियंत्रण। शवों से फैलने वाली महामारियों की रोकथाम और नियंत्रण।
- सदमा से गुजर रहे पीड़ितों की मनोवैज्ञानिक मदद।
- अस्पताल में विशेष आपात आधारित समर्थन (सपोर्ट) प्रणाली होनी चाहिए, जैसे-जीवन रक्षक प्राथमिक चिकित्सा, सदमे से उबारने के लिए जीवन रक्षक उपाय, जीवन रक्षक शल्य चिकित्सा, आपात स्थल पर ही लोगों को ऐनिसृथीजिॲ (बेहोशी) व ऐनैलजीजिॲ (पीड़ाहारी) दवाइयाँ उपलब्ध कराना, पुनरुज्जीवन अभियांत्रिकी की व्यवस्था और सघन उपचार की सुविधा।
- चिकित्सा शिविरों तक घायलों को सुरक्षित पहुँचाना। इसी प्रकार भूकंप के दौरान अस्पतालों, स्वास्थ्य केंद्रों और नर्सिंग होम की इमारतें ढहने से उसमें फँसे और दबे मरीजों और चिकित्सा उपकरणों को निकालना।
- चिकित्सा और स्वास्थ्य बुनियादी ढाँचे के नुकसान का आंकलन करना।
- भविष्य में की जाने वाली स्वास्थ्य कार्रवाई को पुष्ट बनाने और शोध करने के लिए डाटा और रिकॉर्ड जुटाना।
- स्थानीय राहत और बचाव कार्य में स्थानीय समुदाय और स्वयंसेवियों की सहभागिता।
- अन्य एजेंसियों के साथ समन्वय और संवाद।

सुझाव-महामारी रोग-विज्ञान और भूकंप के परिणामों के आँकड़े पर आधारित चिकित्सा और स्वास्थ्य अनुक्रिया असरदार होती है परंतु आमतौर पर इस प्रकार का अध्ययन नहीं होता और आँकड़े उपलब्ध नहीं होते। नोजी के अनुसार महामारी रोग-विज्ञान से संबंधित आँकड़ों, जैसे-मौजूदा इमारत निर्माण संहिता (Building Code), डिजाइन और तकनीक के कारण हुए मौत और चोट, घर/इमारत के किसी खास जगह में उपस्थित होने से लोगों का घायल होना और लोगों की मृत्यु होना, इमारत में फँसे लोगों की जरूरतों आदि को जुटाया और विश्लेषित नहीं किया गया है।

महामारी रोग-विज्ञान और सर्वेक्षण आँकड़े के आधार पर बनाई अनुक्रिया योजना से तुरंत कार्रवाई करने में मदद मिलती है। इससे प्रभावित इलाके, प्रभावित लोगों की जरूरतों और चिकित्सा और स्वास्थ्य सुविधाओं की स्थिति को जानने में सुविधा होती है। इससे चिकित्सा और स्वास्थ्य विभागों को तुरंत कार्रवाई करने में मदद मिलती है और दवाइयों, जीवन रक्षक दवाइयों, उपकरणों, संसाधनों, साजो-सामान तथा स्थिति से निपटने के लिए कार्मिकों का समुचित प्रावधान करने में सहायता मिलती है।

नोजी के अनुसार महामारी रोग-विज्ञान संबंधी आँकड़े इंजीनियरों के लिए काफी उपयोगी साबित हो सकते हैं। इसके आधार पर वे जोखिम और असुरक्षा के कारकों का विश्लेषण कर नई इमारत संहिता बना सकते हैं। वे इमारतों के लिए नई डिजाइन और तकनीक विकसित कर सकते हैं। वैज्ञानिक रूप से भूमि के उपयोग की योजना बनाई जा सकती है और तदनुसार नियम बनाए जा सकते हैं। इससे भूकंप के दौरान इमारत ढहने और लोगों के मरने की संख्या में कमी आ सकती है।

अनुक्रिया योजना तैयार हो जाने के बाद इसकी नियमित रूप से, खास तौर पर भूकंप आने के बाद, समीक्षा की जानी चाहिए और इसमें अपेक्षित बदलाव किया जाना चाहिए। इस चिकित्सा अनुक्रिया योजना के साथ-साथ समुदाय को भी इसके लिए तैयार करना चाहिए। कुल मिलाकर चिकित्सा और स्वास्थ्य अनुक्रिया योजना का उद्देश्य लोगों को जल्द से जल्द चिकित्सा और स्वास्थ्य सेवा उपलब्ध कराना और लोगों की जान बचाना होता है।

प्रश्न 2. चक्रवात के समय चिकित्सा और स्वास्थ्य अनुक्रिया का वर्णन कीजिए।

उत्तर– चक्रवात एक बड़े पैमाने पर वायु द्रव्यमान है, जो कम वायुमंडलीय दबाव के एक मजबूत केंद्र के चारों ओर घूमता है। चक्रवात बहुत तेजी से आता है और अपने साथ तेज हवा और बारिश लाता है जिससे पूरा इलाका तबाह हो जाता है और बड़ी संख्या में जान-माल का नुकसान होता है। बड़ी संख्या में लोग घायल और हताहत होते हैं। इससे बुनियादी ढाँचा और संचार व्यवस्था ध्वस्त हो जाती है और सारी व्यवस्था चरमरा जाती है। हवा की गति इतनी तेज होती है कि यह मनुष्य को उड़ा ले जाती है और लोग मर भी जाते हैं। कभी-कभी इमारतें इन तेज हवाओं का झोंका सह नहीं पातीं। चक्रवात के दौरान बाढ़ भी आती है और इसमें डूबने से लोगों की मृत्यु भी हो जाती है। जल स्तर बढ़ने से पानी जमीन पर भी आ जाता है और इससे मौत, बीमारी एवं चोट की तादात बढ़ जाती है। चक्रवात से चोट लगने के साथ-साथ संक्रामक रोग जैसे–आंत्रशोध, खसरा और चर्म रोग जैसी बीमारियाँ फैलती हैं। इससे लोगों की मानसिक स्थिति और मनोविज्ञान पर भी असर पड़ता है। इससे चिकित्सा और स्वास्थ्य सेवा संबंधी बुनियादी ढाँचा ध्वस्त हो जाता है और स्वास्थ्य सेवाएँ पर भी बुरा असर पड़ता है।

चक्रवात से होने वाली तबाही को कम करने के लिए सार्वजनिक स्वास्थ्य अधिकारियों और स्वास्थ्य केंद्रों को बचाव, राहत और पुनर्वास के कदम उठाने चाहिए।

पहले से की गई तैयारी का असर चिकित्सा और स्वास्थ्य कार्रवाई पर पड़ता है। चक्रवात आने का पता काफी पहले लग जाता है और इससे बचाव की तैयारी की जा सकती है। सबसे पहले तटीय क्षेत्रों के लोगों को हटाकर सुरक्षित जगह पर बता देना चाहिए। इसमें सामुदायिक भागीदारी को बढ़ावा दिया जाना चाहिए और उन्हें बताना चाहिए कि इस दौरान उन्हें क्या करना है और क्या नहीं करना है। चिकित्साकर्मियों और अर्धचिकित्साकर्मियों, प्रशासनिक कर्मचारियों और समुदाय को भी राहत और बचाव का प्रशिक्षण दिया जाना चाहिए और उसका अभ्यास भी कराया जाना चाहिए। सुरक्षित स्थान और आश्रय स्थल का

चुनाव पहले ही कर लेना चाहिए। इससे चक्रवात आने पर कार्रवाई करने में मदद मिलती है और अनुक्रिया भी बेहतर हो जाती है।

अनुक्रिया–नोजी के अनुसार भूकंप के दौरान चिकित्सा और स्वास्थ्य अनुक्रिया में निम्नलिखित बातों को शामिल करना चाहिए–

- समय रहते सुनिश्चित चेतावनी देना और इसे घर-घर तक पहुँचाना।
- इससे सबसे ज्यादा प्रभावित होने वाले समुदाय यानी मछुआरे या तटीय क्षेत्रों में रहने वाले अन्य समुदायों को तटीय क्षेत्रों से हटाकर अन्य सुरक्षित जगहों पर पहुँचाना। इसके लिए पर्याप्त संख्या में बसेरे बनाए जाने चाहिए। इन बसेरों की स्वच्छता और साफ-सफाई का पूरा ध्यान रखा जाना चाहिए।
- प्रभावित क्षेत्रों में चिकित्सा शिविर लगाए जाने चाहिए। प्राथमिक चिकित्सा की पूरी तैयारी होनी चाहिए और घायलों का तुरंत उपचार करना चाहिए। बुरी तरह घायल लोगों को बड़े अस्पताल में भेजा जाना चाहिए। घायलों को अस्पताल पहुँचाने के लिए पर्याप्त मात्रा में एम्बुलेंस उपलब्ध होने चाहिए।
- हैम रेडियो की सहायता से संचार की बेहतर व्यवस्था स्थापित की जा सकती है।
- पौष्टिक भोजन, साफ सुरक्षित पेय जल, टीकाकरण और स्वच्छता और सफाई का पूरा ध्यान रखना चाहिए।
- रोगाणु नियंत्रण, मलबा निपटान, मृतकों का संस्कार और कंकालों के निपटान की तुरंत व्यवस्था होनी चाहिए।
- प्रभावित आबादी की जरूरतों की पूर्ति के लिए जरूरतों का आंकलन करना चाहिए।
- यह देखना कि चक्रवात के दौरान सार्वजनिक स्वास्थ्य बुनियादी ढाँचे को कितना नुकसान पहुँचा है और इसके आधार पर इसे फिर से बहाल करने की व्यवस्था करना।
- मानसिक रूप से पीड़ित और ग्रसित मरीजों को मनोवैज्ञानिक परामर्श देना।

चक्रवात से होने वाली मौतों और घायलों से संबंधित आँकड़े इकट्ठा करने के लिए महामारी रोग विज्ञान अध्ययन करना। नोजी के अनुसार इससे रोकथाम की नीतियाँ और सुरक्षा निर्देश तैयार करने में मदद मिलती है। विभिन्न स्रोतों जैसे अस्पताल आपात विभाग, स्वास्थ्य केंद्रों, चक्रवात बसेरों और गैर-सरकारी संगठनों से सर्वेक्षण आँकड़ा प्राप्त किया जा सकता है। रोगाणुओं को फैलने से रोकने के लिए चक्रवात के बाद भी सर्वेक्षण किया जाना चाहिए।

प्राथमिक चिकित्सा और लोगों को बचाने में समुदाय की मदद लेना–चिकित्सा और स्वास्थ्य अनुक्रिया को बेहतर बनाने हेतु कहना जरूरी है कि इमारतों, आवासों और बुनियादी ढाँचों को चक्रवात को सहने लायक बनाया जाए। स्थानीय परिवेश के अनुसार इनके लिए वैज्ञानिक और इंजीनियरिंग कोड बनाए जाने चाहिए। भूमि उपयोग की योजना बनाई जानी चाहिए ताकि चिकित्सा संस्थान तथा अन्य संस्थान अपेक्षाकृत सुरक्षित स्थान पर बनाए जा सकें।

चक्रवात की तैयारी संबंधी उपायों को असरदार बनाने के लिए जोखिम और संवेदनशीलता संबंधी आंकड़े जरूरी है। चक्रवात से जुड़े जोखिम कारकों का महामारी रोग-विज्ञान जाँच करना जरूरी है।। इसके लिए प्रभावित और संवेदनशील समूह और प्रभावित क्षेत्र के परिवेश का अध्ययन किया जाना चाहिए। नोजी के अनुसार प्रभावित लोगों की आवश्यकताओं को जानने के लिए उत्तर आपदा चरण में महामारी रोग-विज्ञान अध्ययन किया जाना चाहिए। इसके अलावा, हवा की मजबूती और घायलों या मृतकों की संख्या का संबंध; भवनों की चक्रवात को सहने की क्षमता और इससे हुई मृतकों और घायलों की तादाद, दीर्घावधि स्वास्थ्य प्रभाव और स्वास्थ्य संबंधी रोकथाम के उपाय के अध्ययन करने से चक्रवात का सामना करने के लिए रोकथाम के बेहतर उपाय किए जाने चाहिए।

आपदा आने से पहले और बाद की स्थितियों की तुलनात्मक अध्ययन करने से इस दौरान हुए नुकसानों और उसके उत्तरदायी कारकों को जानने में मदद मिलती है। इसके साथ-साथ जिन इलाकों में लोगों के जान-माल के नुकसान की आशंका सबसे ज्यादा होती है वहाँ की चेतावनी प्रणाली के असरदार होने का व्यवस्थित अध्ययन करना चाहिए ताकि भविष्य में होने वाली मौतों और घायलों की संख्या में कमी की जा सके। इसी प्रकार इमारतों के ढह जाने के कारणों का विश्लेषण किया जाना चाहिए। समुद्रतटीय समुदायों की संवेदनशीलता और जोखिम कारकों के बारे में भी शोध किया जाना चाहिए। चिकित्सा और स्वास्थ्य अनुक्रिया व्यवस्था को असरदार बनाने के लिए प्रभावित इलाके की मनोवैज्ञानिक समस्याओं का भी अध्ययन करना चाहिए।

प्रश्न 3. बाढ़ के समय चिकित्सा और स्वास्थ्य अनुक्रिया पर चर्चा कीजिए।
(दिसम्बर-2017, प्र.सं.-9)

उत्तर- बाढ़ के समय चिकित्सा व स्वास्थ्य अनुक्रिया—बाढ़ का मनुष्य के जन जीवन पर विनाशकारी प्रभाव पड़ता है। वर्षा के कारण नदियों का जल स्तर ऊपर उठ जाता है और नदी अपने तटबंधों को तोड़कर पास के शहरों और गाँवों में फैल जाती है। सही जल निकास की व्यवस्था न होने पर भी या फिर वर्षा के पानी से या बाँधों से जरूरत से ज्यादा पानी छोड़ने से भी बाढ़ आ जाती है। इससे न केवल सामान्य जन जीवन अस्त-व्यस्त हो जाता है बल्कि बड़े पैमाने पर जान माल का नुकसान होता है और बीमारियाँ फैलती हैं। इससे तटीय प्रदेश में रहने वाले लोग खासतौर पर प्रभावित होते हैं। इस दौरान निम्नलिखित कारणों से जान-माल की क्षति होती है और बीमारियाँ फैलती हैं–

- बाढ़ की भयावहता और अवधि
- डूबने से
- जानवरों और साँप के काटने से
- बाढ़ राहत शिविरों में अपर्याप्त स्वास्थ्य सुविधा
- अस्पतालों और स्वास्थ्य केंद्रों को नुकसान
- भोजन और पेय जल की कमी

- स्वच्छता और जल-मल निकास में आई बाधा
- रोगाणुओं का अनियंत्रित विस्तार
- बाढ़ से जूझने की तैयारी में कमी
- महामारी नियंत्रण को रोकने के अपर्याप्त उपाय
- स्वास्थ्य अनुक्रिया और कार्रवाई
- प्रभावित लोगों का कमजोर स्वास्थ्य।

'हैजा, ई-कोलाई, शिगेला, हेपेटाइटिस ए और ई, लेप्टोस्प्रियोसिस और गैरडियासिस' जानलेवा साबित हो सकते हैं। पानी के प्रदूषण और गंदगी से भी बाढ़ के दौरान डायरिया हो सकता है और इससे मृत्यु हो सकती है। मच्छरों के काटने से मलेरिया, टायफाइड, डेंगू और हेलमिन्थेस हो सकता है और जानलेवा भी साबित हो सकता है। निमोनिया, टी.बी., कन्जंक्टिवाइटिस, मेनिनगोकोकल, मेनिंगजाइटिस, इन्फल्यूएंजा और दूसरे प्रकार के वायरल संक्रमण इस दौरान हो सकते हैं। इस प्रकार की बीमारियाँ अस्थाई रूप से बनाए गए शरण स्थल में तेजी से फैलती है और यहाँ से महामारी का रूप लेकर भारी नुकसान कर सकती है।

बाढ़ से होने वाले नुकसान को कम करने के लिए निम्नलिखित उपाय किए जाने चाहिए-

- चिकित्सा और स्वास्थ्य संबंधी आपात योजना की तैयारी
- प्रमुख चिकित्सा, स्वास्थ्य और प्रशासनिक कार्मिकों को प्रशिक्षण
- समुदाय को शिक्षा, प्रशिक्षण और अभ्यास कराकर स्थिति का सामना करने की तैयारी
- आपदा का महामारी रोग-विज्ञान अध्ययन जिससे चिकित्सा और स्वास्थ्य सेवाओं की बाढ़ के समय उत्पन्न बीमारियों का सामना करने की क्षमता का पहले ही पता चल जाएगा। इसके अलावा इससे डायरिया, हैजा, साँस संबंधी बीमारियाँ, खसरा और मानसिक बीमारियों तथा असुरक्षित क्षेत्रों तथा प्रभावित होने वाले व्यक्तियों से संबंधित आंकड़ा जुटाने और विश्लेषित करने में मदद मिल सकेगी। इसके आधार पर तुरंत चिकित्सा सहायता और इलाज उपलब्ध कराया जा सकेगा।

अनुक्रिया–इन रोकथाम के उपाय के आधारों पर निम्नलिखित चिकित्सा और स्वास्थ्य संबंधी कार्रवाई की जा सकती है-

- लोगों को तुरंत बाहर निकालने की योजना बन सकती है। तुरंत राहत पहुँचाने के लिए विभिन्न क्षेत्रों के लिए अलग-अलग चिकित्सा दल बनाए जा सकते हैं।
- आपदा स्थल के किसी सुरक्षित स्थान पर आपातकालीन चिकित्सा केंद्र तथा एक भंडार प्रकोष्ठ की स्थापना की जानी चाहिए। इससे चिकित्सा सुविधा का समुचित वितरण और आपूर्ति हो सकेगी। आपदा स्थल के लिए जरूरी दवाइयों और अन्य आवश्यक सामानों की सूची भी उपलब्ध होनी चाहिए।
- चिकित्सा और स्वास्थ्यकर्मियों की सुविधा का भी ध्यान रखा जाना चाहिए।
- स्थानीय और राष्ट्रीय प्राधिकारों, स्वास्थ्य एजेंसियों, गैर-सरकारी संगठनों और निजी संस्थानों से तालमेल स्थापित किया जाना चाहिए।

- स्थिति का जायजा लेने और सूचना प्राप्त करने के लिए स्थल पर एक रिपोर्टिंग कक्ष होना चाहिए। इससे महामारी फैलने से रोका जा सकता है और बाढ़ प्रभावित क्षेत्र के स्वास्थ्य पर नियमित रूप से निगरानी रखी जा सकती है।
- बीमारियों को नियंत्रित करने और आस-पास के इलाके को स्वच्छ रखने के लिए स्वास्थ्य संबंधी उपाय करना जैसे टीकाकरण, रोगाणु नियंत्रण, कूड़ा-करकट निपटान, स्वच्छता तथा जल-मल निकास तथा मृतकों का संस्कार।
- सरकारी टैंकरों या बोतल बंद सुरक्षित पेय जल तथा संतुलित और सुरक्षित भोजन उपलब्ध कराना।
- दवाइयों का वितरण और दवाई आपूर्ति का प्रबंधन।
- पूरी तरह से घायल लोगों को अस्पताल पहुँचाना।
- अस्पताल में शवगृह की सुविधा।
- लोगों को स्वास्थ्य और सुरक्षा संबंधी उपायों की जानकारी देना जैसे–पानी को उबालकर पीना, क्लोरीन डालकर या दूसरे रसायन डालकर विसंक्रमित करना, पानी के टैंकों और कुओं को साफ और विसंक्रमित करना, जमीन से जल निकास के स्रोतों को साफ करना, आपातकालीन जल-मल निकास की व्यवस्था करना, ठोस अपशिष्ट पदार्थ का प्रबंधन करना और शवों का संस्कार करना।
- बाढ़ के दौरान और उसके बाद फैलने वाली बीमारियों का सर्वेक्षण।

इसमें जनसंचार माध्यम (मीडिया) भी महत्त्वपूर्ण भूमिका अदा कर सकते हैं। स्थानीय जनसंचार माध्यम स्वास्थ्य सुविधाओं, स्वास्थ्य शिविर जैसी स्वास्थ्य संबंधी सूचनाओं तथा इनसे संपर्क करने के नंबर स्थानीय भाषा में बता सकते हैं। सुरक्षा संबंधी उपायों से संबंधित पर्चे छापकर बाँटे भी जा सकते हैं। ये प्रभावित क्षेत्रों की स्थिति दिखा सकते हैं और यह भी बता सकते हैं कि किस क्षेत्र में स्वास्थ्य अधिकारियों और कर्मियों को मदद के लिए पहुँचना चाहिए। ये विभिन्न प्रकार की बीमारियों की सूचना दे सकते हैं ताकि उस पर तुरंत कार्रवाई की जा सके।

बाढ़ के समय प्रभावी चिकित्सा और स्वास्थ्य कार्रवाई करने के संबंध में उठाए जाने वाले कदमों का नोजी ने उल्लेख किया है जो इस प्रकार है–

- रोकथाम के उपाय से मृत्यु दर पर प्रभाव, बाढ़ के पानी में विषैले और रासायनिक पदार्थों के कारण स्वास्थ्य पर पड़ने वाला कुप्रभाव और आस-पास के इलाके के भौगोलिक स्वरूप के कारण होने वाली मृत्यु आदि के संदर्भ में व्यवस्थित अध्ययन और शोध करना।
- बाढ़ के दौरान और बाद के चरणों का सर्वेक्षणात्मक अध्ययन किया जाना चाहिए जिसमें पुनरुत्थान और पुनर्वास अवधि को भी शामिल किया जाना चाहिए। इससे आपदा प्रबंधकों को दीर्घावधि में स्वास्थ्य समस्याओं से निपटने में मदद मिलेगी।
- विभिन्न आपदाओं से होने वाले जान-माल के नुकसान और घायल हुए लोगों का समुचित वर्गीकरण किया जाना चाहिए। कई बार एक ही साथ कई आपदाएँ घटती

हैं और इससे लोग हताहत होते हैं, बीमारियाँ फैलती हैं। उदाहरण के लिए मृत्युदर एवं घायलों की दर उस आपदा के कारण हो सकती है जो बाढ़ के साथ आ सकती है जैसे, चक्रवात या भूस्खलन। इसलिए मृत्यु, रूग्णता और बीमारी को समुचित आपदा श्रेणियों में वर्गीकृत करते समय सावधानी बरतनी चाहिए।

प्रश्न 4. आगजनी के समय चिकित्सा व स्वास्थ्य अनुक्रिया को स्पष्ट कीजिए।

उत्तर– आग लगने के मुख्य रूप से दो कारण हैं–प्राकृतिक तथा गैर-प्राकृतिक। प्राकृतिक कारक भूकंप, ज्वालामुखी और बिजली गिरने से लगी आग से जुड़े होते हैं। आग अक्सर आपदाओं के संग आ जाती है या आपदाओं के द्वारा प्रज्वलित हो जाती है। आग लगने के कई गैर-प्राकृतिक कारण भी हो सकते हैं जैसे मनुष्य की असावधानी से, बिजली के सामानों की वजह से, शॉट सर्किट से आदि। बम फूटने या आतंकवादी घटनाओं से भी आग लग सकती है। आग लगते ही सबसे पहले इसे बुझाने का प्रयत्न करना चाहिए और यदि कुछ लोग इमारत में फँसें हो तो उन्हें तुरंत सुरक्षित रूप से बाहर निकालने का प्रयास करना चाहिए। विकराल रूप धारण कर लेने पर आग से जन जीवन और संपत्ति को बहुत नुकसान पहुँचता है। इससे प्रभावित लोगों को कई प्रकार के स्वास्थ्य संबंधी समस्याओं से जूझना पड़ता है। आग चिकित्सा और स्वास्थ्य बुनियादी ढाँचों को भी नुकसान पहुँचा सकती है। इससे चिकित्सा सेवा ठप्प हो सकती है। इसलिए आग जैसे आपदा के सार्वजनिक स्वास्थ्य पर पड़ने वाले दुष्परिणामों, जिससे जन जीवन और चिकित्सा सेवा प्रभावित होते हैं, का अध्ययन करना अत्यंत आवश्यक है। इससे रोकथाम व अनुक्रिया को बेहतर हो सकती है।

सार्वजनिक स्वास्थ्य परिणाम–नोजी अग्नि आपदा के सार्वजनिक स्वास्थ्य परिणामों की चर्चा इस प्रकार करते हैं–

- आग से जले घाव आमतौर पर किसी आग लगे कमरे या इमारत में फँस जाने या आग के किसी ज्वलित टुकड़े के उड़कर लगने से होता है।
- मृत्यु जहरीली गैस के धुएँ को श्वसित करने से या कार्बन मोनोक्साइड गैस से या कार्बन डायक्साइड की अधिकता से या फिर ऑक्सीजन की कमी होने से होती है।
- नाइट्रोजन डायोक्साइड और सल्फर डायोक्साइड से मिले धुएँ को श्वसित करने से दमा, साइनेसाइटिस, श्वसनीय तकलीफ, लैरिनजाइटिस, नाक में तकलीफ, ब्रॉनकोस्पैसम, ब्रॉनकिओलाइटिस, ब्रॉनकोरिया और होर्सनस (गला कर्करा) हो जाता है।
- जले हुए मरीज को लंबे समय के अंतराल में कई प्रकार की बीमारियाँ हो सकती हैं जैसे हृदय रोग, फेफड़े संबंधित रोग, आँखों व गुर्दों का रोग और तंत्रिका प्रणाली से जुड़े रोग।
- विरूपण, विकृति, अंगच्छेदन व फ्रेक्चर।
- आग से जूझते हुए कई बार हृदय गति रूकने से अग्निशामककर्मियों की मृत्यु हो सकती है।

- मनोवैज्ञानिक सदमा।
- बच्चे, वृद्ध, बीमार और शरीर से असहाय लोग आग से ज्यादा प्रभावित होते हैं।
- अस्पतालीकरण के कारण वित्तीय बोझ।

अनुक्रिया—नोजी के अनुसार आग से बचने और बचाने की जानकारी, जागरूकता, शिक्षा और प्रशिक्षण के कारण ऐसा स्पष्ट हुआ है। आग बुझाने के आधुनिक उपकरणों, इमारतें बनाते वक्त आग से सुरक्षा लागू करने की संहिताएँ, कार्यालयों और इमारतों में आग सुरक्षा संबंधी उपाय और आग पकड़ने वाली वस्तुओं को आग से दूर रखने के उपाय जैसे प्रयत्नों से इस दिशा में प्रगति हुई है। चिकित्सा और स्वास्थ्य अनुक्रिया में इन पहलुओं को ध्यान में रखा जाना चाहिए ताकि आग लगने पर जान-माल का ज्यादा नुकसान न हो।

- जले हुए जख्मी मरीजों के तुरंत इलाज और पुनर्वास के लिए एक आकस्मिक योजना बना लेनी चाहिए। अस्पताल के चिकित्सा और प्रशासनिक कर्मचारियों को इसका पूरा ज्ञान होना चाहिए।
- प्रमुख चिकित्सा, अर्ध चिकित्सा और प्रशासनिककर्मियों को इस आकस्मिक योजना में प्रशिक्षित किया जाना चाहिए। चिकित्सकों को मरीजों के वर्गीकरण या ट्राऐज में प्रशिक्षित होना चाहिए ताकि वे जले हुए मरीजों की समुचित जाँच और इलाज कर सकें।
- चिकित्सा दल के पास पर्याप्त संसाधन, एम्बुलेंस, साजो-सामान और कर्मचारी होने चाहिए ताकि सूचना/चेतावनी मिलते ही वे तुरंत कार्रवाई कर सकें। अनुक्रिया योजना इस प्रकार बननी चाहिए कि सारा काम स्वचालित ढंग से हो सके। मरीजों को होश में लाने, फ्लूइड थेरेपी देने, ऑक्सीजन चढ़ाने आदि की पूरी व्यवस्था होनी चाहिए। ट्रोमा (सदमा) यूनिट्स/आईसोलेशन वार्ड्स को तैयार रखना चाहिए और उसमें पर्याप्त संख्या में बिस्तर उपलब्ध होने चाहिए। यहाँ प्लास्टिक सर्जरी का भी इंतजाम होना चाहिए।
- पूरे शहर में पर्याप्त संख्या में अग्निशामक गाड़ियाँ होनी चाहिए। इन्हें पूरी तरह तैयार रहना चाहिए ताकि सूचना मिलते ही वे आपदा स्थल के लिए प्रस्थान कर सकें।
- आपदा स्थल और अस्पताल/चिकित्सा केंद्रों के बीच प्रभावी समन्वय, संचार और परिवहन की व्यवस्था होनी चाहिए।
- काम के दौरान चिकित्सा दल की सुरक्षा और स्वास्थ्य का पुख्ता इंतजाम होना चाहिए।
- मनोवैज्ञानिक रूप से प्रभावित व्यक्तियों को परामर्श देने के लिए मनोवैज्ञानिक और सामाजिक स्वास्थ्य विशेषज्ञ उपलब्ध होने चाहिए।
- चिकित्सा दल को अन्य एजेंसियों जैसे गैर सरकारी संगठन, स्वयंसेवी, इंजीनियरों, वैज्ञानिकों और अन्य समुदायों के साथ ताल-मेल स्थापित करना चाहिए और उनका पूरा उपयोग करना चाहिए।

इस अनुक्रिया योजना को पूरी तरह सफल बनाने के लिए जरूरी है कि अग्नि आपदा के दौरान व बाद के प्रभावों का महामारी रोग विज्ञान अध्ययन किया जाए। महामारी रोग

विज्ञान अध्ययन से मृत्यु और आग से हुई चोट के कारणों को जानने में मदद मिलती है। नोजी के अनुसार आग कैसे लगी, लोगों की मृत्यु क्यों हुई और आग के प्रकारों तथा हताहतों की संख्या के बीच संबंधित आंकड़े जुटाने जरूरी होते हैं। इसके बाद उन्होंने संवेदनशील समूह की सुरक्षा जरूरतों और कार्रवाइयों पर बल दिया है। रोकथाम के उपाय को प्रभावी बनाने के लिए यह जानना जरूरी है कि आग के समय लोगों की क्या प्रतिक्रिया होती है। जरूरत एक समुचित और पर्याप्त अनुक्रिया व्यवस्था बनाने की है जो निगरानी, सुरक्षा और रक्षा उपायों पर हो। ताकि उसके अनुसार चिकित्सा कार्रवाई की जा सके। हमें स्थानीय निकायों, गैर-सरकारी संगठनों, स्वयंसेवियों और समुदायों के बीच होने वाले चिकित्सा उपायों को जोड़ने का प्रयास करना चाहिए। इसके लिए सामुदायिक जागरूकता और प्रशिक्षण पर बल देना चाहिए। समुदाय को अग्नि आपदाओं के समय क्या करें या क्या न करें की जानकारी देनी चाहिए। इसके अलावा अनुरूपण अभ्यास द्वारा उन्हें प्रशिक्षित भी किया जाना चाहिए और उन्हें सुरक्षित रूप से बाहर निकलने का अभ्यास भी कराया जाना चाहिए। आग से जले व्यक्तियों को प्राथमिक चिकित्सा संबंधी प्रशिक्षण भी दिया जाना चाहिए। उन्हें धुआँ सूचक पकड़ने वाली मशीन, आग बुझाने वाले उपकरण और अपने घरों में आग लगने के समय निकलने वाले आपात द्वार की जानकारी दी जानी चाहिए। इससे एक तो आग से लोगों की सुरक्षा हो सकेगी और दूसरा, इसके नकारात्मक सामाजिक और आर्थिक प्रभाव भी कम हो सकेंगे।

नोजी के अनुसार इंजीनियरिंग और वैधानिक नियंत्रण से स्वास्थ्य संबंधी कुप्रभावों को कम किया जा सकता है। इमारतों की डिजाइन और निर्माण में इंजीनियरिंग संहिता का पालन होना चाहिए। संहिता में छतों के निर्माण और निर्माण में लगने वाली सामग्री और दीवारों की मोटाई तथा अग्नि प्रतिरोधक क्षमता के विशेषताओं का विवरण शामिल होता है। इंजीनियरिंग विभाग को चाहिए कि वह इन संहिताओं का पालन कराए। इसके अलावा उन्होंने इस बात पर भी जोर दिया है कि ज्वलनशील पदार्थों जैसे गैस सिलिन्डर और बिजली के उपकरणों को सुरक्षित स्थान पर रखा जाना चाहिए। इसके अलावा दो इमारतों के बीच जगह होनी चाहिए ताकि आग को फैलने से रोका जा सके। इसी प्रकार इमारतों की सीढ़ियों, गलियारों से आने जाने का रास्ता इस प्रकार होना चाहिए जिसमें तेजी से और आसानी से निकला जा सके। लोगों को अपने घरों की सुरक्षा के लिए फायर डोर, फायर स्प्रिंकलर्स, स्मोक डिटेक्टर और अन्य सुरक्षा उपकरण लगाने चाहिए।

स्वास्थ्य अनुक्रिया में सूचना और संचार प्रौद्योगिकी की भूमिका

प्रश्न 1. सूचना और संचार प्रौद्योगिकी का अर्थ व अवधारणा बताइए।

उत्तर– सूचना और संचार प्रौद्योगिकी में प्रौद्योगिकी के वे सभी रूप शामिल हैं जिसकी सहायता से सूचना का निर्माण, संग्रहण, विनिमय और विविध रूपों में सूचना का उपयोग किया जाता है (व्यावसायिक आँकड़े, आवाज का आदान-प्रदान, स्थिर चित्र, गतिशील चित्र, बहुसंचार प्रस्तुति और दूसरे अन्य रूप जिन्हें अभी तक खोजा नहीं गया है)। इसमें टेलीफोन और कंप्यूटर प्रौद्योगिकी दोनों शामिल हैं। सूचना और संचार प्रौद्योगिकी के तहत सेटेलाइट, रडार, कंप्यूटर सेंसर, कैमरा आदि आधुनिक इलेक्ट्रॉनिक उपकरणों का उपयोग होता है और इसके जरिए सूचना संग्रहीत, संसाधित और वितरित की जाती है। यह विश्वसनीय, सस्ता और सूचना के आदान-प्रदान के लिए तीव्र माध्यम हैं। सूचना प्रौद्योगिकी के कई घटक हैं, जैसे–रिमोट सेंसिंग, सेटेलाइट चित्र, इंटरनेट, भूगोलीय सूचना प्रणाली, मोबाइल, सेटेलाइट टेलीफोन आदि। इनसे अलग-अलग काम किया जा सकता है या सूचना प्राप्त करने के लिए इनका एकत्रित या संगठित रूप में प्रयोग किया जा सकता है।

प्रश्न 2. आपदाओं में चिकित्सा और स्वास्थ्य अनुक्रिया में भौगोलिक सूचना प्रणाली (जी.आई.एस.) की भूमिका का विवेचन कीजिए।

(जून-2017, प्र.सं.-6)

अथवा

आपदा चिकित्सा में दूर संवेदी (रिमोट सेंसिंग) की भूमिका का उल्लेख कीजिए। **(दिसम्बर-2017, प्र.सं.-6)**

उत्तर– सूचना और संचार प्रौद्योगिकी के उपकरण इस प्रकार हैं–

भौगोलिक सूचना प्रणाली (ज्यौग्राफिक इनफारमेशन सिस्टम–जी.आई.एस.)–पर्यावरण विभाग के अनुसार भूगोलीय सूचना प्रणाली एक ऐसी प्रणाली है जिसके जरिए पृथ्वी से

संबंधित स्थानीक आँकड़ों का एकत्रिकरण, संग्रहण, जाँच, संघटन, बदलाव, विश्लेषण तथा प्रदर्शन किया जाता है। बरों के अनुसार भूगोलीय सूचना प्रणाली ऐसे उपकरण हैं जिसके जरिए किसी खास उद्देश्य से पृथ्वी के स्थानिक आँकड़े संग्रहीत, रूपांतरित और प्रदर्शित किए जाते हैं।

भूगोलीय सूचना प्रणाली में विभिन्न स्रोतों से प्राप्त सूचना के एकत्रीकरण और विश्लेषण के लिए सामान्य सूत्र के रूप में भूगोलीय स्थिति या अवस्थिति का उपयोग किया जाता है। भूगोलीय सूचना प्रणाली के मुख्य रूप से तीन घटक हैं– कम्प्यूटर प्रणाली, सॉफ्टवेयर और स्थानिक आँकड़े और आँकड़ा प्रबंधन और विश्लेषण प्रविधि।

स्थानिक आँकड़े को भूगोलीय आँकड़ा भी कहा जाता है और इसके अंतर्गत स्थान से संबंधित सूचना, अन्य विशिष्टताओं से संबंध तथा गैर-स्थानिक विशेषताओं का विवरण शामिल होता है। उदाहरण के लिए किसी क्षेत्र विशेष के स्थानिक आँकड़े में निम्नलिखित सूचनाएँ शामिल हो सकती हैं।

- भूगोलीय संदर्भ में आक्षांश और देशांतर।
- संपर्क विवरण जैसे-सड़क, रेल आदि जिससे बाहरी व्यक्ति को उस क्षेत्र में जाने में मदद मिल सकती है।
- गैर स्थानिक आँकड़े जैसे बर्फबारी या वर्षा, हवा की गति और दिशा संबंधी विवरण।

भूगोलीय सूचना प्रणाली के अंतर्गत प्राकृतिक संकटों जैसे भूकंप, चक्रवात, सुनामी और बाढ़ से होने वाले जान-माल के नुकसान को भी आँका जा सकता है।

भूगोलीय सूचना प्रणाली विभिन्न परिस्थितियों में स्वास्थ्य संबंधी भूगोलीय नियोजन के लिए प्रयोग की जा सकती है।

(1) पर्यावरणीय संकटों और रोग समूहों का अध्ययन–पर्यावरणीय संकटों रोग समूहों के अध्ययन में भूगोलीय सूचना प्रणाली उपयोगी भूमिका निभाती है। इसके अंतर्गत बीमारियों का अध्ययन करने के साथ-साथ भूगोलीय सर्वेक्षण, प्रदूषण के स्रोतों से संबद्ध स्वास्थ्य आँकड़ों का विश्लेषण, प्राकृतिक दुर्घटनाएँ, रासायनिक दुर्घटनाएँ आदि शामिल होती हैं। इसके जरिए विभिन्न प्रकार के खतरों और जनसंख्या पर मँडराते संकट के बादलों का जायजा लिया जा सकता है। वायु प्रदूषण, बाढ़, जल प्रदूषण, संक्रामक बीमारियों और उसके प्रभावों, रोगाणुजनित बीमारियाँ, अत्यधिक गर्मी और सर्दी से होने वाली मृत्यु, कृषि पद्धति और उपज में होने वाले परिवर्तन, ओजोन स्तर के पतले होते जाने से अल्ट्रावायलेट विकिरण के प्रभाव आदि का अध्ययन किया जा सकता है। भूगोलीय सूचना प्रणाली प्रविधि का उपयोग रेडियो ऐक्टिव दुर्घटनाओं, भूकंप या ऐसी अन्य दुर्घटनाओं के प्रति आपातकालीन सेवाओं का नियोजन करने के लिए भी किया जा सकता है।

जी आई एस के द्वारा विभिन्न परिस्थितियों का प्रतिरूप या नमूना (मॉडलिंग) बनाया जा सकता है जिससे दुर्घटनाओं से होने वाले हताहतों की संख्या तथा आगामी स्वास्थ्य परिणामों का अनुमान लगाया जा सकता है।

(2) बीमारी आंकलन और भूगोलीय संबद्ध अध्ययन–भूगोलीय सूचना प्रणाली के तहत सार्वजनिक स्वास्थ्य का मानचित्रण किया जा सकता है। स्वास्थ्य आँकड़ों के मानचित्रण से बीमारियों की स्थानीय प्रकृति और उनके भूगोलीय संदर्भ को समझने में मदद मिलती है। इससे आम जनता और चिकित्सा विशेषज्ञों को दृष्टिगत सूचनाएँ उपलब्ध कराई जा सकती हैं। भूगोलीय सूचना प्रणाली अर्ध-स्वचालित आँकड़ा संसाधन भी उपलब्ध कराती है जिससे विश्लेषण उच्च रेसोल्ययूशन व व्यापक भौगोलिक स्तर पर किया जा सकता है।

(3) स्वास्थ्य सेवा का उपयोग और उपलब्धता के तरीके–भूगोलीय सूचना प्रणाली के अंतर्गत विभिन्न विशिष्ट आपदाओं और आपातकालीन स्थितियों से निपटने वाले चिकित्सालयों की अवसिथिति का विश्लेषण किया जाता है। उदाहरण के लिए यदि किसी तटवर्ती इलाके में चक्रवात आता है तो चिकित्सा केंद्रों का आकार, ढाँचा और अवस्थिति मायने रखता है। किस प्रकार इनकी सेवाओं को बेहतर ढंग से प्रभावी और सुनियोजित किया जाए, किस अस्पताल में कौन सी सुविधाएँ विकसित की जाएँ, कहाँ पर चिकित्सा केंद्रों की स्थापना की जाए आदि मुद्दे कई कारकों पर निर्भर करते हैं जिनमें से कई कारक भूगोलीय होते हैं। किस प्रकार से लोग स्वास्थ्य सुविधाओं का उपयोग करते हैं और किस प्रकार इन सुविधाओं में सुधार किया जा सकता है कि लोगों की पहुँच और इलाज सही ढंग से हो सके। ये कुछ महत्त्वपूर्ण कारक हैं। इस कारण भूगोलीय सूचना प्रणाली का इस्तेमाल स्वास्थ्य सुविधाओं के वर्तमान रूप में उपयोग का परीक्षण तथा विभिन्न दृश्य लेखों (scenerio) का प्रतिरूपण Modeling करने के लिए किया जा सकता है, जिसके अंतर्गत जनसंख्या विवरण, सुविधाओं की अवस्थिति, परिवहन संपर्क, प्राथमिक स्वास्थ्य सुविधाएँ आदि शामिल होते हैं। दूसरी ओर, अस्पतालों के द्वारा जिन क्षेत्रों तक सुविधाएँ पहुँचाई जा सकती हैं उनका अनुमान लगाया जा सकता है। अस्पताल जिस आबादी के लिए बनाया गया है या आम-तौर पर जिन्हें चिकित्सा सुविधा उपलब्ध कराता है, उसका पूरा ब्यौरा होना आवश्यक है। इससे अस्पतालों की आवश्यकताओं का पता चल सकता है। भूगोलीय सूचना प्रणाली की सहायता से नक्शे का अधिचित्रण तैयार किया जा सकता है जिसमें अस्पतालों के पते, तथा अन्य भूगोलीय विशेषताओं को दर्शाया जा सकता है।

प्राथमिक, माध्यमिक और सबसे ऊपरी स्तर की स्वास्थ्य सेवाएँ सभी लोगों को उपलब्ध होती है। कुछ लोग स्वास्थ्य केंद्र पहुँचने के लिए सार्वजनिक परिवहन का इस्तेमाल करते हैं। भूगोलीय सूचना प्रणाली के तहत अस्पताल की अवस्थिति और इसके द्वारा प्रदत्त सेवाओं का विश्लेषण किया जा सकता है। साथ ही सामाजिक तथा भौतिक कारकों का विश्लेषण किया जा सकता है जैसे–सामाजिक और आर्थिक रूप से वंचित लोग, महिला मुखिया वाले घर, विकलांग बच्चों वाले घर और बुजुर्गों वाले घर आदि। इससे ज्यादा संवेदनशील जनसंख्या का पता चल सकता है और उनके लिए उचित कार्रवाई की जा सकती है।

(4) खोज और बचाव–भूगोलीय सूचना प्रणाली की सहायता से उन क्षेत्रों का पता चलता है जो आपदाप्रद हैं और इससे खोज व बचाव सही ढंग से किया जा सकता है। इस

प्रणाली से विभिन्न इलाकों को उनकी जोखिमता के हिसाब से बाँटा जा सकता है, संवेदनशील जनसंख्या व संपत्ति को सूचीबद्ध किया जा सकता है तथा नुकसान का अनुरूपण किया जा सकता है।

(5) दस्तावेज प्रबंधन–आपदा प्रबंधन में दस्तावेजों को सुरक्षित रखना बहुत उपयोगी और महत्त्वपूर्ण है। विभिन्न दावों, मरम्मत की स्थिति, जरूरी मरम्मत, कार्मिक और अन्य कई चीजों का हिसाब रखना पड़ता है। भूगोलीय सूचना प्रणाली दस्तावेजों को रखने यानि रिकार्ड कीपिंग और चल रहे कार्य का जायजा लेने में मदद करता है। कार्य के खत्म हो जाने के बाद भूगोलीय सूचना प्रणाली मौजूदा परियोजना की वर्तमान स्थिति को दृष्टिगत रूप में स्पष्ट करता है। उदाहरण के लिए जर्जर इमारत जो रहने के लिए असुरक्षित है या जिसकी मरम्मत की आवश्यकता है उन्हें भूगोलीय सूचना प्रणाली से समुचित रूप से संहिताबद्ध व प्रदर्शित किया जा सकता है। जैसे ही स्थिति बदलती है सूचना का तुरंत अद्यतन किया जा सकता है और रिपोर्ट तैयार की जा सकती है। मौजूदा स्थिति को केंद्रीकृत भूगोलीय सूचना प्रणाली और रिमोट सेन्सिंग (दूर संवेदी) के द्वारा आसानी से देखा और उसका आंकलन किया जा सकता है।

दूर संवेदी (रिमोट सेन्सिंग)–यह एक ऐसी प्रौद्योगिकी है जिसमें इलैक्ट्रोमैगनेटिक रेडिएशन (विद्युत-चुम्बकीय विकिरण) के द्वारा भूगोलीय आँकड़े इकट्ठे और विश्लेषित किए जाते हैं जैसे पृथ्वी की ऊपरी सतह, सागर व वायुमंडल पर उपस्थित वस्तुओं, विशेषताओं तथा वर्गों के बारे में जानकारी प्राप्त की जा सकती है। इसके द्वारा पृथ्वी के भौतिक परिवेश के बारे में आँकड़ों व सूचना प्राप्त किए जा सकते हैं।

दूर संवेदी प्रौद्योगिकी 'ऐरियल रिमोट सेन्सिंग' द्वारा विभिन्न प्रकार की सूचनाएँ जैसे तस्वीरें एवं चित्र रिकार्ड करता है। इस संवेदी यंत्र को उपग्रह (सैटेलाइट) या जमीन (रडार) पर भी लगाया जा सकता है जिससे कि पृथ्वी के विभिन्न चित्रों को प्राप्त किया जा सकता है। दूर संवेदी यंत्रों से चित्र और छवि प्राप्त की जाती है। ये आँकड़े चित्र या डिजिटल (अंकीय) रूप में प्राप्त होते हैं। कम्प्यूटर संसाधन के लिए आँकड़े डिजिटल रूप से होने चाहिए। इसलिए चित्र के रूप में प्राप्त आँकड़ों को भी डिजिटल आँकड़ों में परिवर्तित कर दिया जाता है और इसके बाद इसे 'इमेज प्रोसेसिंग सिस्टम' में डाला जाता है। उपग्रहों से ली गई छवियाँ और आकाश से खींची गई तस्वीरें जैसे 'ऐयरबोर्न स्कैनर इमेजरी' को आरंभ में डिजिटल रूप में ही रिकार्ड किया जाता है। ये दूर संवेदी उपकरण वस्तुओं से निकलने वाली ऊर्जा या इससे होने वाले विकिरण को पकड़ लेती है। जिस वस्तु का विकिरण के द्वारा पता लगाया जाता है वह संवेदी उपकरण के साथ भी हो सकता है और इससे अलग भी हो सकता है।

सक्रिय दूर संवेदी उपकरण जैसे रडार, किसी वस्तु की ओर विशेष तरह के विकिरण को भेजता है और इससे निकलने वाली ऊर्जा को मापता है। पृथ्वी के चित्रों को इस पद्धति द्वारा प्राप्त किया जाता है। दूसरी ओर, असक्रिय दूर संवेदी यंत्र दूसरे स्रोतों, जैसे सूरज से उत्पन्न होने वाले विकिरण पर निर्भर करता है। एरियल फोटोग्राफी और SPOT सैटेलाइट

इमैजरी निष्क्रिय या असक्रिय रिमोट सेन्सिंग द्वारा इकट्ठा किए गए आँकड़ों का उदाहरण है। हवा वाहित संवेदी यंत्र जो अपेक्षाकृत नीचे घूता है, से छोटे इलाकों का पूर्णविवरण मिल सकता है। हालांकि सैटेलाइट द्वारा लिए गए कई तस्वीरों से सैकड़ों कि.मी. की तस्वीर आ जाती है लेकिन इसमें पृथ्वी की एक धुंधली तस्वीर सामने आती है।

रिमोट सेन्सिंग आँकड़ों का उपयोग निम्नलिखित कार्यों के लिए किया जा सकता है–

- नक्शा बनाने
- पर्यावरणात्मक आंकलन
- यातायात प्रबंधन (नेविगेशन सूचना)
- वायु प्रदूषण मॉडलिंग (प्रतिमान)
- आपदा प्रबंधन (पूर्व/दौरान/बाद)

1972 में लैंडसेट I छोड़े जाने के बाद पृथ्वी की विशिष्टताओं को दर्शाने के लिए दूर संवेदी आंकड़ों का इस्तेमाल किया जाने लगा है। इसकी मदद से कई स्वास्थ्य संबंधी अध्ययन भी किए गए हैं और इनका उपयोग रोगाणु आधारित बीमारी की जोखिम का पता लगाने के लिए किया गया है। लगभग सभी अध्ययनों में 'लैंडसेट', 'फ्रेंच SPOT' और 'NASA के AVHRR' का उपयोग आँकड़े प्राप्त करने के लिए है। रिमोट सेन्सिंग, भूगोलीय सूचना प्रणाली तथा फोटोग्रामेटरी का एक साथ उपयोग करने से आपदाओं का पूर्वानुमान किया जा सकता है। भूगोलीय सूचना प्रणाली की सहायता से सैटेलाइट इमेज, एरियल फोटो और फिल्ड सर्वेक्षण का विश्लेषण करने वाले वैज्ञानिक भूगर्भीय (भूकंपी) उतार-चढ़ाव और बाढ़ के आशंका वाले क्षेत्रों का पता लग सकता है।

भूगोलीय सूचना प्रणाली और रिमोट सेन्सिंग का आपदा प्रबंधन और स्वास्थ्य अनुक्रिया में प्रयोग–आपातकालीन आपदा प्रबंधन के अंतर्गत तात्कालिक कार्रवाई, दुर्घटना का मानचित्रण, प्राथमिकता निर्धारण, कार्य योजना तैयारी और जान-माल और पर्यावरण की रक्षा के लिए योजना का कार्यान्वयन शामिल होता है। रिमोट सेन्सिंग और भूगोलीय सूचना प्रणाली की मदद से आपदा प्रबंधक सूचना को तुरंत प्राप्त कर उसे आपदा स्थल के अनुसार दृष्टिगत रूप में प्रदर्शित कर सकते हैं। इस सूचना से कार्य योजना बनाने में मदद मिलती है जिसे आपातकार्यों के समय में संचालन और कार्यान्वयन के लिए आपदा सहायताकर्मियों तक पहुँचा दिया जाता है। बाढ़ क्षेत्र की 'रीयलटाईम मॉनिटरिंग' अर्थात् उसी समय निगरानी करने से डूबे हुए और अगल-थलग पड़े गाँवों में लोगों को ढूँढ कर बचाया जा सकता है। आपदाग्रस्त व्यक्तियों को राहत पहुँचाने और स्वास्थ्य सुविधाएँ प्रदान करने में यह बहुत उपयोगी सिद्ध होता है। इसी प्रकार बुजुर्ग, गर्भवती महिलाएँ, बच्चे और विकलांग व्यक्तियों की भी बेहतर ढंग से मदद की जा सकती है। दूर संवेदी आंकड़ों के द्वारा आपदा के बाद फैली महामारी के बारे में जाना जा सकता है और तदनुसार स्वास्थ्य सुविधाएँ मुहैया करवाई जा सकती है।

भारतीय मौसम विभाग ने क्षेत्रीय चक्रवात चेतावनी सूचना केंद्रों (एरिया साईक्लोन वार्निंग सेंटर) के जरिए चक्रवात के आगमन की सूचना देता है। विभिन्न स्तरों पर सूचना

देने के लिए इसके पास एक विकसित बुनियादी ढाँचा है। विभाग द्वारा सेटेलाइट आधारित संचार प्रणाली को स्थापित किया गया है जिसे चक्रवात चेतावनी प्रसार प्रणाली कहा जाता है जहाँ से चौथे चक्रवात से प्रभावित होने वाले तटीय क्षेत्रों को चेतावनी के संदेह भेज दिए जाते हैं। यह विभाग ऑप्टिमल इंटरप्रेटेशन एनालिसिस एण्ड लिमिटेड एरिया प्रिमिटिव इक्वेशन मॉडल पर आधारित लिमिटेड एरिया ऐनेलेसिस एण्ड फोरकास्टिंग सिस्टम' द्वारा संख्यात्मक निर्देशन देता है।

ऊपर उल्लेखित सुविधाओं से प्राप्त पूर्व-सूचना के आधार पर आपदा प्रभावित लोगों की स्वास्थ्य जरूरतों को पूरा किया जा सकता है। स्वास्थ्य कर्मचारियों और अन्य चिकित्सा उपकरणों, पेय जल, भोजन आदि की व्यवस्था रिमोट सेन्सिंग से प्राप्त पूर्व-सूचना के आधार पर की जा सकती है। इस प्रकार इसकी मदद से समय रहते संवेदनशील समूह के लिए स्वास्थ्य सुविधाओं की व्यवस्था बनाई जा सकती है। इसी प्रकार रिमोट सेन्सिंग डाटा और छवियों की मदद से संभावित नुकसान का आंकलन तथा लोगों के पुनर्वास तथा स्वास्थ्य सुविधाओं को बहाल करने के लिए उचित कार्रवाई की जा सकती है।

एरियल फोटोग्राफी (ऊँचाई से खींची गई तस्वीरें) तथा संवेदी या रिमोट सेन्सिंग यंत्रों द्वारा भूस्खलन वाले क्षेत्रों का नक्शा तैयार करने के लिए बड़ी मात्रा में आँकड़े एकत्रित, संग्रहीत, छाँटे तथा मूल्यांकित किए जा सकते हैं। ऐसे आँकड़ों की सहायता से आपदाग्रस्त क्षेत्रों का नक्शा बनाया जा सकता है जिससे इन क्षेत्रों के लिए स्वास्थ्य सुविधाएँ जैसे अस्पताल व स्वास्थ्य केंद्र उपलब्ध कराए जा सकते हैं।

1998 में 'नेशनल एरोनॉटिक्सऐंड स्पेस एंडमिनिस्ट्रेशन' (NASA) के 'सेंटर फॉर हेल्थ एप्लिकेशन्स ऑफ एरोस्पेस रिलेटेड टेक्नोलॉजिज' (CHAART) ने पहले कदम से रूप में मौजूदा (current) और नियोजित (planned) उपग्रह संवेदी प्रणाली का मूल्यांकन किया जिससे वैज्ञानिक अपने ऐपीडेमियोलॉजिक, एंटोमोलौजिक तथा इकोलॉजिक अनुसंधान के लिए आँकड़े सुनिश्चित कर सकें तथा रिमोट सेन्सिंग आधारित 'ट्रांसमिशन रिस्क' अर्थात् बीमारी के संचारण का जोखिम का प्रतिमान विकसित कर सकें।

पहली बार इस प्रतिमान का उपयोग 'लाइम डिसीज' के संदर्भ में न्यूयार्क शहर में किया गया। लैंडसेट थिमेटिक मैपर इमेज' तकनीकी की सहायता से लाइम बीमारी के संचारण साइकल या चक्र के घटकों के स्थानिक रीति का पला गस सका। इससे लाइम डिसीज के रोगवाहक तथा इनके पनपने के स्थान और मनुष्य को इससे जोखिम का वृहद रूप से विश्लेषण किया जा सका। इसके अलावा रिमोट सेन्सिंग से प्राप्त आँकड़ों का उपयोग बंगाल की खाड़ी में होने वाले हैजा का पता लगाने के लिए किया गया था। अध्ययन से पता चला कि बांग्लादेश और भारत और दुनिया के अन्य देशों में विबरो कोलरा 01 की वजह से हैजा महामारी का रूप धारण कर लेता है। यह भी देखा गया कि पिछले दशकों में तटवर्ती क्षेत्रों में मुख्य रूप से हैजा फैला। इसका मुख्य कारण था कि गंगा और ब्रह्मपुत्र नदियों से बंगाल की खाड़ी में जाने वाले बहाव के साथ पोषक तत्त्व भी जाते हैं जो पल्वक (प्लैंकटन) के बढ़ने में मदद करते हैं। पल्वक, विबरो कोलरा के पनपने का मुख्य स्रोत

है। साथ ही रिमोट सेन्सिंग द्वारा लिए गए रंगीन इन्फ्रारेड (अवरक्त) छवियों से समुद्र के ऊपरी तापमान और समुद्र की ऊँचाई का भी विश्लेषण किया गया। यह देखा गया कि बंगलादेश में हैजा फैलने से पहले समुद्र तल की ऊँचाई का भी और समुद्र का तापमान बढ़ा था। इस प्रकार उपग्रह रिमोट सेन्सिंग से प्राप्त आँकड़ों से सूचना से एक प्रतिमान (मॉडल) तैयार किया जा सकता है जिसके द्वारा तटवर्ती इलाकों में होने वाले परिवर्तनों से हैजा फैलने की आशंका का पूर्वानुमान लगाया जा सकता है। इस प्रकार इसके बारे में लोगों को चेतावनी दी जा सकती है और रोकथाम के उपाय व साधन उपलब्ध कराए जा सकते हैं।

भूमि में नमी ने मच्छर आदि जैसे रोगवाहक पैदा होते हैं। कई तरह के संवेदी उपकरणों जैसे 'सिंथेटिक ऐपॅचुअॅर रडार', 'शार्टवेव इन्फ्रारेड' तथा 'थरमल इन्फ्रारेड' द्वारा भूमि की नमी का पता लगाया जा सकता है। सिंथेटिक ऐपफचुअॅर रडार द्वारा खासतौर पर बादल से घिरी जमीन या घने पेड़-पौधों वाले जगहों की मिट्‌टी की अवस्था का पता लगाया जा सकता है। रोगाणुओं से फैलने वाली कुछ बीमारियाँ शहरी विशेषताओं जैसे घरों की बनावट पर निर्भर करती है। उच्च स्थानिक रेजेंल्यूशन वाले सेन्सर्स (संवेदी यंत्र) द्वारा इसका पता लगाया जा सकता है। वर्तमान में भेजे गए उपग्रहों में अति परिष्कृत सेन्सर्स लगे हुए हैं जो पूरे शहरी पर्यावरण की जानकारी दे सकते हैं। एक अनुमान के अनुसार अगले 15 वर्षों में हमारे पास ऐसे सेन्सर्स होंगे जिससे बीमारी फैलाने वाले रोगाणुओं के अध्ययन संबंधी महत्त्वपूर्ण आँकड़े प्राप्त हो सकेंगे।

सैटेलाइट छवि (सैटेलाइट इमेजरी)–उपग्रह एक पिंड होता है जो अपने से बड़े पिंड के चारों ओर घूमता है। जब हम मौसम से संबंधित उपग्रह की बात करते हैं तो हम मनुष्य द्वारा बनाई गई मशीनों की बात कर रहे होते हैं जो पृथ्वी के चारों ओर चक्कर काटती है। उपग्रह मौसम की जानकारी देते हैं क्योंकि वे पृथ्वी के ऊपर उत्कृष्ट स्थान पर स्थित किए जाते हैं। मौसम की सूचना देने वाले सभी उपग्रह वायुमंडल से काफी ऊपर अवस्थित होते हैं और बादल, आँधियों और अन्य मौसमी हलचल से प्रभावित नहीं होते हैं। इसलिए मौसम में होने वाली किसी भी प्रकार की हलचल की वे साफ तस्वीरें नीचे भेजते हैं। वायुमंडल से काफी ऊपर अवस्थित होने के कारण वे काफी बड़े क्षेत्र के मौसम की सूचना दे सकते हैं। उपग्रह जिस कक्षा से पृथ्वी की परिक्रमा करता है उसके अनुसार कई बार वह कुछ समय में संपूर्ण पृथ्वी का चित्र प्रस्तुत कर सकता है। अधिकांश मौसम उपग्रहों में कई तरह के यंत्र लगे होते हैं जिसके जरिए ये कई प्रकार की छवियाँ और माप भेजते रहते हैं। उपग्रहों को पृथ्वी के भू-केंद्र में अवस्थित किया जाता है, जहाँ से वे सामायिक चित्रों के द्वारा लगातार नियमित अंतराल पर एक स्थान के चित्र को भेज सकते हैं।

मौजूदा समय में उपग्रह से भेजी गई तस्वीरें मौसम संबंधी जानकारी में काफी सहायक सिद्ध हुई हैं और मौसम पूर्वानुमान को काफी हद तक विश्वसनीय बना दिया है। इसलिए इससे आने वाली आपदा का काफी पहले से पता लग सकता है और स्वास्थ्य प्रबंधकों को तैयारी करने का समय मिल सकता है ताकि इससे प्रभावित होने वाली आजादी को सुरक्षित स्थानों पर पहुँचाया जा सके और समय पड़ने पर उनका इलाज किया जा सके।

इंटरनेट—इंटरनेट के माध्यम से आपदा से होने वाले हानि को कम करने के उपाय विकसित किए जा सकते हैं। पीछे आई आपदाओं के लक्षणों और उससे हुए नुकसानों की सूचना को भविष्य में संदर्भ के लिए संग्रहीत भी किया जा सकता है। पूरी दुनिया में आपदा से जुड़ी सूचनाएँ पहुँचाने के लिए एक सुपरिभाषित वेबसाइट बनाया जा सकता है जिसमें आपदा से संबंधित सारी सूचनाएँ उपलब्ध हों। इंटरनेट के जरिए विभिन्न एजेंसियों से आपदा के दौरान मदद भी माँगी जा सकती है। इससे सूचना तुरंत पहुँचती है और किसी कागज कलम का इस्तेमाल नहीं होता। इसलिए यह प्रभावी भी है और सस्ती भी। कई लोग इस दिशा में प्रयासरत हैं और प्रयोग चल रहे हैं कि इंटरनेट के माध्यम से जनता और पेशेवरों को सही समय पर मौसम की जानकारी व भविष्यवाणी दी जा सके। इंटरनेट के द्वारा सामान्य और आपातकाल समय में 'टेलीमेडिसिन' और 'मेडिकल ट्रांसक्रिप्शन' की सुविधाएँ दी जा सकती हैं। ये सभी सुविधाएँ दूर दराज के इलाकों में रहने वाले उन लोगों के लिए बड़ी उपयोगी होती हैं जिन्हें ये स्वास्थ्य सुविधाएँ प्राप्त नहीं हैं।

(1) टेलीमेडिसिन—टेलीमेडिसन मरीजों की जाँच निगरानी व प्रबंधन के साथ-साथ उनको तथा चिकित्सा कर्मियों को शिक्षित करने की यह पद्धति है जिसके द्वारा मरीजों को उनके रोगों के निदान संबंधी विशेषज्ञ राय विश्व के किसी भी कोने से शीघ्र प्राप्त हो सकती है। यह तीव्र, कम खर्चीला और समय बचाने वाली प्रक्रिया है। इसके लिए यह आवश्यक नहीं है कि मरीज और विशेषज्ञ कहीं स्थित है। विश्व के किसी भी कोने से इंटरनेट द्वारा भेजे गए स्वास्थ्य संबंधी समस्याओं के बारे में विशेषज्ञों से राय प्राप्त की जा सकती है।

(2) मेडिकल ट्रांसक्रिप्शन (प्रतिलिपि)—इसके जरिए ऑपरेशन के समय डॉक्टरों की आपसी बातचीत और कार्रवाई को रिकॉर्ड किया जाता है और उसके बाद उसकी समीक्षा हेतु प्रतिलिपि बनाई जाती है। इससे, एक ओर, जहाँ डॉक्टरों को खुद इस बात का पता चल जाता है कि दबाव की स्थिति में उन्होंने कैसा काम किया, वहीं दूसरी ओर, दूर दराज बैठे विशेषज्ञों का डॉक्टरों को इस प्रतिलिपि से बहुत सीखने को मिलता है।

इंटरनेट पर उपलब्ध कुछ ऐसी साइट हैं जिनसे आपदा प्रबंधन के कई मुद्दों की सूचना मिलती हैं—

इस साइट में जिला प्रशासन द्वारा उड़ीसा के संबलपुर जिले के जिला आपदा प्रबंधन नियोजन का विवरण दिया गया है। इसमें आधारभूत भौगोलिक-जलवायु संबंधी विशिष्टताओं, बाढ़, लू, आदि जैसी आपदाओं का इतिहास और आपदा स्थिति में प्रशासन की तैयारी की सूचना दी गई है। इसमें प्रमुख स्रोतों जैसे पेय जल का स्रोत, उपकरणों का भंडारण, जलाशय विवरण, स्वास्थ्य केंद्र, चिकित्सा अधिकारी, परिवहन और संचार नेटवर्क, सड़क का मानचित्र, अग्निशमन केंद्र, खाद्य भंडार आदि की सूचना है जिससे आपातकाल के दौरान यहाँ आसानी से पहुँचा जा सकता है। इस योजना के तहत उन संभावित स्थानों को भी इंगित किया जाता है जहाँ आपदा का आघात हो सकता है। सबसे महत्त्वपूर्ण बात यह है कि इसमें महत्त्वपूर्ण व्यक्तियों और उस क्षेत्र में काम करने वाली गैर-सरकारी संगठनों का नंबर और ई-मेल पता दिया होता है जिससे आपातकाल के दौरान उनसे संपर्क किया जा सकता है।

http://wwwnotes.reliefweb.in

रिलीफ वेब, यूनाइटेड नेशन्स ऑफिस फॉर द कौर्डिनेशन ऑफ ह्यूमेनिटेरियन अफेयर्स (OCHA) की एक परियोजना है। इसका उद्देश्य समय से लोगों को सूचना पहुँचाकर रोकथाम, तैयारी और आपदा कार्रवाई का समुदाय को राहत पहुँचाना और सबकी समय पर मदद करना है।

http://www.ndmindia.nic.in

यह भारत सरकार के गृह मंत्रालय का वेबसाइट है। इसमें सरकार द्वारा तैयार आपात प्रबंधन योजना का विवरण दिया गया है। इसमें मौजूदा और पिछली आपदाओं का ब्योरा शामिल है। इसमें मौजूदा मौसम की स्थिति और उपग्रह द्वारा खींचे गए बादलों के चित्र तथा मौसम विभाग द्वारा किया गया पूर्वानुमान भी शामिल होता है।

सैटेलाइट टेलीफोन संचार प्रणाली (सैटेलाइट टेलीफोन कम्यूनिकेशन सिस्टम)– मानवकृत और प्राकृतिक सभी प्रकार की आपदाएँ सबसे पहले परिवहन और संचार व्यवस्था को प्रभावित करती है। उपग्रह प्रणाली के द्वारा किसी भी स्थान से तथा किसी भी समय पर संचार उपलब्ध हो सकता है। चाहे वह ग्रामीण इलाका हो या दूर दराज का क्षेत्र। दुनिया भर में कई सैटेलाइट टेलीफोन व्यवस्था काम कर रही है। इस प्रणाली से बड़े क्षेत्रों यहाँ तक कि समुद्र में भी संपर्क किया जा सकता है। मुख्य रूप से इन्हें तीन वर्गों में बाँटा जा सकता है–जियोसिनक्रोनस (GEO) 'बिग' लो अर्थ ऑरबिट (LEO), और 'लिटिल' लो अर्थ ऑरबिट (LEOs) ये प्रणालियाँ बेतार होती हैं। इन्हें सौर ऊर्जा से चलाया जा सकता है और इस कारण से आपदा स्थितियों में बड़ी कारगर सिद्ध हो सकती हैं। उड़ीसा में आए भीषण चक्रवात, पश्चिम बंगाल की भयानक बाढ़, और गुजरात में आए विनाशकारी भूकंप ने सारी संचार प्रणाली को तहस–नहस कर दिया था। उस समय सैटेलाइट टेलीफोन के जरिए ही बाहर की दुनिया से संपर्क साधा जा सका।

मनोवैज्ञानिक पुनर्वास

प्रश्न 1. मानसिक स्वास्थ्य पर आपदाओं के प्रभावों का वर्णन कीजिए।

उत्तर– अधिकांश बच्चे और बड़े जो आपदाओं में बच जाते हैं, वे कई दिनों तक विभिन्न प्रकार के तनाव की स्थिति से गुजरते हैं, जैसे–

- **भावनात्मक प्रतिक्रियाएँ–**अस्थायी झटका (कुछ दिनों या एक दो सप्ताहों के लिए), भय, पीड़ा, क्रोध, गुस्सा, ग्लानि, शर्म, बेसहारापन, निराशा या फिर भावनात्मक संवेदनशून्यता (किसी से भी प्रेम या अंतरंगता दिखाने में दिक्कत या फिर रोजमर्रा के कार्यों में हिस्सा लेने में परेशानी)।
- **मानसिक प्रतिक्रियाएँ–**उलझन, दिशाहीनता, निर्णयहीनता, चिंता, भूलना, एकाग्रता का अभाव, अनचाही स्मृतियाँ, खुद को दोष देना।
- **शारीरिक प्रतिक्रियाएँ–**तनाव, गुस्सा, बेचैनी, अनिद्रा, शरीर में दर्द, तुरंत उत्तेजित होना, हृदय गति का बढ़ना, जी मिचलाना, भूख न लगना, यौनेच्छा में परिवर्तन।
- **अंतर्वैयक्तिक प्रतिक्रियाएँ–**अंतर्वैयक्तिक संबंधों में तनाव, जैसे–विद्यालय में, कार्यस्थल में, दोस्तों के बीच में, विवाह शादी या माता-पिता के रूप में; अविश्वास, खीज, टकराव, अंतर्मुखता, अलगाव, अकेलापन, दूर-दूर रहना, निर्णात्मक होना या जरूरत से ज्यादा नियंत्रित रहना।

प्रश्न 2. आपदा पीड़ितों के मनोवैज्ञानिक पुनर्वास के लिए आरंभिक मानसिक-स्वास्थ्य कार्यवाहियाँ कौन-सी हैं? (दिसम्बर-2018, प्र.सं.-7)

अथवा

सदमा उपरांत तनाव विकृति (Post-Traumatic Stress Disorder) की संक्षिप्त व्याख्या कीजिए। (जून-2021, प्र.सं.-7)

अथवा

सदमा उपरांत तनाव विकृति से आप क्या समझते हैं?

उत्तर– आपदा के दौरान राहतकर्मियों का सबसे पहला उद्देश्य समुदाय के लोगों को सांत्वना देना होता है। आपदा मानसिक स्वास्थ्य सेवाएँ, विशेष रूप से, व्यक्तियों और समुदायों को मनोवैज्ञानिक और सामाजिक स्तर पर सामान्य स्थिति में लाने का भरसक प्रयास करती हैं और कोशिश करती हैं कि आपदा संबंधी मानसिक समस्याओं जैसे सदमा उपरांत तनाव विकृति, उदासीनता, आदि को सीमित रखा जा सके। आपदा मानसिक स्वास्थ्य प्रबंधन मानवीय, सामर्थ्य और करूणापूर्ण होना चाहिए। इसका उद्देश्य व्यक्ति और समुदाय को हर हाल में सामान्य जीवन में लाने तथा आपदा के कुप्रभावों को रोकने का प्रयास करना है। इसलिए ऐसे कदम उठाए जाने चाहिए जिससे भावात्मक, मानसिक, शारीरिक तथा अंतर्वैयक्तिक प्रतिकूल प्रभावों को पनपने से रोका जा सके।

आपातकालीन देखभाल के आधारभूत सिद्धांत–आपातकालीन देखभाल के आधारभूत सिद्धांत और उद्देश्य निम्नलिखित हैं–

(1) जीने की आधारभूत जरूरतें और सुविधाएँ प्रदान करना (जैसे पानी, भोजन, आवास और कपड़ा)।

(2) आपदाप्रद लोगों को ऐसा माहौल प्रदान करना ताकि वे चैन से सो सकें।

(3) प्रत्येक व्यक्ति को उसके स्वयं के लिए निजी समय प्रदान करना।

(4) उनके साथ हल्की-फुल्की बातें करना या उनके साथ चुप-चाप बैठे रहना।

(5) शारीरिक स्वास्थ्य समस्याओं का तुरंत निदान करना या पहले से चली आ रही बीमारियों को बढ़ने से रोकना।

(6) उनके बिछड़े हुए दोस्तों या संबंधियों को खोजने में मदद करना तथा उनकी सुरक्षा का पता लगाना।

(7) उनके मित्र या संबंधियों से मिलना।

(8) दैनिक कार्य करने में उनकी मदद करना जिससे वे सामान्य जीवन में लौट सकें।

(9) आपदा के दौरान उनके सामने आने वाली समसयाओं के समाधान में उनकी मदद करना।

(10) सामान्य पारिवारिक, सामुदायिक या अन्य भूमिकाओं में वापस लौटने में मदद करना।

(11) अपने नुकसान के प्रति भावनाओं को व्यक्त करने में उन्हें अवसर प्रदान करना।

(12) उनके तनाव, चिंता आदि को दूर करने का प्रयास करना।

(13) राहतकर्मियों और स्थानीय लोगों को तनाव दूर करने के तकनीकों के बारे में शिक्षा और प्रशिक्षण देना।

मानसिक स्वास्थ्य विशेषाज्ञें के अनुसार मानसिक तनाव को कम करने तथा आपदाप्रद लोगों को पुनः समायोजित करने के लिए निम्नलिखित उपाय किए जाने चाहिए।

(1) आरंभिक मानसिक स्वास्थ्य कार्रवाई (Initial Mental Health Interventions)–आरंभिक मानसिक स्वास्थ्य कार्रवाई या हस्तक्षेप के निम्नलिखित चरण होते हैं–

(क) बचाव–ऐसे तरीके अपनाए जाने चाहिए जिससे बचे हुए लोगों को और किसी तरह का नुकसान और सदमा न हो। यथासंभव उनके लिए बसेरा या सुरक्षित स्थान का निर्माण करें। ऐसे लोगों को आपदा स्थल से दूर रखना चाहिए। वे तनाव को उत्तेजित करने वाले तत्त्वों से जितने दूर रहेंगे उनकी स्थिति उतनी ही अच्छी होगी। बचे हुए लोगों को तमाशबीनों और मीडिया से दूर रखिए।

(ख) निर्देश–लोगों को सौम्य परंतु ठोस निर्देश दिए जाने चाहिए। बचे हुए लोग सदमे की स्थिति में हो सकते हैं या फिर अलगाव महसूस कर सकते हैं। यथासंभव उन्हें निम्नलिखित निर्देश दिए जा सकते हैं–

(i) आपदा स्थल से दूर रहना;

(ii) घायलों से दूर रहना; तथा

(iii) निरंतर बने हुए खतरे की स्थिति से दूर रहना।

(ग) संपर्क–आपदा स्थल पर कुछ ऐसे लोग देखे जा सकते हैं जिनका आस-पास की दुनिया से सारा नाता टूट गया होगा। उन्हें प्रोत्साहित कीजिए, उनके साथ करूणा से पेश आइए जिससे कि वे फिर धीरे-धीरे दुनिया से जुड़ सकेंगे और उनमें जीने की लालसा उत्पन्न हो सकेगी। हो सकता है कि इसमें लंबी बातचीत न हो। यह भी हो सकता है कि इसका बहुत प्रभाव भी न पड़े परंतु सामान्य स्थिति में लौटने के लिए इस प्रकार की पहल अनिवार्य होती है और ये संबंध बड़े कारगर सिद्ध होते हैं। बचे हुए लोगों को–

(i) अपने अंतरंगों के पास पहुँचाने का प्रयास करें,

(ii) उन्हें सही सूचना और समुचित संसाधन उपलब्ध कराएँ, तथा

(iii) यह बताएँ कि उन्हें अतिरिक्त सहायता कहाँ से मिलेगी।

(घ) छँटाई व वर्गीकरण (ट्राऐज)–सदमें से उबरे हुए अधिकांश मरीज तनाव की सामान्य प्रक्रिया से गुजरते हैं। परंतु इनमें से कुछ लोगों को दुख और डर से उबरने के लिए तुरंत सहायता की जरूरत होती है। बोलने में तुतलाहट, उत्तेजित होना, बोलने में असंबद्धता और ऊटपटांग व्यवहार और हड़बड़ाहट डर के लक्षण होते हैं। जोर-जोर से बिलखना, क्रोधित होना, आवेश में आना आदि घनीभूत दुख के लक्षण हैं। यदि किसी व्यक्ति में ये लक्षण दिखाई दे तो तुरंत उसकी इस प्रकार सहायता करें। (i) उससे संवाद स्थापित करें, (ii) उसकी सुरक्षा का इंतजाम करें, (iii) उसके साथ हुई वारदात को ध्यानपूर्वक सुन लें; (iv) समानुभूति प्रकट करना। जरूरत पड़ने पर दवा भी दे सकते हैं।

(ङ) चयन–बुनियादी आपात सहायता के लिए प्रमुख एजेंसियों जैसे रेड क्रॉस, बचाव में लगी सेना या स्थानीय व राज्य स्वास्थ्य विभागों आदि को ध्यान में रखा जाना चाहिए।

(2) संकटकालीन हस्तक्षेप (Crisis Intervention)–आमतौर पर इस कार्रवाई के तीन चरण होते हैं और इन तीनों चरणों में अलग-अलग ढंग के कार्य की जरूरत होती है।

(क) आपातकालीन चरण – आपदा के तुरंत बाद।

(ख) आपदा आने के बाद का चरण – आपदा आने के तुरंत बाद से लेकर आठ से बारह सप्ताह तक।

(ग) पुनर्बहाली चरण – इसमें दीर्घावधि जीवन बहाली कार्यक्रमों के कार्यान्वयन पर बल दिया जाता है और यह कार्य आपदा आने के आठ से बारह सप्ताह बाद से शुरू हो जाता है।

यह बात ध्यान में रखनी चाहिए कि समुदाय के अलग-अलग सदस्यों की अलग-अलग जरूरतें हो सकती हैं। नीचे बताई गई कार्रवाई करने से सकारात्मक परिणाम सामने आ सकते हैं।

(घ) दुर्घटना के तुरंत बाद तुरंत सेवाएँ उपलब्ध कराएँ, जिसमें कुछ समय के लिए बाहरी विशेषज्ञों को भी बुलाना पड़ सकता है। परंतु स्थानीय लोगों के सहयोग से ही जरूरतों का आंकलन, नियोजन और लोगों की सहायता और सेवा हो सकती है। बाहर से ली गई सहायता को ऊपर से आरोपित नहीं किया जाना चाहिए तथा स्थानीय स्रोतों से उनका तालमेल बिठाना चाहिए।

(ङ) स्थानीय कर्मियों को सेवा प्रदान करने के लिए समर्थ बनाया जाना चाहिए। इसके लिए उन्हें आपदा से निपटने का व्यावहारिक प्रशिक्षण दिया जा सकता है। स्थानीय लोगों को अवसर देने से उनका आत्मविश्वास और आत्मसम्मान बढ़ता है और स्थानीय संसाधनों का बेहतर उपयोग हो पाता है।

(च) प्रमुख सामुदायिक व्यक्तियों और नेताओं, स्थानीय जनसंचार माध्यमों और सरकारी संस्थाओं को भी इसमें न्योता दिया जाना चाहिए ताकि वे आरंभिक समुदाय आधारित हस्तक्षेप के लाभों को जान सकें।

सेवा करने वाले स्थानीय लोग और समुदाय भी दुर्घटना से प्रभावित और भयभीत हो सकते हैं। इसलिए उनकी मदद के लिए पूर्णतः पेशेवर समर्थन और पर्यवेक्षण उपलब्ध होना चाहिए ताकि वे अपनी मानसिक स्वास्थ्य आवश्यकताओं का भी ध्यान रख सकें।

(3) आंकलन (Debriefing)–यहाँ आंकलन का अर्थ डीब्रीफिंग से है जिसका तात्पर्य आपदा कर्मियों या पीड़ितों से सूचना प्राप्त करना होता है। ये कई प्रकार का होता है–

(क) कार्यान्वयन आंकलन अर्थात् 'ऑपरेशनलडीब्रीफिंग' आपदा के दौरान किसी भी संगठन की कार्रवाई का आग और औपचारिक हिस्सा है। इससे स्वास्थ्यकर्मियों को सदमें से पीड़ित लोगों को उबारने में मदद मिलती है।

(ख) मनोवैज्ञानिक या तनाव आंकलन अर्थात् 'साइकॉलॉजिकल या स्ट्रेस डीब्रीफिंग' के लिए कई विधियों की बात की जाती है परंतु कोई स्पष्ट उदाहरण नहीं मिलते। यह बात मानी जाती है कि मानसिक स्वास्थ्य संबंधी इलाज में मनोवैज्ञानिक आंकलन उपयुक्त नहीं है।

(ग) दुर्घटना तनव आंकलन यानि 'क्रिटिकल इनसीडेंट स्ट्रेस डीब्रीफिंग' एक औपचारिक और संरचनाकृत प्रविधि है जिसमें राहत और बचावकर्मियों का एक समूह आपदा के तनावपूर्ण अनुभव की समीक्षा करता है। दुर्घटना तनाव आंकलन घटना स्थल पर सबसे पहले पहुँचने वाले कर्मियों जेसे अग्निशमन कर्मियों और पुलिसकर्मियों के लिए तैयार किया गया था। यह आपदा में बचे लोगों या उनके संबंधियों के लिए नहीं बनाया गया था। इसे इलाज का विकल्प कभी नहीं माना गया। इसका डिजाइन समूहों में उपयोग के लिए किया गया था। विस्तृत व बहु-घटकीय संकट हस्तक्षेप प्रणाली अर्थात् 'दुर्घटना तनाव' प्रबंधन में सम्मिलित करने के उद्देश्य से इसे तैयार किया गया था। दुर्घटना तनाव प्रबंधन के कई घटक होते हैं जैसे पूर्व-संकट हस्तक्षेप, लोगों तक सूचना पहुँचाना (शहर में बैठकों का आयोजन करके), कर्मचारियों को परामर्श देना, तनाव दूर करने का प्रयत्न करना, हरेक व्यक्ति को परामर्श या समर्थन देना, पारिवारिक स्तर पर समर्थन देना, संगठनात्मक परामर्श देना तथा आवश्यकता पड़ने पर इलाज के लिए बड़े अस्पतालों में भेजना।

(4) आगे की सेवाएँ (Follow-up Services)—सदमें के बाद तनाव विकृति अर्थात् 'पोस्टट्रौमाटिक स्ट्रेस डिस्ऑर्डर' को रोकने के लिए आगे की कार्यवाहियों यानि 'फौलो-अप' सर्विस आवश्यक है। आरंभिक कार्यवाही इस बात पर जोर देती है कि व्यक्ति की मानसिक स्थिति जीर्ण होने से पहले ही सही समय पर हस्तक्षेप व इलाज जरूरी है। इससे व्यक्ति की स्थिति को बिगड़ने से रोका जा सकता है। परंतु अभी तक हुए शोध कार्यों में समय के अंतराल के कारण इलाज में आने वाले अंतर का परीक्षण नहीं किया गया है। हालांकि यह माना जाता है कि आपदा होने के कुछ ही दिनों या हफ्तों में मानसिक व जैविक परिवर्तन दिखाई देते हैं जिसके कारण उन्हें सदमा उपरांत तनाव विकृति हो जाता है। तनाव विकृति संबंधित कई सैद्धांतिक प्रविधियाँ हैं परंतु ये तनाव विकृति के चिकित्सा कार्यवाही के उपयुक्त समय को स्पष्टतया संबोधित नहीं कर पाई है। इस बात का शोध व परीक्षण किया जाना चाहिए कि किस प्रकार समय मानसिक तनाव के रोकथाम व चिकित्सा को प्रभावित करता है। खास-तौर पर यह देखना बहुत आवश्यक है कि सदमे से ग्रस्त रोगों की स्थिति बिगड़ने या ठीक होने में समय की कितनी भूमिका होती है। हालांकि अभी तक कार्यवाही हेतु सही समय का निर्धारण नहीं हो पाया है जिसके अंतर्गत ही इलाज होने से स्थिति को बिगड़ने से रोका जा सकता है। तनावग्रस्त रोगियों के इलाज के लिए कई मनोवैज्ञानिक प्रविधियाँ सामने आई हें जिसमें मानसिक पुनर्बहाली, सामाजिक समर्थन, सौहार्द्र आदि की बात की गई है।

(क) जीवित व्यक्ति की रजामंदी—जो लोग आपदा में बच जाते हैं उनमें से कुछेक लोग मानसिक स्वास्थ्य सेवाओं और कार्यक्रमों में भाग नहीं लेते हैं। यह उनकी व्यस्तता की वजह से भी हो सकता है जो आपदा के कारण हो। मसलन, रहने

के लिए घर की खोज, बीमा दावे के भुगतान के लिए भागदौड़, डॉक्टरी जाँच, इलाज आदि। यह भी हो सकता है कि वे अपने दुख-दर्द को फिर से उकेरना नहीं चाहते हों, या भावनात्मक कारणों से वे वहाँ न जाना चाहते हों या उन्हें पता भी न हो कि वहाँ क्या हो रहा है। ये लोग यह भी समझते हैं कि दुख के बादल आए हैं तो अपने आप छँट जाएँगे। ऐसा भी हो सकता है कि उन्हें उस वक्त सदमा महसूस न हो, कुछ लोगों पर इसका असर थोड़ी देर में होता है। मानसिक चिकित्सकों को इन्हीं सभी संभावनाओं पर नजर रखनी चाहिए। मरीजों के इलाज के लिए लगातार आगे की कार्रवाई चलनी चाहिए, उनकी पुनः जाँच होनी चाहिए और इस तरह के मरीजों का इलाज करना चाहिए।

(ख) तनावपूर्ण घटना की प्रकृति–लोगों में सदमे की प्रकृति व उसके प्रभाव से भी आगे की सेवाओं का समय निर्धारण होता है। जो घटनाएँ बड़ी तेजी से घटती हैं और तेजी से समाप्त हो जाती हैं वहाँ घटना के कुछ हफ्तों तक यह सुविधा अर्थात् फॉलो-अप सेवाएँ उपलब्ध कराई जाती हैं और यदि आवश्यक हुआ तो लोगों की समय-समय पर जाँच भी होती है। कई बार सदमें का सिलसिला लंबे समय तक चलता है, जैसे यदि दुर्घटना है तो यह तनाव काफी लंबा खींच जाता है। आमतौर पर इस प्रकार के मामलों में लंबे समय तक रोगी को सेवाएँ देनी पड़ती हैं। आगे की सेवाएँ ऐसे समय अवधि से जुड़ी होनी चाहिए जब उस दुर्घटना को याद दिलाने वाला अवसर आता है, जैसे उस दुर्घटना की बरसी जिससे व्यक्ति और तनावग्रस्त हो सकता है।

इसलिए आगे की सेवाएँ घटना के होने के कुछ ही हफ्तों के भीतर ही स्वास्थ्य सेवाएँ उपलब्ध कराई जाती हैं तो उसे गहन सदमे में जाने से रोका जा सकता है। उसकी मानसिक स्थिति को सामान्य बनाने के लिए मानसिक आचरणात्मक उपचार या इलाज अर्थात् 'कोगनिटिव-बीहेव्हीयरल ट्रिटमेंट-शिक्षा, प्रणायाम, प्रशिक्षण, आराम, मानसिक सांत्वना और ढांढस - दिया जा सकता है। गाड़ी से हुई दुर्घटना और औद्योगिक दुर्घटना में बचे व्यक्तियों का भी मानसिक-आचरणात्मक इलाज किया जा सकता है जिससे उन्हें तनाव विकृति होने से बचाया जा सकता है (ब्रियान्त एवं अन्य)। शराब के आदी बीमार मरीजों का समय से इलाज करने पर शराब पीने की मात्रा में कमी देखी गई है। सदमे से जुड़े अन्य पहलुओं जैसे काम पर जाने में परेशानी, अवसाद, पारिवारिक समस्याएँ, सदमे की स्थिति में अपराध करना और वियोग से जुड़ी समस्याएँ का अध्ययन नहीं किया गया है। परंतु इतना तो तय है कि यदि मरीज की बीमारी का सही ढंग से उपयुक्त समय पर इलाज किया जाए तो उसकी स्थिति ठीक हो सकती है। सदमे से पीड़ित कई व्यक्तियों को लगातार सांत्वना और परामर्श देने से भी फायदा होता है।

आगे की सेवाओं व कार्यवाहियों को अधिकतम लोगों तक पहुँचना–सदमे से पीड़ित कम ही लोग मानसिक स्वास्थ्य सेवाओं का लाभ उठा पाते हैं। इसके कई कारण हो सकते हैं–

(1) उन्हें इस प्रकार की किसी सेवा की जानकारी न हो,

(2) वे इसकी जरूरत न समझ सकें,

(3) सेवा की उपयोगिया पर भरोसा न हो,

(4) मानसिक स्वास्थ्य सेवा के प्रति नकारात्मक रवैया हो। इसलिए जो लोग आगे की कार्रवाई की योजना बनाते हैं उन्हें सबसे पहले इस पक्ष की ओर ध्यान देना चाहिए कि सदमे से पीड़ित लोगों के पास किस तरह पहुँचा जाए और उन्हें स्वास्थ्य सेवाओं के बारे में किस प्रकार शिक्षित किया जाए।

आपदाओं के बाद मची अफरा-तफरी जरूरी है कि कार्यकर्त्ता व्यवस्थित ढंग से जीवित बचे लोगों का पूरा ब्योरा अपने पास रखें और बाद में भी उन तक पहुँचने का प्रयास करें और इसके बाद आगे की कार्रवाई करने के लिए तथा उन तक पहुँचने की पूरी व्यवस्था करें। जीवित बचे व्यक्ति के संभावित संपर्क स्थल को ध्यान में रखने से कार्यकर्त्ता वहाँ पहुँचकर उनकी जाँच व समुचित इलाज भी कर सकते हैं। सदमे के दौरान घायल व बीमार पड़े लोगों के लिए आगे की सेवाएँ अर्थात् फोलो-उप सेवाओं से उनके मानसिक स्वास्थ्य का पुनः मूल्यांकन, अनुशंसा व इलाज किया जा सकता है। सदमे से पीड़ित व्यक्तियों से कई अवसरों पर संपर्क किया जा सकता है जैसे स्मृति दिवस के अवसर पर, स्व-सहायता समूह गतिविधियों में, कानूनी और वित्तीय सुविधा प्राप्त होने वाली जगहों में और बीमा कंपनियों में।

(5) स्व-देखभाल और स्वः मदद—असामान्य घटना से गुजरा हुए व्यक्ति के मस्तिष्क पर गहरा प्रभाव पड़ता है। परिवार और मित्रों की मदद से व्यक्ति दुखों को भूलने की कोशिश करता है और समय बीतने के साथ-साथ उसके घाव भी भरते चले जाते हैं।

सदमा उपरांत तनाव विकृति—सदमा उपरांत तनाव विकृति जिसे 'पोस्ट ट्रॉमेटिक स्ट्रेस डिस्ऑर्डर' कहा जाता है एक गंभीर मनोवैज्ञानिक प्रतिक्रिया है जो व्यक्तियों के मन में किसी भीषण दुर्घटना के बाद समा जाती है। अमेरिकन साइकिऐटरिक, एसोसिएशन ने सदमा उपरांत तनाव विकृति की स्थिति को उद्विग्नता और चिंता के कारण होने वाली बीमारी कहा है जो व्यक्ति के मन में डर, आतंक और मजबूर होने के एहसास के कारण हो सकता है जैसे आपसी हिंसक झगड़ों से, भीषण वाहन दुर्घटनाओं से, प्राकृतिक आपदाओं से, किसी व्यक्ति को मार खाते या हत्या होते देखने से, या फिर नजदीकी रिश्तेदार या मित्र के बारे में बुरी खबर सुनने से। अमेरिकन, साइकिएटरिक, एसोसिएशन तथा कई लेखकों जैसे येहूदा, मैकफारलेन और वारशौ के अनुसार आमतौर पर व्यक्ति तीन महीने से दो वर्ष के भीतर इस सदमे और तनाव से बाहर आ जाता है। हालाँकि कुछ लोगों में यह स्थिति बाद में भी बनी रहती है।

सदमा उपरांत तनाव विकृति के प्रति संवेदनशील लोग—सदमे का प्रभाव निम्नलिखित लोगों पर ज्यादा पड़ता है—

(1) उत्पीड़ित व्यक्ति या व्यक्ति जिसने कोई हिंसात्मक घटना देखी हो या फिर हमेशा उसे अपने जान के प्रति खतरा रहा हो।

(2) किसी दुर्घटना में बचे हुए लोग जैसे–

(क) वाहन दुर्घटना

(ख) आग

(ग) प्राकृतिक आपदाएँ

(घ) हवाई दुर्घटना या आतंकवादी हमले जैसी घटनाएँ

(ङ) औद्योगिक दुर्घटनाएँ।

(3) आपातकालीन चिकित्सा सेवाकर्मी, पुलिसकर्मी, अग्निशमनकर्मी, सैनिक और राहत तथा बचावकर्मी जो सबसे पहले घटना स्थल पर पहुँचते हैं।

(4) निम्नलिखित दुर्घटनाओं में बचे व्यक्ति–

(क) घरेलू हिंसा या निकट व्यक्ति के साथ मारपीट

(ख) बलात्कार

(ग) पिटाई या अपमान

(घ) अन्य दुर्घटनाएँ जैसे कभी-कभी सार्वजनिक स्थलों में हिंसा की घटनाएँ।

(5) तिरस्कृत बच्चे या फिर जिसके साथ बचपन में यौन शोषण, मारपीट, गाली-गलौज हुआ हो या फिर ऐसे वयस्क जिनके साथ बचपन में दुर्व्यवहार हुआ हो।

(6) सैनिक या नागरिक जो युद्ध के शिकार हुए हों।

(7) ऐसा व्यक्ति जिसे पता चला हो कि उसकी बीमारी उसकी जान के लिए खतरा है या ऐसा व्यक्ति जो लंबी चिकित्सा प्रक्रिया से गुजरा हो।

(8) ऐसा व्यक्ति जिसने अपने किसी प्रिय संबंधी या मित्र की अप्रत्याशित मृत्यु का समाचार सुना हो।

अध्ययनों से पता चला है कि 25-30 प्रतिशत लोग जो तनावग्रस्त घटनाओं जैसे आपदा, लड़ाई, हिंसा व दुर्घटना में प्रभावित होते हैं, उन्हें प्रायः सदमा उपरांत तनाव विकृति या अन्य मनोवैज्ञानिक समस्या उत्पन्न हो जाती है। इस प्रकार की दुर्घटनाओं से जो लोग बच जाते हैं, उन्हें अत्यधिक तनाव का जोखिम रहता है और उन्हें सहज होने में समय लगता है।

निम्नलिखित स्थितियों में व्यक्ति अपना मानसिक संतुलन खो सकता है–

- प्रिय मित्र या संबंधी का खोना।
- जान को खतरा या शारीरिक चोट लगना।
- किसी की निर्मम हत्या या शारीरिक चोट या विकृत शव का प्रत्यक्षदर्शी होना
- अत्यधिक हिंसा या पर्यावरणात्मक तबाही
- घर-बार का उजड़ना, मूल्यवान वस्तुओं का खोना, पड़ोसी व समुदाय का साथ छूट जाना।
- निकट संबंधियों से संपर्क और समर्थन टूटना
- घनीभूत भावनात्मक अपेक्षा व स्थिति (उदाहरण के लिए बचाव और राहतकर्मी द्वारा बचे हुए लोगों को ढूँढना या दुख से संतप्त परिवार के साथ बातचीत करना)

- अत्यधिक थकान, मौसम की मार, भूख या नींद न आना।
- लंबे समय तक जान और माल का खतरा महसूस करना और भावनात्मक/शारीरिक तनाव होना।
- जहरीली गैस या रसायनों या विकिरण के संपर्क में आना।

कुछ लोगों में अत्यधिक तनाव के लक्षण होते हैं और सदमा उपरांत तनाव विकृति उन पर लंबे समय तक हावी रहती है। इसके कई कारण हैं–

- मारपीट, दुर्घटना, गाली गलौज, बचाव और राहत कार्य जैसे करूण प्रसंगों का प्रत्यक्षदर्शी होना।
- गंभीर बीमारी या मनोवैज्ञानिक असंतुलन होना।
- जबरदस्त गरीबी, घर बार न होना, बेरोजगारी या भेदभाव।
- व्यक्तिगत जीवन में किसी कारण से हाल में हुई घटना से भावात्मक तनाव होना (जैसे माता पिता में से किसी एक का न रहना)।

आपदा तनाव पहले से उपस्थित सदमे को पुनर्जीवित कर सकता है तथा पहले से मौजूद सामाजिक, आर्थिक, आध्यात्मिक, मनोवैज्ञानिक या चिकित्सा संबंधी समस्याओं को बढ़ा सकता है।

गहरे सदमे के लक्षण–ऐसा देखा गया है कि आपदाओं से बचे अधिकांश व्यक्तियों का सदमा मामूली स्तर का होता है। कभी-कभी आपदाओं के दौरान व्यक्तिगत संबंध बढ़ते हैं और संबंधों में प्रगाढ़ता आती है। परंतु आपदा के दौरान बचे तीन में से एक व्यक्ति को निम्नलिखित में से सब या कुछ गंभीर तनाव के लक्षण हो सकते हैं जिससे उसे गंभीर तनाव विकृति, उद्विग्नता या अवसाद हो सकता है–

- अलग-थलग पड़ना (जीवन से बिल्कुल कटा महसूस करना, ऐसा लगना कि स्वप्न देख रहे हो, बीच-बीच में अंधेरा सा छा जाना)
- विगत स्मृतियों का बार-बार आक्रमण (भयाक्रांत करने वाली स्मृतियाँ, दु:स्वप्न या फ्लैश बैक)
- दुख पहुँचाने वाली यादों को दूर करने का प्रयत्न करना (नशीले पदार्थों के जरिए)
- स्तब्धता (भावना न महसूस करना, जीवन में खालीपन महसूस करना)
- अति उत्तेजना (आक्रमण करना, क्रोध करना, चिढ़ना, जरूरत से ज्यादा उत्तेजित होना)
- अत्यधिक चिंता (चिंता से शून्य होना, असहाय महसूस करना, दबाव या फिर आवेश की स्थिति में होना)
- अत्यधिक अवसाद (आशा, आत्मशक्ति, प्रेरणा या जीजिविषा का पूरी तरह से लुप्त होना)।

लोगों की प्रतिक्रिया सदमे के प्रति एक जैसी नहीं होती है। कई लोगों को सघन सदमे होते हुए भी उन्हें सदमा उपरांत तनाव विकृति नहीं होती। कई लोगों में तो ये लक्षण एक

सप्ताह के भीतर ही पैदा हो जाते हैं और कई लोगों में इसके लक्षण सालों बाद भी उभर सकते हैं।

सदमा उपरांत तनाव विकृति के लक्षणों को तीन वर्गों या 'क्लस्टर्स' में विभाजित किया जा सकता है–

- दुःस्वप्नों या अंतर्वेधी छवियों से पुरानी बातें बार-बार याद आना और वापस उसी स्थिति में पहुँच जाना। सदमे की स्थिति में रहने वाले व्यक्ति को अत्यधिक भावनात्मक और शारीरिक प्रतिक्रियाएँ होती हैं जैसे घटना की याद आते ही थरथराना, हृदय गति बढ़ना या फिर हड़बड़ाना या उत्तेजित होना।
- उन स्थानों, लोगों, विचारों या कार्यकलापों से दूर रहना जिनसे उन्हें उस दुर्घटना की याद आती है। अपने इस प्रयत्न की वजह से लोगों से, मित्रों से और परिवार से अलग-थलग रहने की कोशिश करते हैं और रोजमर्रा की जिंदगी से अपने को काट लेते हैं।
- हर समय जरूरत से ज्यादा चौकन्ना रहना। साथ ही उत्तेजित होना, अचानक गुस्सा आना, सोने में परेशानी, एकाग्रता न होना या आसानी से हड़बड़ा या डर जाना, नींद नहीं आना आदि।

अन्य समस्याएँ इस प्रकार हैं–

- मानसिक अवसाद और विलगाव जैसी मनोवैज्ञानिक समस्याएँ या फिर संत्रस्त होना।
- खुद को नष्ट करने की प्रवृत्ति जैसे शराब पीना या नशा करना, आत्महत्या के प्रयास, अनियंत्रित और जोखिम भरा यौन प्रयास जिससे अनचाहे गर्भ या फिर संक्रमित बीमारियाँ या एड्स होने का खतरा है। इसी प्रकार ऐसे व्यक्ति दूसरे तरह के आत्मघाती प्रयास भी कर सकते हैं जैसे खूब तेज और लापरवाही से गाड़ी चलाना।
- शारीरिक शिकायतें- तनाव से जुड़ी समस्याएँ जैसे जीर्ण थकान लक्षण, पेट में दर्द, पाचन संबंधी समस्या, शौच आदि में समस्या, बार-बार डायरिया और कब्ज होना, खाने में परेशानी, साँस लेने में परेशानी या दमा, सिर में दर्द, मांसपेशियों में दर्द, पीठ और कमर में दर्द, हृदय संबंधी परेशानी आदि। अवसाद और निराशा में डूबे व्यक्ति को केवल मानसिक अस्वस्थता के कारण ऐसा हो सकता है जिसका और कोई शारीरिक विकार संबंधी कारण नहीं होता।

प्रश्न 3. सदमा उपरांत तनाव विकृति के विभिन्न चरणों का वर्णन कीजिए।

(जून-2018, प्र.सं.-9)

उत्तर– संघात चरण–अधिकांश लोग आपदा आने पर उचित रूप से इसका सामना करते हैं। वे अपना और दूसरों का जीवन बचाने का प्रयास करते हैं। यह स्वाभाविक और बुनियादी प्रतिक्रिया है। संघात चरण के दौरान कई लोग हड़बड़ाहट में काम करते हैं और

अपने को अशक्त महसूस करने लगते हैं और इस प्रकार आपदा का सामना सही ढंग से नहीं कर पाते। कई बार यह हड़बड़ाहट या अव्यवस्था अल्पकालिक होती है परंतु कभी-कभी यह मानसिक अस्थिरता का दौर लंबे समय तक चलता है। प्रभावित लोग स्थिति का मुकाबला करने में अपने को असहाय महसूस करने लगते हैं। इससे वे आपदा में हुए तनाव से जूझ नहीं पाते और उनमें विलगाव की भावना पैदा हो जाती है। संघात चरण में ही कई प्रकार के तनाव पैदा हो सकते हैं जिसके फलस्वरूप लोगों पर नकारात्मक प्रभाव पड़ता है–

- जीवन पर खतरा और मौत से साक्षात्कार
- बेसहारा और शक्तिहीनता की भावना
- प्रियजन, घरबार और संपत्ति का नुकसान
- विस्थापन (प्रियजन, घर-बार, आसपास के परिवेश, समुदाय, पड़ोसियों से अलगाव)
- उत्तरदायित्व की भावना (उदाहरण के लिए यह महसूस होना कि और भी काम किया जा सकता है)
- मानव विद्वेष (आपदा को भूलना तब और कठिन हो जाता है जब मन में यह बात बैठ जाए कि यह आदमी का रचा षडयंत्र है)

आपदा के तुरंत बाद का चरण : ठिठकना व बचाव–इस चरण में लोगों को तनाव से उबारने का प्रयास किया जाता है। साथ ही, प्रारंभिक राहत कार्य भी आरंभ किए जाते हैं। इस चरण में आरंभिक मानसिक स्वास्थ्य प्रभाव सामने आ सकते हैं (जेसे लोगों में हड़बड़ाहट, हताशा या उद्विग्नता तथा चिंता के लक्षण)। भावनात्मक प्रतिक्रियाएँ अलग-अलग तरह की होती हैं और यह अलग-अलग व्यक्ति के नजरिए तथा पहले झेले गए तनावों और उसके अनुभवों पर भी निर्भर करती है। आरंभ की आपाधापी और बचाव करने के झोंक में प्रतिक्रियाएँ दबी रह सकती हैं और जब जीवन सामान्य पटरी पर लौटने लगता है तब ये उभर कर सामने आती है। इसमें कुछ प्रतिक्रियाएँ और लक्षण भी देखने को मिल सकते हैं जो इस प्रकार हैं–

- स्तब्धता
- अस्वीकृति या आघात
- पूर्व की स्मृति और दु:स्वप्न
- दुख भरी प्रतिक्रिया
- क्रोध
- हताशा
- उदासी
- निराशा।

पुनः जीवन बहाली चरण–पुनः जीवन बहाली चरण सामान्य होने का लंबा चरण है जिसमें से समुदाय और उसमें रहने वाले प्रत्येक व्यक्ति को गुजरना होता है। बचाव और राहत कार्य संपन्न होने के बाद व्यक्ति और समुदाय अपने जीवन को सामान्य बनाने के

प्रयत्न में जुट जाते हैं हालांकि बहुत कुछ आपदा से हुए जान-माल की हानि की मात्रा पर भी निर्भर करता है। आपदा के बाद आस-पास के लोग और समुदाय विभिन्न प्रकारों से मदद पहुँचाते हैं और इस समय पीड़ित कुछ राहत महसूस करने लगता है। इसके बाद वास्तविकता सामने आती है जब संगठित सहायता व समर्थन कम होने लगते हैं, राहत कार्यकलाप कम होने लगते हैं, अखबारों के पहले पन्ने से खबर हटने लगती है, नुकसान की मार चुभने लगती है, लालफीताशाही महसूस होने लगता है और आपदा के बाद होने वाले परिवर्तन सताने लगते हैं। संकट की घड़ी में सुरक्षा और जीवन रक्षा सबसे प्रथम व आवश्यक होते हैं। इनकी पूर्ति के बाद लोगों की अन्य आवश्यकताएँ जेसे जीवनयापन और मनोवैज्ञानिक जरूरतें उभरने लगती हैं और यह लंबे समय तक पूरे नहीं किए जाते। कई बार जनसंचार माध्यमों के जरिए भी कई बार हादसे की वीभत्सना और विभीषका दिखाए जाने के कारण समुदाय विशेष पर इसका और भी बुरा प्रभाव पड़ता है।

जो लोग इससे प्रभावित हुए हैं उनकी भावनाओं का ख्याल रखा जाना चाहिए। ऐसा भी हो सकता है कि लोग अपनी पीड़ा, चिंता और असंतोष व्यक्त न कर सकें, यह महसूस करते हुए कि उन्हें जो सहायता मिल रही है वह कम नहीं है या फिर उनका नुकसान दूसरों के नुकसान से काफी कम है। गौरतलब है कि कई बार मानसिक प्रतिक्रियाएँ शारीरिक अस्वस्थता के लक्षण जैसे नींद न आना, भूख न लगना, बैचेनी, और इसके सामाजिक परिणाम भी होते हैं, जैसे रिश्तों का दरकना या फिर दफ्तर या अन्य कार्यस्थल पर ठीक से काम न कर पाना के रूप में प्रकट होती हैं।

प्रश्न 4. सदमे के उपरांत तनाव विकृति के मरीजों का इलाज किस तरीके से किया जाता है? समझाइए।

उत्तर– सदमे के मरीजों का इलाज अलग-अलग तरीके से किया जा सकता है। इनका विवरण नीचे दिया जा रहा है–

(1) मानसिक-आचरणात्मक इलाज (Cognitive-Behavioural Therapy)– मानसिक-आचरणात्मक इलाज के संबंध में काफी अध्ययन प्रकाशित हो चुके हैं। इसके अंतर्गत निम्नलिखित इलाज किए जा सकते हैं–

(क) 'एक्सपोश्र्ज थेरेपी' जिसके अंतर्गत मरीज से यह कहा जाता है कि वह विस्तार से दुर्घटना से संबंधित घटनाओं को बारी-बारी और विस्तार से दुहराए। इससे उसके मन और स्मृति पर दुर्घटना की स्मृति का दबाव कम होता चला जाता है।

(ख) 'कोगनेटिव थेरेपी' के अंतर्गत मरीजों के मन में छिपी नकारात्मक भावनाओं, जैसे–अविश्वास, ग्लानि आदि को बाहर निकाला जा सकता है जिससे उनका तनाव कम हो सकता है।

(ग) 'स्ट्रेस इनोकूलेशन ट्रेनिंग' में मरीजों को अपना मानसिक तनाव कम करने की विधि बताई जाती है, जैसे–प्राणायाम, माँसपेशियों को आराम देना, खुद से बात करना आदि।

इस प्रकार के इलाज में ऊपर बताई गई किसी एक विधि या सभी विधियों का एक साथ प्रयोग किया जा सकता है। साथ ही तनाव विकृति से संबंधित शिक्षा भी दी जा सकती है और मरीजों का इलाज करते वक्त मरीजों से सौहार्दपूर्ण संबंध स्थापित किया जा सकता है। क्रोध और सामाजिक अलगाव को दूर करने के लिए भी इस प्रविधि का इस्तेमाल किया जा सकता है। क्रोध को वश में करने के लिए तथा अपनी बात को प्रभावी ढंग से रखने के लिए लोगों को प्रशिक्षित किया जा सकता है। इसी तरह समाज से जोड़ने के लिए विभिन्न कौशलों के साथ-साथ संवाद कौशल के विकास पर भी जोर दिया जा सकता है।

आमतौर पर मानसिक-आचरणात्मक प्रविधि के परिणाम काफी उत्साहित करने वाले रहे हैं और आमतौर पर 60–80 प्रतिशत सदमा प्रभावित लोगों को इससे राहत मिलती है। लेकिन जिन लोगों के मस्तिष्क पर गहरा आघात लगता है और जो अति सघन सदमे में चले जाते हैं उनमें निदान के लक्षण धीरे-धीरे ही नजर आते हैं। इसके बावजूद इस प्रविधि से किया गया इलाज दूसरी प्रविधियों की अपेक्षा कहीं अधिक कारगर साबित हुआ है।

(2) आँखों की सक्रियता और उससे जुड़े प्रयास (Eye Movement Desensitisation and Reprocessing)—इस विधि के अंतर्गत मरीज को उसकी आँखों को आगे और पीछे करते रहने को कहा जाता है और साथ-साथ उसके मस्तिष्क में दुर्घटना की छवियों को उभारने की कोशिश की जाती है। इसके पीछे अभिप्राय यह है कि किस तरह तनाव ग्रस्त व्यक्ति का तनाव से ध्यान हटाया जाए। कभी-कभी ध्वनियों का प्रयोग करके भी मरीज का ध्यान आकृष्ट किया जाता है। इससे दुर्घटना से जुड़े नकारात्मक विश्वासों को दूर करने में मदद मिलती है। आँखों की सक्रियता के जरिए किए जाने वाले इलाज और मानसिक-आचरणात्मक प्रविधि की तुलना करने पर यह निष्कर्ष निकला है कि आचरणात्मक प्रविधि अपेक्षाकृत ज्यादा कारगर है। तीन महीने की निगरानी से यह बात सामने आई है। आचरणात्मक प्रविधि के परिणाम भी अधिक टिकाऊ पाए गए हैं। आँखों की सक्रियता द्वारा इलाज से कोई अतिरिक्त लाभ नहीं हुआ है।

(3) साइकोडायनेमिक थेरेपी या इलाज (Psychodynamic Therapy)—साइकोडायनेमिक थेरेपी या इलाज मुश्किल काम है क्योंकि यह तनाव के लक्षणों को कम नहीं करते हैं। इसकी बजाय यह अंत: व अंतरवैयक्तिक प्रक्रियाओं पर आधारित है। अभी तक इस थेरेपी के प्रभाव का एक ही प्रयोग किया गया है जिसके अंतर्गत सदमे में 40 प्रतिशत की कमी पाई गई है और इसका प्रभाव तीन महीने तक कायम रहा है। हालाँकि चिकित्सक सघन सदमे के इलाज के लिए इसे आवश्यक मानते हैं पर इसके असर को जाँचने के लिए अभी और भी अनुसंधान करने की आवश्यकता है।

(4) सामूहिक इलाज (Group Therapy)—कई अध्ययनों से मनोवैज्ञानिक दबाव, अवसाद, घबड़ाहट और सामाजिक मेल-मिलाप में सामूहिक इलाज से हुए फायदे का पता चलता है पर सदमा उपरांत तनाव विकृति की दिशा में और प्रयास करने की जरूरत है। मानसिक आचरणात्मक इलाज के अंतर्गत सामूहिक इलाज यौन पीड़ित महिलाओं का किया गया। यौन पीड़ित महिलाओं के इलाज में यह विशेष तौर पर कारगर सिद्ध हुआ। इससे सदमे में 30–60% की कमी देखी गई और इसका असर 6 महीने तक रहा। सैनिकों के सदमे में 20% की कमी

देखी गई। बचपन में यौन पीड़ितों के सदमे में 18% की कमी देखी गई। इसी प्रकार उनके अलगाव की प्रवृत्ति में 19% की कमी देखी गई और इसका असर 6 महीने तक कायम रहा।

(5) अस्पताल में भर्ती मरीजों का इलाज (Inpatient Treatment)–सदमे के इलाज के लिए अस्पताल में भर्ती किए गए मरीजों के परिणाम के संबंध में कोई निश्चित निष्कर्ष प्राप्त नहीं हुआ है परंतु चिकित्सकों का मानना है कि गहरे सदमे से पीड़ित मरीजों या फिर जिन पर सदमे का बार-बार दौरा पड़ता है, को अस्पताल में भर्ती कराने से फायदा होता है।

(6) दाम्पत्य और पारिवारिक सहयोग (Marital and Family Therapy)–सदमे से उबरने के लिए दाम्पत्य/पारिवारिक सहयोग के असर को लेकर किसी प्रकार का अनुसंधान और अध्ययन नहीं हुआ है। पर क्योंकि सदमे का प्रभाव अंतरवैयक्तिक संबंधों पर भी होता है इसलिए चिकित्सकों का यह मानना है कि सदमे के रोगियों के इलाज में पत्नी/पति और परिवार को सम्मिलित किया जाना आवश्यक है।

(7) सामाजिक पुनर्वास सहयोग (Social Rehabilitative Therapy)–देखा गया है कि सामाजिक पुनर्वास सहयोग मानसिक रूप से असंतुलित व्यक्तियों पर प्रभावी होता है परंतु अभी तक इसकी सदमा उपरांत तनाव विकृति के मरीजों पर औपचारिक रूप से जाँच नहीं की गई है।

ऐसा प्रतीत होता है कि इस प्रकार के प्रयासों को सभी प्रकार के मानसिक रूप से बीमार लोगों पर लागू किया जा सकता है, इसलिए इससे यह भी उम्मीद की जाती ह कि यह सदमे से ग्रस्त रोगियों पर भी प्रभावी हो सकेगा। इस बात पर चिकित्सक सहमत हैं कि इससे मरीज अपनी देखभाल कर सकता है, परिवार के बीच रहकर काम कर सकता है, अपना जीवनयापन कर सकता है तथा उसमें सामाजिक कौशल विकसित हो सकता है।

(8) सम्मोहन (Hypnosis)–सदमे के मरीजों के इलाज के लिए सम्मोहन बहुत कारगर उपाय सिद्ध नहीं हुआ है लेकिन चिकित्सकों का मानना है कि यह एक सहायक या अनुबद्ध के रूप में प्रभावी है, खासतौर पर अलगाव और दु:स्वप्न जैसे मामलों में।

(9) सृजनात्मक प्रयास (Creative Therapies)–अभी तक इस बात का कोई प्रमाण नहीं है कि कला, नाटक, संगीत या किसी भी प्रदर्शनात्मक कलाओं की मदद से सदमे के मरीजों को ठीक किया जा सकता है। कुछ चिकित्सकों का यह मानना है कि यह उन व्यक्तियों के लिए लाभप्रद होते हैं जिनमें सदमे के कायिक या दैहिक लक्षण उपस्थित होते हैं। परंतु इसमें पेशेवर सीमाओं तथा व्यक्ति की शारीरिक सुरक्षा का ध्यान रखा जाना चाहिए। इसलिए यह महत्त्वपूर्ण है कि इस विधि से इलाज करने वालों को पूरी तरह प्रशिक्षित होना चाहिए।

(10) चिकित्सा (Medication)–

(क) सदमा उपरांत तनाव विकृति के मरीजों का औषधि (दवाई) से इलाज–जब सारे उपाय नाकाम होते हैं तो फिर दवाइयों का प्रयोग शुरू होता है। भीषण रूप से तनावग्रस्त मरीजों के इलाज में दवा कितनी कारगर सिद्ध होती है इस पर अभी कोई ठोस अध्ययन नहीं हुआ है। परंतु अनिद्रा, घबड़ाहट और अवसाद के संबंध में कुछ अध्ययन हुए हैं जिनके आधार पर दवाइयों का प्रयोग उचित माना गया है। साथ ही पूर्व के कुछ प्रमाणों के आधार पर भी औषधि महत्त्वपूर्ण है।

दवा देने से पहले मरीजों की मनोविकृति संबंधी व मेडिकल जाँच पूरी तरह से हो जानी चाहिए। मरीज की हालत, मनोविकृति विश्लेषण, मौजूदा चल रही दवाइयाँ और दवा से होने वाली एलर्जी का भी पता लगा लेना चाहिए। इसके अलावा चिकित्सकों को मरीज से एल्कोहल (alcohol), मर्जीयाना और अन्य नशीली वस्तुओं के सेवन के बारे में भी पूछ लेना चाहिए क्योंकि दी जाने वाली दवाइयाँ इनसे मिल सकती हैं और सदमे के मरीज की मनोवैज्ञानिक और मानसिक हालत और बिगड़ सकती है। यदि सदमे से पीड़ित मरीज का कोई अन्य इलाज चल रहा हो या उसकी शल्य चिकित्सा होनी हो तो चिकित्सक को दवा देने से पहले खूब सोच-विचार कर लेना चाहिए। इस बात की जाँच कर लेनी चाहिए कि मरीज अन्य कोई इलाज तो नहीं ले रहा है।

(ख) मरीजों को दवा देना—कई बार मनोविकृति और चिकित्सा संबंधी जाँच पूरी होने से पहले ही कई मरीजों को दवा शुरू कर दी जाती है। मरीज के आक्रामक और खतरनाक होने की स्थिति में ही ऐसा किया जाता है। ऐसे मरीजों को इमरजेंसी रूम में ले जाया जाना चाहिए और उन्हें बेंजोडियाजेपिन्स (उदाहरण के लिए, लौराजेपाम) या न्यूरोलेप्टिक्स (उदाहरण के लिए, हैलडौल) जैसी दवाइयाँ जिसके नकारात्मक प्रभाव (side effects) कम होते हैं (नींद संबंधी, एंटिकोलिनरजिक और अर्थोस्टैटिक) दिए जाने चाहिए। न्यूरोलेप्टिक्स (उदाहरण के लिए, रिस्परिडोन) की थोड़ी खुराक भी उत्तेजनात्मक आक्रामकता का इलाज करने में उपयोगी हो सकती हैं।

आपदा के बाद कई लोग उत्तेजना और अनिद्रा का शिकार हो जाते हैं। वे जरूरत से ज्यादा चौकन्ने, चिंतित व उद्विग्न रहते हैं। शोध कार्यों से यह पता चलता है कि सदमे के पहले कुछ हफ्तों में यदि किसी व्यक्ति को अति उत्तेजना होती है तो उसमें तनाव विकृति होने की संभावना ज्यादा होती है। आराम करने और स्वास्थ्य संबंधी व्यायाम करने से इस प्रकार की उत्तेजना कम होती है। इसके अलावा सामाजिक समर्थन, मनोचिकित्सा और दवा के उपयोग से इसे नियंत्रण में लाया जा सकता है। सदमा से उत्तेजना के शिकार मरीजों के लिए बेंजोडियाजेपिन्स और एंटिकोलिनरजिक तत्त्वों से युक्त दवाएँ, जैसे—क्लोनिडाइन, गुआनफेसिन और प्रोप्रानौलौल दिया जा सकता है।

(ग) चिकित्सकों द्वारा दी गई दवाइयाँ—बेंजोडियाजेपिन्स तेजी से काम करता है और बहुत असरदार दवा है। किसी दुर्घटना में बचे सदमा पीड़ितों के लिए यह दवा बहुत ही उपयोगी साबित होती है क्योंकि इससे घबड़ाहट और उत्तेजना कम होती है और इससे नींद न आने की शिकायत भी दूर होती है। परंतु यह दवा ज्यादा दिन तक लेने से इसका असर कम होने लगता है। सदमा पीड़ित मरीजों पर इसके प्रभाव का अध्ययन करने पर यह पाया गया है कि आरंभ में इसको लेने से तनाव विकृति के लक्षणों में काफी कमी आती है (मेलमेन आदि, 1998) परंतु एक दूसरे अध्ययन से यह पता चला कि ज्यादा दिन बेंजोडियाजेपिन्स खाने से सदमे की पीड़ा बाद में और भी बढ़ सकती है (गेलपिन आदि, 1996)। इस कारण यह आवश्यक

है कि अनिद्रा, उत्तेजना और घबड़ाहट पर नियंत्रण करने के लिए तो इस दवा का इस्तेमाल किया जाना चाहिए लेकिन ज्यादा दिनों तक नहीं। तनावग्रस्त व्यक्ति की अनिद्रा दूर करने के लिए दूसरी दवाइयाँ भी कारगर हो सकती हैं। त्राजैडोन, नेफैजेडोन और एमिट्रीप्टलाइन की थोड़ी खुराक लेने से भी इसमें फायदा होता है।

बेहद तनावग्रस्त व्यक्ति के इलाज के लिए अभी तक एंटिकोलिनरजिक एजेंट का अध्ययन नहीं किया गया है। परंतु इस संबंध में और अनेक प्रयोग किए गए हैं जिनसे यह पता चलता है कि ये दवाइयाँ उत्तेजना, क्रोध, स्मृतिदंश और अनिद्रा को दूर करने में काफी हद तक सहायक सिद्ध हुई हैं। प्रोपानौलौल की कम खुराक से घबड़ाहट, भय जैसी व्याधियाँ दूर होती हैं क्योंकि यह मानसिक और शारीरिक तनाव को कम करता है। हृदय रोग से ग्रस्त लोगों को चिकित्सक द्वारा क्लोनिडाइन, गुआनफेसिन और प्रोपानौलौल की उचित खुराक विवेकपूर्ण तरीके से दी जानी चाहिए क्योंकि इनसे रक्तचाप कम हो सकता है। यदि मरीज सही ढंग से दवा नहीं लेता है या उसे बंद कर देता है तो क्लोनिडाइन के कारण उसे पुनः उच्च रक्तचाप हो सकता है। इसके अलावा ये दवाइयाँ मधुमेह से पीड़ित रोगियों को नहीं दी जानी चाहिए क्योंकि इससे उन्हें हाइपोग्लाइसिमिया हो सकता है।

(11) सदमा के मरीजों का इलाज करते समय ध्यान रखने योग्य कुछ बातें—कुछ व्यक्तियों को पहले से ही मानसिक अस्वस्थता या तनाव विकृति होती है। हाल की दुर्घटना से उन्हें जो सदमा लगता है उससे उनकी पहले से ही नाजुक स्थिति और भी बिगड़ जाती है। इसलिए यह सावधानीपूर्वक जाँच करना जरूरी है कि उनकी मनोचिकित्सा करने और उनको दवा देने की कितनी आवश्यकता है। चिकित्सक को इस स्थिति में उस चिकित्सक से भी संपर्क करने की कोशिश करनी चाहिए जो उनका इलाज पहले से कर रहा हो ताकि इलाज में निरंतरता रह सके।

यह आवश्यक नहीं कि सदमे से पीड़ित व्यक्ति को अवसाद, पीड़ा या तनाव विकृति ही हो। उसे इसके अलावा भी कई सदमा जन्मित विकृतियाँ हो सकती हैं। इस स्थिति में बहुत सावधानीपूर्वक मरीज का इलाज किया जाना चाहिए।

यह बात मरीजों या उनकी देखभाल करने वालों को बता देनी चाहिए कि जो दवा दी जा रही हो उस पर मदिरा या अन्य नशीली दवाओं की क्या प्रतिक्रिया हो सकती है। चिकित्सकों को अपने मरीजों के दवा के अतिरिक्त प्रभावों अर्थात् 'साइडइफेक्ट' के बारे में भी बता देना चाहिए। चिकित्सक को हमेशा मरीज से संपर्क बनाए रखना चाहिए ताकि मरीज पर दवा का कुप्रभाव पड़े तो वह इसे तुरंत रोकने का प्रयास कर सके। इसके फलस्वरूप दवाओं के दुष्प्रभाव को दूर किया जा सकता है और मरीज की हालत खराब होने से बचाई जा सकती है। ऐसे मरीजों को दवा देते समय खास ध्यान रखना चाहिए और हमेशा उनके स्वास्थ्य पर निगरानी रखनी चाहिए कि कहीं उन पर उन दवाओं का प्रतिकूल असर तो नहीं पड़ रहा है। दवा देने के अलावा मरीजों के मानसिक असंतुलन और तनाव को दूर करन के लिए और भी कई अतिरिक्त उपाय किए जा सकते हैं जिससे वे सदमे की स्थिति से जल्दी उबर सकते हैं।

सदमे से उबरने और रोकथाम हेतु महत्त्वपूर्ण सिद्धांत—सदमे से उबरने तथा इसके रोकथाम हेतु कुछ महत्त्वपूर्ण सिद्धांत या तत्त्व होते हैं जिन्हें ध्यान में रखा जाना चाहिए। ये सिद्धांत निम्नलिखित हैं—

- सबसे पहले लोगों की ताकत और उनके दु:ख के अनुभव को समझना बहुत जरूरी है। हालाँकि दुर्घटना में बचे लोगों के साथ करुणा और सहानुभूति से पेश आना आवश्यक है, पर यह भी आवश्यक है कि जो लोग दुर्घटनाग्रस्त लोगों की सेवा कर रहे हों उन्हें अपनी सेवा में आस्था हो और अपने सामर्थ्य का अहसास हो।
- सूचना और शिक्षा की मदद से लोगों की समझ और सोच को विकसित किया जा सकता है और यह सहायता और देखभाल का अभिन्न अंग होना चाहिए। आपदा से पहले की तैयारी, दुर्घटना की पूरी सूचना, इस प्रकार की घटनाओं के प्रति सामान्य अनुक्रिया में शिक्षा, लोगों को मानसिक रूप से उबारने के लिए प्रशिक्षण, सूचना केंद्र द्वारा प्रभावित समुदायों को लगातार दी जाने वाली सूचनाओं आदि के माध्यम से लोगों की पीड़ा और दु:ख को कम करने और जीवन को पटरी पर लौटाने में मदद मिलती है।
- अनुभव को आपस में बाँटना। कई लोग आप बीती सुनाना चाहते हैं जिससे कि वे भावात्मक रूप से हल्का महसूस कर सकें और साथ ही लोगों की सहानुभूति और समर्थन प्राप्त कर सकें। इस प्रकार के व्यवहार में काफी भिन्नता पाई जाती है। आपदा के बाद एक जगह इकट्ठा हुए लोग स्वाभाविक रूप से आपस में अपना दु:ख-दर्द बाँटते हैं। परंतु कभी ऐसा भी होता है कि कुछ लोग अपनी बात या अनुभव दूसरों से बाँटना नहीं चाहते हैं। मानसिक स्वास्थ्य सेवियों को इन अलग-अलग परिस्थितियों और जरूरतों की जानकारी होनी चाहिए और उन्हें व्यक्तियों की जरूरतों के अनुसार काम करना चाहिए।
- सामुदायिक समर्थन या नेटवर्क अत्यंत आवश्यक हैं क्योंकि इससे लोगों के वापस जिंदगी में लौटने में मदद मिलती है। नेटवर्किंग के जरिए लोग एक-दूसरे की मदद करते हैं और उनके बीच जो एक भावनात्मक जुड़ाव पैदा होता है, उससे उन्हें एक शक्ति मिलती है जिसके बल पर वे आपदा के दौरान और उसके बाद डटकर स्थितियों का मुकाबला करते हैं। इस प्रकार की मदद और समर्थन के लिए सामुदायिक समूहों का निर्माण किया जा सकता है और इन्हें प्रोत्साहन दिया जा सकता है।

प्रश्न 5. आपदा के समय बचाव कार्य में संलग्न राहतकर्मियों के मानसिक स्वास्थ्य प्रबंधन पर प्रकाश डालिए।

उत्तर– राहतकर्मियों पर भी आपदा के दौरान खतरा रहता है। वे इस दौरान घायल हो सकते हैं या उनकी मृत्यु भी हो सकती है। लोगों को बचाते समय वे अपने दोस्त और साथी को खो भी सकते हैं। इसका उनके ऊपर गहरा प्रभाव पड़ता है। शारीरिक खतरे के अलावा राहतकर्मियों के व्यवहारात्मक और भावनात्मक जुड़ाव की भी समस्या पैदा हो सकती है।

आपदा अनुभवों से संबद्ध मनोवैज्ञानिक समस्याएँ–आपदा से संबद्ध मनोवैज्ञानिक समस्याएँ निम्नलिखित प्रकारों की हो सकती हैं–

- **भावनात्मक प्रतिक्रियाएँ**–अस्थायी झटका (कुछ दिनों या एक दो सप्ताहों के लिए), भय, पीड़ा, क्रोध, गुस्सा, ग्लानि, शर्त, बेसहारापन, निराशा या फिर भावनात्मक

संवेदनशून्यता (किसी से भी प्रेम या अंतरंगता दिखाने में दिक्कत या फिर रोजमर्रा के कार्यों में हिस्सा लेने में परेशानी)।

- **मानसिक प्रतिक्रियाएँ**–उलझन, दिशाहीनता, निर्णयहीनता, चिंता, भूलना, एकाग्रता का अभाव, अनचाही स्मृतियाँ, खुद को दोष देना।
- **शारीरिक प्रतिक्रियाएँ**–तनाव, गुस्सा, बेचैनी, अनिद्रा, शरीर में दर्द, तुरंत उत्तेजित होना, हृदय गति का बढ़ना, जी मिचलाना, भूख न लगना, यौनेच्छा में परिवर्तन।
- **अंतर्वैयक्तिक प्रतिक्रियाएँ**–अंतर्वैयक्तिक संबंधों में तनाव, जैसे–विद्यालय में, कार्यस्थल में, दोस्तों के बीच में, विवाह-शादी में या माता-पिता के रूप में; अविश्वास, खीज, टकराव, अंतर्मुखता, अलगाव, अकेलापन, दूर-दूर रहना, निर्णात्मक होना या जरूरत से ज्यादा नियंत्रित रहना।

आपदा से होने वाले तनाव के लक्षण–यह सामान्य है कि अधिकांश राहतकर्मियों को थोड़ा बहुत तनाव हो ही जाता है और कई बार आपदा के अनुभवों से उनके व्यक्तिगत विकास और संबंधों में भी मजबूती आती है। परंतु आपदा के दौरान तीन में से एक राहतकर्मी को निम्नलिखित में से सब या कुछ गंभीर तनाव के लक्षण हो सकते हैं जिससे उसे गंभीर तनाव विकृति, उद्विग्नता या अवसाद हो सकता है–

- अलग-थलग पड़ना (जीवन से बिल्कुल कटा महसूस करना, ऐसा लगना कि स्वप्न देख रहे हों, बीच-बीच में अंधेरा छा जाना)
- विगत स्मृतियों का बार-बार आक्रमण (भयाक्रांत करने वाली स्मृतियाँ, दुःस्वप्न या फ्लैश बैक)
- दुःख पहुँचाने वाली यादों को दूर करने का प्रयत्न करना (नशीले पदार्थों के जरिए)
- स्तब्धता (भावना न महसूस करना, जीवन में खालीपन महसूस करना)
- अति उत्तेजना (आक्रमण करना, क्रोध करना, चिढ़ना, जरूरत से ज्यादा उत्तेजित होना)
- अत्यधिक चिंता (चिंता से शून्य होना, असहाय महसूस करना, दबाव या फिर आवेश की स्थिति में होना)
- अत्यधिक अवसाद (आशा, आत्मशक्ति, प्रेरणा या जिजीविषा का पूरी तरह से लुप्त होना)।

अति तनाव के लक्षणों वाले लोग–जो राहतकर्मी आपदा और उसके बाद की निम्नलिखित घटनाओं को देखते या अनुभव करते उन्हें गंभीर तनाव व पुनः समंजन समस्याओं का जोखिम रहता है–

- जीवन को खतरा या शारीरिक नुकसान (खासतौर पर बच्चों को)।
- भयानक मौत, घायल शरीर या विकृत शवों को देखना।
- हिंसा या प्राकृतिक विनाश से साक्षात्कार।
- घर-बार तथा पड़ोसी या समुदाय से अलग-थलग पड़ जाना।
- कीमती सामानों का नुकसान होना।
- संबंधियों से किसी प्रकार का संपर्क या समर्थन न रहना।

- अत्यधिक भावनात्मक स्थितियाँ (मसलन, जीवित व्यक्तियों को खोजना या फिर किसी मृतक के परिवार से मिलना और बातचीत करना)।
- अत्यधिक थकान, मौसम की मार, भूख न लगना, ठीक से नहीं सो पाना।
- खतरा, नुकसान, भावनात्मक/शारीरिक तनाव से जूझना।
- जहरीली गैस या रसायन या रेडियो विकिरण के प्रभाव में आना।

अध्ययनों से यह पता चला है कि कई लोगों में तनाव के ये लक्षण गहन सदमे में बदल सकते हैं यदि–

- वे आपदा के होने के पहले से ही किसी सदमे से प्रभावित हों जैसे (भयानक दुर्घटना, गाली गलौज, अपमान, मार पीट, आक्रमण, राहत कार्य)।
- वे गंभीर रूप से या लंबे समय से बीमार हों या उन्हें मानसिक विकृति हो।
- अत्यधिक गरीबी, बेघर, बेरोजगारी या भेदभाव के शिकार हों।
- हाल में ही किसी मानसिक तनाव से गुजरे हों या फिर भविष्य में किसी भावनात्मक तनाव की मौजूदगी (जैसे–अपने जीवन साथी के न रहने से अकेले ही बच्चे का पालन–पोषण)।

आपदा से उनका पिछला दु:ख उमड़ सकता है और पहले से मौजूद सामाजिक, आर्थिक, आध्यात्मिक, मनोवैज्ञानिक या चिकित्सा संबंधी समस्याएँ गंभीर हो सकती हैं।

आपदा राहत कार्य के दौरान तनाव को कम करना–आपदा राहत कार्य के दौरान निम्नलिखित तरीकों से तनाव कम किया जा सकता है–

- सहकर्मियों के साथ मित्र की भावना से काम करना।
- अपने सहकर्मियों को प्रोत्साहित करना और समर्थन देना।
- अपने स्वास्थ्य का ख्याल रखना और समय–समय पर थोड़ा बहुत खाना खाते रहना।
- थकान महसूस करने पर आराम करना।
- अपने परिवार और साथियों के साथ संपर्क में रहना।
- किसी दु:खदायी घटना के उपरांत तथा एक कार्य या शिफ्ट समाप्त होने पर आराम करना।

आपदा के बाद तनाव कम करना–आपदा के बाद–

- समय मिलने पर वस्तुस्थिति का आंकलन 'डी–ब्रीफिंग सेशन' या सत्र में करना या फिर आपदा स्थल छोड़ने के 2 से 5 दिनों के भीतर ऐसे सत्र का आयोजन करना जिसमें राहतकर्मी अपने अनुभवों का संक्षिप्त विवरण दे सकें।
- अपनी भावनाओं से अपने साथियों को परिचित कराएँ और उनकी बात भी सुनें।
- गुस्से को व्यक्तिगत रूप में न लें–यह प्राय: निराशा, चिंता या अपराध बोध की अभिव्यक्ति है।
- अपने सहकर्मियों को महत्व दें और उनके कार्यों की प्रशंसा करें।
- भरपेट भोजन और विश्राम करें और पूरी नींद लेने का प्रयास करें।
- एक यथासंभव सामान्य दिनचर्या का पालन करें और धीरे–धीरे अपने को कई दिनों में तनाव से मुक्त करें।

घर लौटने के बाद तनाव को नियंत्रित रखना–घर लौटने पर–

- पिछली थकान मिटाने के लिए खूब आराम करें।
- धीरे-धीरे अपनी दिनचर्या को सामान्य करें।
- यह बात समझ लें कि आपदा के बारे में बात करना या न करना कोई असामान्य बात नहीं है; पर याद रखें कि जिन्होंने वह आपदा नहीं देखी है, हो सकता है वे आपकी बात सुनना न चाहें या हो सकता है आपकी बात सुनकर उनके दिमाग में डर समा जाए। उनके लिए यही बहुत है कि आप सकुशल घर लौट आए हैं।
- घर लौटने पर आपको कभी-कभी निराशा भी हो सकती है। आप जो सोच कर घर लौटते हैं, हो सकता है सच बिल्कुल विपरीत हो। परंतु एक बात हमेशा याद रखिए कि आपके जीवन में और आपके संबंधों में क्या महत्त्वपूर्ण है। अगर आप इस बात पर ध्यान देंगे तो छोटे-मोटे तनाव गंभीर तनाव में परिवर्तित नहीं होंगे।
- यदि आपका 'मूड' या मनःस्थिति बार-बार बदलता है तो आश्चर्य मत कीजिए। ये समय के साथ क्षीण हो जाएगा।
- अपने बच्चों को अपने ही बारे में मत बताते रहिए बल्कि उनसे पूछिए कि जब आप नहीं थे तो उन्होंने इतने दिनों में क्या किया।
- यदि आपको किसी से बातचीत करने का मन नहीं कर रहा हो तो आप अभिव्यक्ति के अन्य साधनों, जैसे–लेखन, मनोरंजन के लिए कोई मनपसंद काम या फिर योगाभ्यास कर सकते हैं।

राहतकर्मियों के लिए निर्देश–

- प्रत्येक दिन को एक नए अवसर के रूप में लीजिए।
- ध्यान से सोचिए कि आज आपके और आपके परिवार के लिए क्या सबसे ज्यादा महत्त्वपूर्ण है।
- देखिए और सुनिए कि आप और आपके प्रियजन कैसा महसूस कर रहे हैं। अतः आपको यह याद रहेगा कि क्या महत्त्वपूर्ण है और जो महत्त्वपूर्ण नहीं है उस पर ध्यान देने की जरूरत नहीं है।
- व्यक्तिगत रूप से यह समझने की कोशिश कीजिए कि यह अनुभव आपके लिए क्या अर्थ रखते हैं तभी आप अपनी जिंदगी जीने में कामयाब होंगे और आपके व्यक्तित्व का भी विकास होगा।

आंकलन (Debriefing)–प्राकृतिक व मानव निर्मित आपदाओं से उत्पन्न तनाव को कम करने के लिए कई मानसिक चिकित्साकर्मी तनाव आंकलन को महत्त्वपूर्ण मानते हैं। परंतु शोध से पता चला है कि मनोवैज्ञानिक आंकलन से हमेशा समुचित मानसिक स्वास्थ्य कार्रवाई नहीं हो पाती। उपलब्ध प्रमाणों से यह पता चला है कि कुछ मामलों में यह तनाव व सदमे को बढ़ा सकता है या फिर सदमे व तनाव से निकलना मुश्किल कर सकता है। मनोवैज्ञानिक आंकलन अत्यधिक रूप से शोक संतप्त लोगों के लिए बहुत उपयुक्त नहीं होता। हालाँकि कार्य के दौरान किए गए आंकलन अर्थात् 'ऑपरेशनल डिब्रीफिंग' से काफी मदद मिलती है (इसके जरिए घटना की स्पष्ट जानकारी दी जाती है और इससे लोगों को सामान्य कार्रवाई तथा आपदा

से जूझने में शिक्षा दी जाती है)। फिर भी भावनात्मक हस्तक्षेप करने से पहले काफी सावधानी बरतनी चाहिए।

हाल ही में आठ डिब्रीफिंग अध्ययनों की समीक्षा करने पर इस बात का कोई प्रमाण नहीं मिला है कि इसके द्वारा अवसाद या चिंता या सदमे के लक्षणों में कमी आती है। इसके अलावा दो अन्य अध्ययनों में, जिनमें से एक में लंबे समय तक इस पर निगरानी रखी गई, इसका कुछ नकारात्मक प्रभाव ही देखने को मिला (रोज, बिसन और वेसली, 2001)। इसलिए थोड़े बहुत तनाव के व्यक्ति को इससे राहत मिल सकती है, परंतु बेहतरीन अध्ययनों से यह पता चला है कि गहरे सदमे से पीड़ित व्यक्ति के लिए आंकलन अप्रभावी या फिर नुकसानदेह भी है।

यहाँ एक प्रश्न उठ सकता है कि आंकलन से नकारात्मक प्रभाव कैसे पड़ता है और इस संदर्भ में कुछ अनुमान लगाए गए हैं। शेलेव व ब्रियान्त के अध्ययनों से कुछ नकारात्मक तत्त्व सामने आए जो सदमे के आरंभिक चरण में कई लोगों में दिखाई देते हैं, जैसे—अत्यधिक उत्तेजना। क्योंकि आंकलन के अंतर्गत घटना का केवल संक्षिप्त विवरण ही संभव है, इस कारण यह व्यक्ति की उत्तेजना को घटाने की जगह बढ़ा सकता है। दूसरी बात यह है कि कभी-कभी आंकलन और इलाज के बीच की सीमा मिट जाती है जिसके कारण कुछ व्यक्तियों में तनाव बढ़ सकता है (ब्रियान्त, 2000)। साथ ही जो लोग सांत्वना देने के काम में लगे रहते हैं वे आमतौर पर सामूहिक परिवेश में व्यक्तियों को आकलित करते हैं। इस कारण वे गलत नतीजे पर पहुँच जाते हैं कि सदमे के दौर को रोकने के लिए एक बार किया गया प्रयास ही काफी है।

'इंटरनेशनल सोसाइटी फॉर ट्रौमेटिक स्ट्रेस स्टडीज' की निर्देशिका के अनुसार आंकलन से अधिक जोखिम वाले लोगों को स्क्रीन किया जा सकता है, उन्हें अनुशंसा हेतु सूचना दी जा सकती है तथा इसके द्वारा संगठन का मनोबल बढ़ाया जा सकता है। निर्देशिका के अनुसार आंकलन—

- सुप्रशिक्षित व अनुभवी चिकित्सक के द्वारा ही कराया जाना चाहिए
- यह अनिवार्य नहीं होना चाहिए
- इसमें स्पष्ट और वस्तुनिष्ठ मूल्यांकन प्रक्रियाएँ भी होनी चाहिए।

हालाँकि यह कहना असामयिक होगा कि आंकलन या डिब्रीफिंग की जरूरत नहीं है, परंतु तनाव विकृति के प्रति अत्यधिक जोखिम वाले व्यक्तियों के लिए कुछ अधिक जटिल हस्तक्षेप या कार्रवाई श्रेष्ठ होगी जिससे उन्हें सदमा उपरांत तनाव विकृति में जाने से रोका जा सकता है।

व्यावहारिक नियमावली

प्रश्न 1. आपदा चिकित्सा में हृदय फुफ्फुसीय पुनरुज्जीवन (सी.पी.आर.) की व्याख्या कीजिए। **(दिसम्बर-2018, प्र.सं.-8)**

अथवा

हृदय फुफ्फुसीय पुनरुज्जीवन कार्यविधि पर टिप्पणी कीजिए।

अथवा

अस्पताल स्टाफ के लिए नियत कार्यशैली की व्याख्या कीजिए।

अथवा

चिकित्सा कर्मचारियों के लिए नियत कार्यशैली (Standard Operating Procedure) को सूचीबद्ध कीजिए। **(जून-2019, प्र.सं.-8)**

उत्तर– अस्पताल-पूर्व चरण का प्रमुख उद्देश्य लोगों का जीवन बचाना, मृतकों की संख्या को कम करना, बीमारी को फैलने से रोकना तथा लोगों को अपंग होने से बचाना है। घायलों को सर्वोत्तम चिकित्सा सुविधा पहुँचाना भी इसका उद्देश्य है। इसके तीन चरण हैं–

- आपदा स्थल प्रबंधन
- प्राथमिक चिकित्सा उपचार केंद्र
- परिवहन (जिससे अत्यधिक रूप से घायलों को तुरंत अस्पताल भेजा जा सके)

आपदा स्थल प्रबंधन–आपदा स्थल प्रबंधन के मुख्य उद्देश्य इस प्रकार होने चाहिए–

- उपलब्ध संसाधनों से जितना हो सके उतने घायलों को बचाने का प्रयास करना; तथा
- आपदा स्थल से घायलों को निकालना और बचाना।

पूर्व-अस्पताल चरण में किए जाने वाले कार्यों की एक सूची बना लेनी चाहिए। इसका उल्लेख नीचे किया जा रहा है–

(1) आपदा की पुष्टि करना

(2) तुरंत आपदा स्थल पर पहुँचना

(3) पता लगाना कि–

(क) आपदा किस प्रकार की है।

(ख) आपदा की भीषणता कितनी है।

(ग) पीड़ितों की संख्या क्या है।

(घ) अभी भी सक्रिय जोखिम के क्षेत्र मौजूद है।

(ङ) आपदा क्षेत्र तक पहुँचने का रास्ता क्या है।

(4) प्राथमिक चिकित्सा केंद्रों का पता लगाना और उनके जगहों को अंकित करना।

(5) घायलों का ट्राऐज या वर्गीकरण तथा चिकित्सा सुविधा की शुरूआत करना।

प्राथमिक चिकित्सा उपचार केंद्र–प्राथमिक चिकित्सा उपचार केंद्र का उद्देश्य अधिकतम घायलों को तुरंत चिकित्सा सुविधा उपलब्ध कराना तथा उनकी असुविधा, टूट-फूट, बीमारी और यथासंभव मृत्यु की आशंका को कम करना है। लोगों का जीवन बचाने के लिए आप जितना अधिक प्रयास कर सकते हैं करें। प्राथमिक उपचार केंद्र पर तैनात लोगों को चाहिए कि वे तुरंत घायलों की स्थिति का जायजा लें और उन्हें चोट के अनुसार वर्गीकृत करके इलाज शुरू करें। वर्गीकरण या ट्राऐज के द्वारा घायलों को उनकी चोट के अनुसार अलग-अलग श्रेणियों में रखा जाता है और उसके आधार पर इलाज को प्राथमिकता दी जाती है।

(1) प्राथमिकता एक–जिन्हें तुरंत पुनरूज्जीवन व होश में लाने की आवश्यकता होती है। इस बात का प्रयास किया जाना चाहिए कि उनके–

(क) हृदय की धड़कन

(ख) साँस

(ग) रक्तप्रवाह

(घ) रखरखाव आदि को शीघ्र चालू किया जाए।

(2) प्राथमिकता दो–यथाशीघ्र घायलों को अस्पताल पहुँचने की व्यवस्था

(3) प्राथमिकता तीन–प्राथमिक उपचार करना

(4) प्राथमिकता चार–उन्हें सांत्वना देना और इंतजार करने के लिए कहना।

यदि किसी घायल व्यक्ति की मौत हो जाती है तो उसे अस्थाई शवदाह गृह में भेज देना चाहिए।

आपके शिष्टाचार–

- खुद को बचाइए
- दूसरों को बचाइए
- घायलों को बचाइए
- लोगों को हड़बड़ाने मत दीजिए
- अधिक से अधिक लोगों का इलाज कीजिए
- घायलों को जल्द से जल्द सुरक्षित स्थान या अस्पताल तक पहुँचाइए
- घायलों को सम्मानपूर्वक रखिए।

हृदय फुफ्फुसीय पुनरुज्जीवन (Cardio-Pulmonary Resuscitation)—हृदय की धड़कन और श्वास की गति अचानक रूक जाने पर उसे पुनः चालू करने या सामान्य बनाने के प्रयत्न को हृदय फुफ्फुसीय पुनरुज्जीवन कहते हैं। जब किसी व्यक्ति की हृदय गति, रक्त संचालन और श्वास गति अचानक और अनायास रूक जाती है तो उसकी क्लिनिकल डेथ हो सकती है। 4 से 6 मिनट के अंतर्गत ऑक्सीजन से जिंदा रहने वाले मस्तिष्क के कोषाणु निष्क्रिय होने लगते हैं और यदि तुरंत मस्तिष्क को ऑक्सीजन नहीं मिलता है तो मरीज के मस्तिष्क के मस्तिष्क की मृत्यु हो जाती है और इसे 'बायोलोजिकल डेथ' यानि जैविक मृत्यु कहा जाता है। इसलिए हृदय गति को तुरंत बहाल किया जाना चाहिए और इस कारण पुनरुज्जीवन शीघ्र ही आरंभ करना चाहिए। हृदय गति रूकने के तीन प्रमुख लक्षण होते हैं साँस का रूकना, 'कैरोटिड' व 'फिमरल' पल्स (नब्ज) का न होना, तथा पुतली का फैल जाना।

हृदय फुफ्फुसीय पुनरुज्जीवन निम्नलिखित क्रम से दिया जाता है–

ए–'एयरवे' (श्वासनली)

बी–'ब्रीदींग' (साँस)

सी–'सरक्यूलेशन' (रक्त प्रवाह)

किसी व्यक्ति की हृदय गति रूक जाने के बाद सबसे पहले उसकी श्वास नली साफ की जाती है फिर साँस दी जाती है और आखिरकार उसके रक्त संचालन को सामान्य करने की कोशिश की जाती है। यदि दो नर्से हो तो एकसाथ साँस और रक्तप्रवाह चालू करने का काम किया जा सकता है। जिन मरीजों की हालत बहुत गंभीर है और जिनकी हृदय गति और रक्त प्रवाह छः मिनट से अधिक समय से बंद है उन पर इस विधि को लागू करने का कोई फायदा नहीं होगा।

पुनरुज्जीवन देने वाले व्यक्ति को अतिशीघ्र निम्न कार्यवाही करनी होती है–

- हृदय आघात के लक्षण को पहचानना तथा कृत्रिम साँस देना और छाती की मालिश आरंभ करना जिससे मरीज के मस्तिष्क की मृत्यु को रोका जा सके।
- मदद माँगना।

पुनरुज्जीवन की प्रविधि को हृदय गति रूकने के 3-4 मिनट के अंतर्गत ही प्रारंभ कर देना चाहिए जिससे मरीज को बचाया जा सकता है।

तालिका 14.1 : हृदय गति पुनः चालू किए जाने के तरीके

विभिन्न कार्य	कारण
क) **श्वासनली को साफ करना**	
1) यदि श्वास की नली में कोई अवरोध हो तो उसे उल्टी करवाकर या अन्य विधियों द्वारा साफ किया जाना चाहिए।	श्वासनली का अवरोध समाप्त होने से श्वास और रक्त संचालन सामान्य
2) मरीज के सिर और गले को पीछे तक जितना हो सके झुकाइए।	सिर और गले को पीछे की ओर झुकाने से जीभ के पीछे उलटने और श्वासनली को अवरूद्ध करने से रोका जा सकता है।
3) मरीज के जबड़े में हाथ डालकर ऊपरी जबड़े और निचले जबड़े को एक-दूसरे के ऊपर बिठाने का प्रयास कीजिए।	इससे श्वासनली खुलती है और जीभ पीछे नहीं उलटती।
4) यदि उपर्युक्त उपायों से साँस चलने लगती है तो नाक में ऑक्सीजन की नली लगा देनी चाहिए। यदि सांस नहीं चलती है तो फिर कृत्रिम रूप से मरीज को साँस देनी चाहिए।	इससे मरीज साँस लेता रहता है। इससे जीभ भी नही उलटती और दाँत से कटने का डर भी नहीं होता है।
ख) **साँस चालू करना (मुहँ से मुहँ में साँस देना)**	
1) जैसा कि ऊपर बताया गया है सिर को पीछे झुकी हुई स्थिति में ही रखिए	श्वासनली को अवरोध मुक्त रखने के लिए
2) मरीज की नाक को अँगूठे और तर्जनी से दबाकर बन्द कीजिए। खूब गहरी साँस लीजिए और अपने मुँह से मरीज के मुँह में लगातार जोर से साँस भरिए ताकि मरीज के फेफड़े में पूरी हवा भर जाए। देखिए कि मरीज की छाती हवा से फूली है या नहीं।	मरीज की नाक बन्द करने और उसके मुँह में मुँह से हवा भरने से हवा सीधे फेफड़े में जाती है। छाती के फूलने से यह पता चलता है कि हवा फेफड़े में जा रही है। यदि मरीज बच्चा हो तो उसके नाक और मुँह दोनों पर मुँह रखकर हवा भरी जा सकती है।
3) हर बार मुँह से हवा भरने और छाती के फूलने के बाद मुँह मरीज के मुँह से हटा लेना चाहिए।	ताकि मरीज साँस छोड़ सके और आप उसे अपने भीतर न ले जाएं।
4) एक मिनट में 12 से 20 बार यानी हर तीन से पाँच सैकण्ड के अन्तराल में आप मरीज के मुँह में हवा भरें जबतक कि उसकी साँस चलने न लगे। बच्चों में हवा कम फूँकी जानी चाहिए परंतु एक मिनट में यह प्रक्रिया 20 से 30 बार दुहराई जानी चाहिए।	फेफड़ा उतना ही फूलना चाहिए जितना आम-तौर पर सांस लेते वक्त फूलता है।

ग) रक्त संचालन बनाए रखना	
1) चार बार साँस देने के तुरंत बाद ऊपर से छाती को दबाइए।	यदि 3 से 4 मिनट के भीतर मस्तिष्क को पर्याप्त रक्त और ऑक्सीजन नहीं मिलता तो मस्तिष्क की अपरिवर्तनीय क्षति हो सकती है। इसमें कृत्रिम संचालन संभव है क्योंकि हृदय उरोस्थि और कशेरूका के बीच में स्थित होता है। उरोस्थि पर दबाव डालने पर हृदय सिकुड़ता है, उसका दबाव रीढ़ की हड्डी पर पड़ता है जिससे रक्त हृदय से बाहर निकलकर महाधमनी में पहुँच जाता है और रक्त संचालन शुरू हो जाता है।
2) मरीज को पीठ के बल समतल और सख्त सतह पर लिटाना चाहिए।	यदि बिस्तर गद्देदार होगा तो यह पता कर पाना मुश्किल होगा कि उरोस्थि पर कितना दबाव लग रहा है।

परिवहन–आपदा में मरीजों को सुरक्षित और तेज गति से अस्पताल पहुँचाना एक प्रमुख उद्देश्य होता है। एक बार मरीज की हालत काबू में आने के बाद उसे तुरंत नियत अस्पताल में भेजना चाहिए। आपदा में कैरियर वाहनों का उपयोग करना चाहिए ताकि ज्यादा से ज्यादा मरीजों को तेजी और सुरक्षा के साथ अस्पताल पहुँचाया जा सके। यदि उपकरणों से सुसज्जित एम्बुलेंस उपलब्ध हो तो अच्छी बात है लेकिन ज्यादा इंतजार नहीं करना चाहिए क्योंकि मरीजों को तुरंत अस्पताल पहुँचाना ज्यादा जरूरी होता है।

क्या करें–

(1) एम्बुलेंस/वाहन प्रभारी से समन्वय स्थापित करें।

(2) घायलों के वर्गीकरण अर्थात् ट्राऐज के अनुसार अलग-अलग प्रकार के वाहनों का इंतजाम करें।

(3) मरीजों को वाहन पर रखने की व्यवस्था करें।

(4) सबका रिकॉर्ड रखें।

(5) अस्पताल को मरीजों की हालत की सूचना दें।

आपातकालीन कार्य योजना के लिए नियत कार्यशैली (Standard Operating Procedures)–

(1) सूचना प्राप्ति। पुष्टि करें।

(2) अस्पताल के अध्यक्ष को सूचित करें।

(3) चेतावनी सूचना जारी करें तथा आपदा योजना क्रियाशील करें।

(4) आपदा दल के सदस्यों और अन्य कर्मचारियों को संचालित करें।

(5) जरूरत पड़ने पर एम्बुलेंस के साथ एक चिकित्सक दल घटना स्थल पर तुरंत भेजें।

(6) मरीजों के वर्गीकरण का इंतजाम करें।

(7) घायलों को भर्ती करने और उनका इलाज करने के लिए अतिरिक्त स्थान बनाएँ।

(8) जरूरी दवाओं की उपलब्धता और आपूर्ति की व्यवस्था करें।

(9) सुरक्षा अधिकारी से संपर्क स्थापित करें और पुलिस को सूचना दें। जरूरत पड़ने पर अतिरिक्त बल की माँग करें।

(10) शवगृह सेवा को भी चेतावनी सूचना भेज दें।

(11) ब्लड बैंक को भी चेतावनी सूचना भेज दें।

(12) टेलीविजन और मीडिया को संबोधित करने के लिए जनसंपर्क अधिकारी को निर्देश दें।

अस्पताल के आपात कक्ष में जरूरी सामानों की जाँच सूची (Check List)–आपात कक्ष में निम्नलिखित उपकरण हमेशा कार्यशील स्थिति में मौजूद रहने चाहिए–

(1) ऑक्सीजन प्वाइंट्स और सिलिन्डर

(2) सक्सन प्वाइंट्स और संबद्ध उपकरण

(3) रक्तचाप (blood pressure) मापने के उपकरण

(4) एम्बुलेंस थैलियाँ- बड़ों और बच्चों के लिए

(5) लैरिनजोस्कोप-बड़ों और बच्चों के लिए

(6) नेबोलाइजर

(7) वेन्टीलेटर्स

(8) डेफ्रिबिलेटर हृदय गति मापने के यंत्र के साथ

(9) टॉर्च

(10) इलेक्ट्रोकॉर्डिग्राम मशीन

(11) ग्लुकोमीटर

(12) ई-टी ट्यूब्स

(क) ट्रक्योस्टोमी ट्यूबर

(ख) सीवीएफ लाइन

(ग) चेस्ट ट्यूब्स

(घ) सीरिन्ज, कैनूला

(13) जीवन रक्षक और अन्य जरूरी दवाइयाँ

(14) चादर, बिस्तर, तौलिया आदि

(15) इन्ट्रावेनस, स्टैन्ड्स

(16) ट्रॉली

(17) व्हील चेयर्स

(18) संचार प्रणाली-टेलीफोन, पेजिंग, मोबाइल

(19) सिविल और बिजली सेवाएँ

(20) पानी की आपूर्ति

कर्मचारियों के लिए नियत कार्यशैली—यहाँ हम आपदा प्रबंधन में चिकित्सा और अर्ध चिकित्सा कर्मचारियो की भूमिकाओं और जिम्मेदारियों की चर्चा करेंगे।

मुख्य चिकित्सा अधिकारी (सीएमओ/चीफ मेडिकल ऑफिसर) आपात सेवा (कैज्यूअॅलटि)—आपदा प्रबंधन में मुख्य चिकित्सा अधिकारी की भूमिका महत्त्वपूर्ण हो जाती है। उसके निम्नलिखित दायित्व होते हैं—

(1) चिकित्सा अधीक्षक को सूचना पहुँचाना।

(2) आपदा दल के सदस्यों तथा अन्य सहायक कर्मचारियों को इकट्ठा करना।

(3) जरूरत पड़ने पर आपदा स्थल पर एम्बुलेंस में प्रशिक्षित चिकित्सा दल को भेजना। एम्बुलेंस में प्राथमिक उपचार के उपकरण लगे होने चाहिए।

(4) मरीजों और उनके संबंधियों के लिए बिस्तर और स्थान की व्यवस्था करना।

(5) दवाई और अन्य आपूर्तियों की उपलब्धता को सुनिश्चित करना।

(6) अस्पताल के भीतर मरीजों के लिए परिवहन व्यवस्था का संवर्धन करना।

(7) अस्पताल के भीतर और बाहर संचार प्रणाली को दुरुस्त करना।

(8) आपदा पीड़ितों के बारे में सारी उपलब्ध सूचनाएँ डायरेक्टर जनरल, स्वास्थ्य सेवाएँ तथा स्वास्थ्य एवं परिवार कल्याण मंत्रालय के पास नियमित रूप से भेजना।

(9) दस्तावेज तैयार करना और सभी मरीजों की पहचान करना।

(10) जरूरत पड़ने पर आस-पास के सरकारी अस्पतालों में सहयोग माँगना।

(11) मरीजों को अलग-अलग विभागों में भेजना।

(12) आपदा पीड़ितों के संबंधियों को सूचना देने के लिए पूछताछ केंद्र खोलना।

(13) इस बात का ध्यान रखना कि सभी चिकित्सा अधिकारी और डॉक्टर समय पर आएँ।

(14) सभी चिकित्सकों और कर्मचारियों की बारी-बारी से डयूटी लगाना।

(15) निरीक्षण करना कि सभी उपकरण काम कर रहे हैं और आवश्यक दवाइयाँ उपलब्ध हैं।

(16) सभी दस्तावेजों की जाँच और रख-रखाव, खासतौर पर मेडिको-लीगल रजिस्टर और डेली रजिस्ट्रेशन रजिस्टर।

(17) आपात स्थिति में मरीजों की देखभाल के लिए खर्च किए जाने वाले अग्रिम राशि की निगरानी करना।

(18) चिकित्सा अधीक्षक/अतिरिक्त चिकित्सा अधीक्षक के निर्देशों और आदेशों का पालन करना।

(19) अस्पताल में साफ-सफाई की व्यवस्था और देख-रेख करना तथा हानिकारक तत्त्वों का सही रूप से निपटारा करना।

(20) जरूरत पड़ने पर मरीजों का परीक्षण।

(21) आपात विभाग में काम करने वाले सभी श्रेणी के कर्मचारियों को प्रशिक्षण देना और उन्हें जानकारी देने हेतु कक्षाएँ लगाना।

(22) नियमित रूप से आपात प्रबंधन/आपात कार्य योजना के अभ्यास की निगरानी।

(23) मुश्किल से मुश्किल स्थिति में भी शांत और नम्र तथा चौकन्ना और होशियार बने रहना।

विशेषज्ञ–

(1) विशेषज्ञ नियमित ड्यूटी अथवा संस्थान के अध्यक्ष के आदेशानुसार कॉल ड्यूटी पर उपस्थित रहेगा।

(2) मरीज से संबंधित विशेषज्ञतापूर्ण राय देगा।

(3) जहाँ भी उसे मरीज को देखने के लिए बुलाया जाएगा वहाँ वह केस शीट पर अपनी राय देगा। यथासंभव टेलीफोन पर नर्देश नहीं लिया और दिया जाना चाहिए। परंतु जरूरत पड़ने पर एक ऐसे निर्देश सीनियर रेजिडेंट द्वारा रिकार्ड किए जाने चाहिए जिसमें तिथि और समय के साथ-साथ उसके हस्ताक्षर भी दर्ज होने चाहिए।

(4) रोग की गंभीर हालत को देखते हुए वह उसका ऑपरेशन भी कर सकता है।

(5) मरीज का पूरा ब्योरा, लिखने और मेडिको-लीगल केस के परीक्षण के कार्य में उसे अपने कर्मचारियों को निर्देश देना होता है।

(6) सभी प्रकार के इमरजेंसी मरीजों की देख-रेख के लिए जूनियर चिकित्सकों को प्रशिक्षण देना

(7) बीच-बीच में सभी आपात कक्ष कर्मचारियों के लिए मेडिसिन, एनेस्थेसिया, सर्जरी और ऑर्थोपेडिक्स के विशेषज्ञों द्वारा प्रशिक्षण कार्यक्रम आयोजित करना। आपात कक्ष (कैजुअल्टी) का मुख्य चिकित्सा अधिकारी इस प्रकार के प्रशिक्षण कार्यक्रमों का समन्वयक होगा।

सीनियर रेजिडेंट–

(1) सभी मरीजों की जाँच करना और उनका उचित इलाज करना।

(2) गंभीर रूप से घायल या बीमार सभी मरीजों के लिए विशेषज्ञों से राय मशवरा करना।

(3) विशेषज्ञ चिकित्सकों के परामर्श के बाद ही मरीज को वार्ड/ऑपरेशन थियेटर/आईसीयू में से जाना।

(4) मरीज से जुड़े कानूनी कागजात को पूरा करने में मुख्य चिकित्सा अधिकारी की मदद करना।

(5) केस शीट पर मरीज की बीमारी का हाल, की गई जाँच और बीमारी दर्ज करना। अस्पताल के दस्तावेजों का सुरक्षित रख-रखाव इनकी जिम्मेदारी होती है।

(6) मरीज का मृत्यु प्रमाण पत्र तैयार करना और मौके पर तैनात चिकित्सा अधिकारी/विशेषज्ञ से प्रति-हस्ताक्षर करवाना।

(7) उसे मरीज और उनके संबंधियों के प्रति शालीन और नम्र होना चाहिए।

जूनीयर रेजिडेंट–

(1) आपात विभाग में इनकी ड्यूटी बारी-बारी से लगाई जाती है।

(2) यह सीनियर रेडिन्ट/मेडिकल ऑफिसर के निर्देशानुसार इलाज करता है।

(3) वह मरीज के मर्ज का पूरा हाल केस शीट पर लिखता है। उसे यह ध्यान रखना होता है कि उसकी लिखावट साफ हो और कोई भी महत्त्वपूर्ण और जरूरी सूचना छूट न जाए।

(4) सीनियर रेजिडेंट की देख-रेख में वह छोटा-मोटा ऑपरेशन भी कर सकता है।

(5) चिकित्सा अधिकारी/सीनियर रेजिडेंट की सलाह पर मरहम पट्टी कर सकता है।

(6) वह सीनियर रेजिडेंट के साथ मरीजों का हाल-चाल पूछने के लिए वार्ड के राउंड पर जाता है।

(7) राउंड के समय सीनियर रेजिडेंट जो काम उसे सौंपता है वह करता है।

(8) मरीजों के संबंधियों के साथ, खासतौर पर यदि मरीज की मृत्यु हो गई हो, उसे सावधानीपूर्वक और संवेदना के साथ बातचीत करनी चाहिए।

डिप्टी नर्सिंग सुपरिटेन्डेन्ट/एसिसटेन्ट नर्सिंग सुपरिटेन्डेन्ट/नर्सिंग सिस्टर इन-चार्ज—उपर्युक्त वर्णित स्टाफ आपात स्थिति के दौरान निम्नलिखित कार्य करता है।

(1) आपात विभाग के कामकाज को सही ढंग से चलाने का उत्तरदायित्व।

(2) आपदा के दौरान स्टाफ नर्सों को अलग-अलग काम देना और उसका मुआयना करना।

(3) आपात कक्ष में मौजूद ग्रुप-डी के कर्मचारियों की बारी-बारी से तैनाती करना और उनकी उपस्थिति दर्ज करना। इनकी उपस्थिति की रिपोर्ट रोजमर्रा कैजुअल्टी के मुख्य चिकित्सा अधिकारी को देना।

(4) ग्रुप-डी स्टाफ की मदद से वार्ड की साफ-सफाई तथा स्वच्छता का ध्यान रखना।

(5) सभी प्रकार की दवाइयों, इन्ट्राविनस और सभी आवश्यक वस्तुओं का स्टॉक तथा रिकॉर्ड रखना।

(6) सक्सन एपरेटर्स, सेन्ट्रल ऑक्सीजन सप्लाई, ब्यालेस एपरेटर्स, इलेक्ट्रोकार्डियोग्राम मशीन जैसे उपकरणों को चालू स्थिति में रखना।

(7) आपात कक्ष में काम करने वाले सभी स्तर के कर्मचारियों के बीच सौहार्द्र और तालमेल का वातावरण बनाए रखना।

(8) अपनी ड्यूटी करते समय नर्सिंग कार्मिकों को सक्रिय, चौकन्ना और सहानुभूतिपूर्ण होना चाहिए।

(9) नर्सिंग कार्मिकों को नर्सिंग सुपरिटेन्डेन्ट के निर्देशों का पालन करना चाहिए और उन्हें रोजमर्रा की समस्याओं से परिचित कराना चाहिए।

नर्सिंग स्टाफ—

(1) पूरी जिम्मेदारी और समर्पण से मरीजों की देखभाल करना।

(2) सफाई कर्मचारियों और नर्सिंग अर्दली की मदद से मरीजों को बेड पैन और यूरीन पॉट उपलब्ध कराना।

(3) मरीजों का बिस्तर लगाना, खाना खिलाना, सुई, दवाइयाँ आदि देना तथा नर्सिंग सहयोगी की मदद से मरीजों की जाँच आदि की व्यवस्था करना।

(4) मरीजों को ऑक्सीजन लगाना, कैथिटराईसेशन करना, मरहम पट्टी करना, और शौच आदि कराना।

(5) मरीजों की नब्ज, रक्तचाप तथा उनको दी गई दवाइयों, सुइयों आदि का रिकार्ड रखना और साथ ही इनका समय तथा दिन नोट करना।

(6) मरीजों के साथ नम्र और सहानुभूतिपूर्ण रवैया अपनाना।

नर्सिंग सहायक/नर्सिंग अर्दली/वार्ड ब्वाय/आया–

(1) कैजुएल्टी विभाग को साफ सुथरा रखना और विसंक्रमित करना।

(2) मरीजों की देखभाल में नर्स की मदद करना।

(3) स्टोर से जारी किए गए सामान तथा केंद्रीय स्टरलाइजेशन यूनिट से विसंक्रमित वस्तुओं को लाना।

(4) जरूरत पड़ने पर मरीजों का प्राथमिक उपचार करना।

(5) कैजुअल्टी से जाँच हेतु मरीजों को प्रयोगशाला आदि विभाग में ले जाना। मेडिकल-लीगल मामलों/गंभीर रूप से बीमार मरीजों का खासतौर पर ख्याल रखना। जबतक मरीज को ड्यूटी पर तैनात डॉक्टर या नर्स अपनी निगरानी में न ले लें और उनका कागज तैयार न हो जाए तब तक मरीज को छोड़कर कहीं नहीं जाना।

(6) नर्स की मदद से शवों को कपड़े में पैक करना और शवगृह में ले जाने में मदद करना।

(7) मरीजों और उनके रिश्तेदारों के प्रति शालीन और नम्र रहना।

(8) अपने वरिष्ठ अधिकारियों द्वारा दिए गए काम को सुचारू रूप से संपन्न करना।

सुरक्षा गार्ड–

(1) नम्र, व्यवहारकुशल, सहानुभूतिपूर्ण और शालीनता से व्यवहार करना।

(2) सुरक्षा अधिकारी/मुख्य चिकित्सा अधिकारी, कैजुअल्टी द्वारा तैयार रोस्टर के अनुसार काम करना।

(3) अपने इलाके की सुरक्षा का ध्यान रखना और मुख्य चिकित्सा अधिकारी, कैजुअल्टी के प्रति जवाबदेह होना।

(4) मरीजों और उनके रिश्तेदारों की मदद करना।

(5) समय-समय पर दिए गए काम करना।

स्ट्रेचर वाहक–

(1) इनकी तैनाती मुख्य द्वार या कैजुअल्टी के प्रवेश द्वार पर या फिर एम्बुलेंस में होती है।

(2) ये मरीजों को एम्बुलेंस या गाड़ी से उतारकर स्ट्रेचर, व्हील चेयर या ट्रॉली में कैजुअल्टी या अन्य विभागों तक ले जाते हैं।

(3) मरीजों को कैजुअल्टी तक ले जाने में तत्परता।

(4) प्राथमिक उपचार की जानकारी

(5) मुख्य चिकित्सा अधिकारी, कैजुअल्टी द्वारा निर्धारित कार्य करना।

(6) मरीजों से नम्रता और सहानुभूति से पेश आना।

सफाई कर्मचारी–

(1) अपने निर्धारित इलाके को साफ सुथरा रखना।

(2) यूरिनल और बेड पैन को ठीक से साफ और विसंक्रमित कर मरीजों को उपलब्ध कराना।

(3) पखाना, पेशाब, खून या शरीर के किसी हिस्से का फ्लूयूड या टिशु के नमूने को संबंधित प्रयोगशाला में ले जाना और उसकी रिपोर्ट लाना।

(4) शवों को शवगृह तक ले जाना और मृत भ्रूण, कटे-फटे अंगों का अंतिम रूप से निपटान करना।

(5) गंदे कपड़े को पानी से धोना और उसके बाद 1 प्रतिशत हाइपो-क्लोराइड से धोने के बाद लांड्री भेजना।

(6) अस्पताल के संक्रमित बायो-मेडिकल कचरे को फेंकते समय सावधानी बरतना।

(7) मरीजों और उनके रिश्तेदारों के प्रति शालीन रहना।

(8) मुख्य चिकित्सा अधिकारी, कैजुअल्टी द्वारा दिए गए कार्यों को सुचारू रूप से करना।

आपदा प्रबंधन में चिकित्सा और स्वास्थ्य संबंधी प्रयासों के केस अध्ययन

प्रश्न 1. निम्नलिखित पर टिप्पणियाँ कीजिए–

(क) प्रचण्ड तूफान/बवंडर, पश्चिम बंगाल, 1998

उत्तर– तूफान ऐसी प्राकृतिक आपदा है जो तबाही मचा देता है और सार्वजनिक स्वास्थ्य तथा कुल मिलाकर लोगों का जीवन संकट में डाल देता है। यह तब और खतरनाक हो जाता है जब यह घनी आबादी वाले क्षेत्र से होकर गुजरता है। तूफान किसी भी पूर्व-सूचना के बिना अचानक उठता है और इस कारण यह लोगों को अधिक नुकसान पहुँचाता है। तूफान के आने पर जान-माल की क्षति होती है और बड़ी संख्या और मात्रा में लोग बुरी तरह से घायल हो जाते हैं।

पश्चिम बंगाल में पिछले दशक में 5 बार तूफान का आक्रमण हुआ जिसमें 1998 का तूफान बड़ा भयावह था। इसमें 90 लोगों की मृत्यु हो गई (जिसमें उड़ीसा के प्राथमिक विद्यालय के 21 बच्चे भी थे) और कुल मिलाकर 3000 लोग घायल हो गए। कुल मिलाकर तीन प्रखंडों के 12 गाँवों में लगभग 12,000 लोग प्रभावित हुए। 2000 से ज्यादा घर पूरी तरह नष्ट हो गए और 10000 से ज्यादा घर क्षतिग्रस्त हो गए। ये गाँव तूफान की अत्यधिक गति और तेजी से प्रभावित हुए कि इससे उन्हें काफी आर्थिक नुकसान भी हुआ। लोगों के घर, पशुधन तथा जीवनयापन के स्रोत पूरी तरह से नष्ट हो गए।

इस हालत को तुरंत मदद की आवश्यकता हुई। ऐसा तूफान भारत में सामान्य नहीं है इस कारण मीडिया और उद्योग के साथ-साथ स्वयंसेवी संगठनों का ध्यान भी इस ओर आकृष्ट हुआ। राज्य सरकार ने इस स्थिति से निपटने के लिए तुरंत कदम उठाए। कुछ घंटों के भीतर राज्य मुख्यालय और जिला परिषद् कार्यालय में दो नियंत्रण इकाइयाँ स्थापित की गईं। जिला, प्रखंड और स्थानीय स्तर प्रशासन को तुरंत बचाव और राहत कार्य करने का आदेश जारी किया गया। आस-पास के इलाकों और जिला मुख्यालय में स्थित सरकारी स्वास्थ्य सुविधाओं को 24 घंटे काम करने और अतिरिक्त चिकित्सक मुहैया कराने का निर्देश दिया गया। स्थानीय स्वयंसेवकों, पंचायत सदस्यों और सरकारी अधिकारियों की मदद से इन अस्पतालों में घायलों को पहुँचाया गया।

इस विनाश लीला को देखते हुए प्रखंड विकास अधिकारी ने पीड़ितों को तुरंत राहत पहुँचाने के लिए चावल, चीनी, शक्कर आदि जुटाकर बाँटने का निर्देश दिया। इसी समय राज्य सरकार ने प्रभावित क्षेत्रों में प्लास्टिक की शीट और कम्बल भेजा। डॉक्टर, नर्स और अर्ध चिकित्साकर्मियों के पाँच दल नष्ट हुए गाँवों में भेजे गए ताकि लोगों को घर-घर स्वास्थ्य सुविधाएँ प्राप्त हो सके। घायलों को अस्पताल पहुँचाने के लिए कुछ एम्बुलेंस भी भेजे गए। महामारी रोकने के लिए दवा का छिड़काव किया गया। बवंडर के परिणामस्वरूप पानी के प्रदूषित होने के चलते पानी के लिए टैंकर भेजे गए।

पक्का घर बनाने के लिए इन्दिरा आवास योजना के साथ-साथ 2000 रुपए की अतिरिक्त सहायता दी गई जिससे लोगों का बारिश से बचाव हो सके।

सरकारी सहायता के अलावा स्टील ऑथेरिटी ऑफ इण्डिया लिमिटेड और कोल इण्डिया लिमिटेड जैसे सार्वजनिक संस्थानों ने भी पुनर्वास कार्यक्रमों में मदद की। प्रभावित क्षेत्र में एक प्राथमिक विद्यालय और सामुदायिक भवन का निर्माण किया गया। स्थानीय चैम्बर ऑफ कॉमर्स एंड ट्रेड तथा गैर-सरकारी संगठनों ने उन स्थानों पर ट्यूब वेल लगाए जहाँ पानी उपलब्ध नहीं था। एक महत्त्वपूर्ण बात यह हुई कि इन एजेंसियों के बीच तालमेल स्थापित करने का अधिकार पंचायतों को दिया गया।

तूफान में फँसने वाली गौरीपाल की कहानी–पश्चिम बंगाल के पश्चिमी मिदनापुर जिले में दन्तन प्रखंड के सोनाकोनिया ग्राम पंचायत में सरता गाँव की गौरपाल की पत्नी गौरीपाल 23 मार्च, 1998 के उस भयावह दिन अपने घर में काम कर रही थीं, जब वहाँ तूफान उठा। हवा में उड़कर वे एक झोंपड़ी पर गिरीं, उन्हें बहुत चोट लगी और उन्हें अस्पताल ले जाया गया।

जब सरकार ने बुरी तरह घायल लोगों को रुपए देने की घोषणा की तो उन्हें बहुत राहत महसूस हुई। हालाँकि यह राशि उन्हें बहुत बाद में मिली (जब कलकत्ता के अस्पताल से उनका इलाज पूरा हो चुका था)। परंतु इससे उन्हें अपने परिवार द्वारा इलाज के लिए लिए गए कर्ज को चुकाने और इलाज जारी रखने में मदद मिली।

(ख) भीषण चक्रवात, उड़ीसा, 1999

उत्तर– हवा से संबंधित प्राकृतिक आपदाओं में चक्रवात का विस्तार और फैलाव सबसे अधिक होता है। इसमें हवा की तेज रफ्तार 36 घंटों तक भी जारी रह सकती है। ऐसा भीषण चक्रवात उड़ीसा में 1999 को आया जब तेज बारिश और तेज हवाओं ने सब कुछ तबाह कर दिया। बुनियादी ढाँचा अस्त-व्यस्त हो गया। घरों, स्वास्थ्य सुविधाओं, पेड़-पौधों और सबसे महत्त्वपूर्ण संचार प्रणाली को अत्यधिक नुकसान पहुँचा।

इसने 12 जिलों के 129.22 लाख लोगों को प्रभावित किया। इस चक्रवात से 10,000 लोग मारे गए। इसमें 4.50 लाख पशुओं की मृत्यु हुई और 16.50 लाख घर पूरी तरह नष्ट हो गए।

इस महाचक्रवात के आने के 11 दिन पहले राज्य में एक कम शक्ति का चक्रवात आ चुका था। इसलिए राज्य प्रशासन अपेक्षाकृत तेजी से कार्रवाई कर सकी। चक्रवात की चेतावनी मिलते ही राज्य स्वास्थ्य विभाग ने सभी जिलों के मुख्य चिकित्सा अधिकारियों (सी एम ओ)

से संपर्क स्थापित किया और स्वास्थ्यकर्मियों, दवा, ब्लिचिंग पाउडर, पानी साफ करने के टेबलेट, डायरिया की दवाई, 'एन्टिबायोटिक्स' आदि, जिसकी आवश्यकता आपदा उपरांत होगी, की उपलब्धता संबंधी जानकारी प्राप्त की।

आपदा के तुरंत बाद भुवनेश्वर में स्वास्थ्य नियंत्रण कक्ष बनाया गया ताकि आपात स्वास्थ्य सेवाओं का नियंत्रण और संयोजन किया जा सके। इसके अलावा सभी प्रभावित जिलों के मुख्यालयों में नियंत्रण कक्ष स्थापित किए गए। अन्य संचार प्रणालियों के पूरी तरह ध्वस्त हो जाने के कारण संचार के लिए हैम (HAM) रेडियो का उपयोग किया गया। सभी नियंत्रण कक्ष 24 घंटे काम करते थे और स्वास्थ्य सेवाओं को ठीक ढंग से चलाने के लिए सी एम ओ की मदद करने हेतु सभी प्रभावित जिलों में वरिष्ठ चिकित्सक भेजे गए।

आपदा की भयावहता को देखते हुए राज्य सरकार ने अन्य विभागों के अधिकारियों को विभिन्न स्वास्थ्य संबंधी गतिविधियों मसलन, विभिन्न स्थानों से चिकित्सा आपूर्ति करना, दवाई वितरण का इंतजाम करना, अलग-अलग जगहों से आने वाले चिकित्साकर्मियों की अगवानी करना और उनके ठहरने और खाने-पीने का इंतजाम करने में मदद करने का आदेश दिया।

स्वास्थ्यकर्मियों, आँगनबाड़ी कार्यकर्ता, स्वयंसेवी संगठनों तथा पंचायत के सदस्यों के जरिए हैलोजेन और क्लोरिन की टिकिया बाँटी गई। हैलोजेन की टिकिया का पैकेट हवाई जहाज से भी गिराया गया। इस दवा के उपयोग की विधि उड़िया भाषा में लिखी हुई थी। पानी को विसंक्रमित और साफ करने संबंधी जागरूकता और ट्यूबवेल का पानी पीने की आदत के कारण डायरिया और उससे संबंधित होने वाली मौतों को रोकने में सफलता मिली।

आपदा का आकार बहुत व्यापक और भयावह था (इसने 14 जिलों के 1.3 करोड़ लोगों को प्रभावित किया था), परंतु इसके मुकाबले यह आश्चर्यजनक था कि डायरिया के मरीज और मृतकों की संख्या कम रही। आपदा के 30 दिन के बाद डायरिया के केवल 1,02,224 मामले सामने आए जो पूरी आबादी के 1% से भी कम था। केवल 81 लोग मौत के शिकार हुए। यह बड़ी ही आश्चर्यनक घटना रही क्योंकि आम दिनों में ही उड़ीसा में लोग डायरिया से ग्रस्त रहते हैं और उनकी मृत्यु हो जाती है। अतएव मृत्यु को 81 की संख्या पर रोक लेना एक बड़ी उपलब्धि मानी गई।

इस प्रकार के हालात में और सार्वजनिक स्वास्थ्य के इंतजाम न रहने के कारण खसरा, हैजा और मलेरिया फैलने का डर बना रहता है। आसपास के इलाके की सफाई न होने के कारण ये बीमारियाँ खतरनाक रूप ले सकती हैं जो पाँच साल से कम उम्र के बच्चों को ज्यादा प्रभावित कर सकती हैं। गैर-सरकारी संगठन, समन्वित बाल विकास कार्यक्रम और पंचायत सदस्यों की सहायता से बीमारी को रोकने के लिए प्रतिरोधक कदम उठाए गए। इसमें जनता ने भरपूर सहयोग दिया। माता-पिता अपने बच्चे को लेकर बड़ी संख्या में टीकाकरण केंद्र पहुँचे।

उड़ीसा सरकार ने महाचक्रवात के बाद दिसंबर 1999 में बहु बीमारी सर्वेक्षण प्रणाली की स्थापना की। हर हफ्ते गाँव से राज्य की राजधानी तक महामारी की सूचना पहुँचाई जाती थी। राज्य और जिला स्तर पर कंप्यूटर द्वारा इसका विश्लेषण किया जाता था। इसी के आधार पर कदम उठाए जाते थे जिसमें जाँच से लेकर बीमारी के फैलने तक को ध्यान में रखा गया।

डब्ल्यूएचओ/यूएनडीपी की तकनीक और वित्तीय मदद से निगरानी प्रणाली, टीकाकरण, विसंक्रमण, शिशुओं की देखभाल, सार्वजनिक स्वास्थ्य, प्राथमिक उपचार आदि का प्रशिक्षण

दिया गया। डब्ल्यूएचओ की सहायता से 30 जिलों तक के 314 खंडों के 13,000 स्वास्थ्यकर्मियों को प्रशिक्षण दिया गया। बीमारी सर्वेक्षण संबंधी रिपोर्ट के गुणवत्ता में भी काफी सुधार आया।

अधिकांश प्रखंडों से शत-प्रतिशत रिपोर्टिंग हासिल की गई। खसरे का टीका लगभग सबने लगवाया। लगभग 85% बच्चों को यह टीका लगा। विस्तार से इस बात की खोज की गई कि किसने टीका नहीं लगवाया। इससे उड़ीसा सरकार के साथ-साथ डब्ल्यूएचओ/यूएनडीपी को कारगर कदम उठाने में मदद मिली।

सरकार के अलावा कई शिक्षा संस्थाओं ने भी अपनी ओर से प्रयास किए। जवाहर लाल नेहरू विश्वविद्यालय (जेएनयू), नई दिल्ली के शिक्षकों और विद्यार्थियों ने आपदा पीड़ितों की सहायता करने के लिए एक समिति बनाई। इस समिति ने विश्वविद्यालय परिसर और बाहर से भी चंदा इकट्ठा किया। चंदा इकट्ठा करने के लिए नुक्कड़ नाटक खेले गए। सभी क्षेत्रों और भाषा-भाषी के छात्र/छात्रा ने इस समिति की विभिन्न गतिविधियों में स्वैच्छिक रूप में भाग लिया। इसके जरिए पैसा, घर का सामान, बरतन, कम्बल, दरी, दवाइयाँ और यहाँ तक कि नए या बिना पहने कपड़े भी इकट्ठे किए गए। सभी ने दिल खोलकर इसमें अपना सहयोग दिया। छात्रावास के अधिकारियों ने इकट्ठा की गई सामग्रियों को छात्रावास परिसर में रखने की अनुमति दे दी।

नवंबर के अंत में आपदा स्थल जाने के लिए एक राहत दल का निर्माण किया गया। रेलवे ने स्वयंसेवकों को अपने सामानों के साथ कटक और भुवनेश्वर जाने के लिए पुरुषोत्तम एक्सप्रेस में एक कोच उपलब्ध कराया। इस दल को बाराबती स्टेडियम, भुवनेश्वर में ठहराया गया।

यह दल अलग-अलग समूहों में विभक्त हो गया। जब आप्लावित प्रदेशों तक पहुँचने का प्रयास किया गया जहाँ अब तक कोई राहत नहीं पहुँची थी। हालाँकि उन जगहों तक पहुँचना बहुत मुश्किल था, इसलिए इस दल ने विशेष आयुक्त, राहत और प्रशासन से मुलाकात कर राहत सामग्री के वितरण के लिए अपेक्षित सूचनाएँ प्राप्त कीं। जेएनयू की टीम को पदमपुर प्रखंड का गढ़ कुजंग गाँव दिया गया। यह गाँव तीन छोटे-छोटे गाँवों का समूह था और समुद्र तट पर बसा हुआ था। वहाँ पहुँचने पर उन्होंने पाया कि एक महीना बीत जाने के बाद भी दुर्गम इलाके में होने के कारण राहत सामग्री पर्याप्त मात्रा में नहीं पहुँच पाई थी। इस राहत दल ने गाँव में सामग्री के वितरण के लिए सारी सामग्री ग्राम पंचायत को दे दी और वितरण गतिविधि पर अपनी निगाह रखी। इस दल ने जो पैसे इकट्ठे किए थे उससे उन्होंने इन तीनों गाँवों में छः बड़े ट्यूब वेल लगवाए क्योंकि इन इलाकों में पानी की बेहद कमी थी।

लेकिन वे अपने साथ जो कपड़े ले गए थे, उसकी वहाँ जरूरत नहीं पड़ी क्योंकि वहाँ के लोग परंपरागत और स्थानीय लिबास पहनते थे।

(ग) बाढ़, पश्चिम बंगाल, 2000

उत्तर– नदियाँ बंगाल का जीवन रही हैं और इन नदियों ने वहाँ के इतिहास और सामाजिक विकास को प्रभावित किया है। भारी वर्षा, नदियों और बाढ़ों ने इसकी सभ्यता और संस्कृति को एक आकार प्रदान किया है। नदियाँ इस राज्य को प्रकृति का वरदान है। परंतु आधुनिकीकरण

ने पारिस्थितिकी के परिवेश को उलट-पुलट कर दिया है। जनता को नागरिक सुविधाएँ उपलब्ध कराने के लिए नदियों पर रेलवे ट्रैक, हाइवे, तटबंध और बाँध बनाए गए हैं। परंतु इसके परिणाम घातक सिद्ध हुए और हर साल राज्य में छोटे या बड़े पैमाने पर बाढ़ आने लगी। 70, 80 और 90 के दशक में 10,000 वर्ग कि.मी. से भी ज्यादा क्षेत्र जलप्लावित हो गए। लेकिन 2000 में आई बाढ़ ने तो सारी सीमाएँ तोड़ दी जिसने 23,756 कि.मी. भूमि को जलप्लावित कर दिया और 220 लाख लोगों को प्रभावित किया। इस दुर्घटना में 1320 लोग मारे गए और 160 लोग घायल हो गए। राज्य के 9 जिलों के 68 नगर निगम और 171 प्रखंडों में लगभग 87,000 मकान क्षतिग्रस्त हुए। लगभग 4,000 करोड़ रुपए से भी ज्यादा धन का नुकसान हुआ।

बाढ़ से राज्य की सार्वजनिक स्वास्थ्य व्यवस्था लड़खड़ा गई और बड़े पैमाने पर लोगों की मृत्यु हुई और लोग घायल हुए। मुर्शिदाबाद, मालदा, मिदनापुर, वर्धमान, 24 परगना और नादिया संभवत: सबसे बुरी तरह प्रभावित जिले थे। मुर्शिदाबाद जिले के कुछ इलाके तो पिछले 10 वर्षों में कम से कम 7 बार और पिछली शताब्दी में लगभग 33 बार बाढ़ से प्रभावित हुए थे। संकटग्रस्त लोगों को राहत पहुँचाने के लिए केयर, आक्सफैम, सेव द चिल्ड्रेन फंड, कैथोलिक रिलीफ सर्विसेज, लूथरन वर्ल्ड सर्विस, मेनोनाइट सेंट्रल कमिटी, चिल्ड्रेन्स इंटरनेशनल, यूनीसेफ; डिफिड और राष्ट्रीय गैर-सरकारी संगठनों, जैसे-कासा, रामकृष्ण मिशन, वेस्ट बंगाल वोलेन्टरी हेल्थ एसोसिएशन, कारीतास ने मिलकर अप्रैल 2004 में इंटर एजेंसी वर्किंग ग्रुप की स्थापना की। इनके प्रयासों से सामुदायिक आपदा तैयारी योजना की शुरुआत हुई जिसके परिणामस्वरूप समुदायों को आपदा के प्रति तैयार किया गया। समुदाय अपने संसाधनों और संपर्कों तथा ज्ञान, कौशल और व्यावहारिक अनुभवों का उपयोग करते हुए इस योजना को लगातार चलाएगा। इस योजना में गैर-सरकारी संगठनों, पंचायतों और स्व-सहायता समूहों को भी शामिल किया गया। गैर-सरकारी संगठनों, जैसे-कलकत्ता सोसाइटी फॉर प्रोफेशनल एक्शन एंड डेवेलपमेंट (SPADE), श्री माँ महिला समिति और स्वनिर्वर और रानाघाट कल्चरल यूनिट को इस योजना के कार्यान्वयन में शामिल किया गया। इसके अतिरिक्त कार्यशाला, पार्टिसिपेट्री लर्निंग एंड एक्शन (PLAs), सर्वेक्षण, बैठक आदि का भी उपयोग किया गया। प्रचार-प्रसार के लिए बिल, पोस्टर्स, ग्रैफिटी आदि भी निकाले गए।

इस योजना के तहत 'समुदाय आपदा टास्क फोर्स' को प्राथमिक उपचार तथा पानी शुद्धिकरण में प्रशिक्षण दिया गया।

इस योजना से स्थानीय ज्ञान तथा लोगों की भागीदारी और योगदान में वृद्धि होगी और समुदाय में मिल्कियत की भावना पैदा होगी। इससे समुदाय भविष्य में बाढ़ जैसी आपदाओं का सामना करने में सुदृढ़ हो जाएगा।

इन बातों की पुष्टि के लिए नीचे कुछ उदाहरण दिए जा रहे हैं।

विशिष्ट उदाहरण–

स्व-सहायता समूह की सदस्य बनी प्राथमिक उपचार सेविका–मिनती घोष 35 वर्षीय महिला हैं। वह मुरादाबाद जिले के कांदी प्रखंड में अंदुलिया गाँव के स्व-सहायता समूह 'माँ मेरी' की सदस्य है। मिनती घोष दो बच्चों की माँ है। जब 15 वर्ष की उम्र में उसकी शादी हुई तो वह 8वीं कक्षा में पढ़ती थी और विवाह पश्चात् अपनी पढ़ाई जारी नहीं रख सकी। वह

एक छोटे किसान परिवार से है। उसने सपने में भी स्व-सहायता समूह का नेतृत्व करने या प्राथमिक चिकित्सा सेविका बनने के बारे में नहीं सोचा था। लेकिन जब उसके गाँव में बाढ़ आई तब उसका घर और सारा सामान उस बाढ़ में बह गया। उसने इस स्थिति से प्रेरणा लेते हुए एक गैर-सरकारी संगठन की मदद से एक स्व-सहायता समूह की स्थापना की।

मिनती घोष ने लघु स्तर पर वित्तीय प्रबंध का कार्य सीखा और तत्पश्चात् उसने सर्वप्रथम, सामुदायिक आपदा तैयारी योजना के तहत SPADE द्वारा दिए जा रहे प्राथमिक उपचार प्रशिक्षण में भाग लिया। इससे उसका आत्मविश्वास और साहस बढ़ा।

SPADE ने स्व-सहायता समूह 'माँ मेरी' को प्राथमिक चिकित्सा बॉक्स प्रदान किया। मिनती घोष ने इसके सभी सदस्यों को प्राथमिक चिकित्सा में प्रशिक्षित किया। उसने और उसके समूह के सदस्यों ने मरहम पट्टी और छोटे-मोटे रूप से जले हुए लोगों का इलाज शुरू किया। उन्हें प्राथमिक चिकित्सा और लोगों को इस दिशा में प्रशिक्षित करने के लिए बुलाया जाने लगा। उन्होंने अंदुलिया गाँव के विभिन्न स्व-सहायता समूहों को प्राथमिक चिकित्सा में प्रशिक्षित किया। अब 'माँ मेरी' सामूहिक रूप से, राजस्व प्राप्ति के लिए, प्राथमिक चिकित्सा का प्रशिक्षण देने की योजना बना रही है।

मिनती की आगे बढ़ने की कहानी समुदाय के जीवन और जीवनयापन पर सामुदायिक आपदा तैयारी योजना के पड़ने वाले प्रभावों का एक ज्वलंत उदाहरण हैं। वस्तुतः इसी उद्देश्य के लिए इसको बनाया गया था।

किसान जो बना राहतकर्मी–कर्ण विश्वास 32 वर्षीय किसान है जो मुर्शिदाबाद जिले के कांदी प्रखंड के अंदुलिया ग्राम पंचायत के मनोहरपुर गाँव में 'माँ मोनोषा' स्व-सहायता समूह का प्रमुख है। उसके तीन बच्चे हैं। वह अपने माता-पिता के साथ रहता है। अभी-अभी उसका बड़ा भाई अर्जुन विश्वास अपने परिवार के साथ अलग हो गया है। कर्ण के परिवार के पास कांदी प्रखंड में 4 बीघा जमीन है लेकिन रबी की फसल उगाने के लिए उसके खेतों को पर्याप्त पानी नहीं मिलता है।

वर्ष 2000 में आई बाढ़ की मार अभी भी कर्ण को दहला देती है। वह बताता है कि 'हमने खुद को तो किसी तरह बचा लिया पर हमारा सारा सामान बाढ़ में ढह गया'। SPADE ने जो बाल्टियाँ उन्हें दी थीं वही कई सप्ताहों तक उनके पास मात्र सामान था। जब हमें स्व-सहायता समूह बनाने के लिए कहा गया तो हमें लगा कि इससे कुछ राहत मिलेगी। इसलिए मैंने अपनी पत्नी मालती को स्व-सहायता समूह का सदस्य बनने को कहा। सामुदायिक आपदा तैयारी योजना के तहत मालती और कर्ण ने 'पार्टिसिपेट्री लर्निंग एंड एक्शन' तथा प्राथमिक चिकित्सा और स्वच्छता और सफाई के कार्यक्रम में भाग लिया।

'जब उन्होंने मेरा चुनाव बचाव कार्य में प्रशिक्षण हेतु मालदा के एक गैर-सरकारी संगठन के लिए किया तो मैं काफी घबराया हुआ था। मुझे लग रहा था कि क्या मैं यह उत्तरदायित्व निभा पाऊँगा। फिर भी मैं वहाँ गया'।

मालदा में, पश्चिम बंगाल सरकार के नागरिक प्रतिरक्षा विभाग ने यह प्रशिक्षण दिया। इसमें दुर्घटना में पैर की हड्डी टूटे व्यक्ति को ढोना, तख्तियाँ बनाना, मलबे के नीचे दबे लोगों को

निकालना आदि का प्रशिक्षण दिया गया। वर्ष 2000 की बाढ़ को याद करते हुए कर्ण ने महसूस किया कि ये सारे कौशल कितने लाभदायक और मददगार सिद्ध हो सकते हैं।

मोहिनसुरा ग्राम पंचायत में 'वाटसन' (WATSAN) सप्ताह का आयोजन–नबाद्वीप में स्पेड (SPADE) द्वारा अप्रैल 2001 में 'वाटसन' (जल और स्वच्छता) प्रशिक्षण आरंभ किया गया था। नबाद्वीप के चैतन्य मठ में वाटसन प्रशिक्षण प्राप्त करने के लिए 28 स्व-सहायता समूह की महिलाएँ इकट्ठी हुईं। इसमें एक महिला का नाम अंगूरा बीबी था। वे इलाही-भरसा स्व-सहायता समूह की प्रमुख थीं। अंगूरा अपने समूह में वाटसन का प्रशिक्षण शुरू कर चुकी थीं। अपनी स्वयं की बाल्टियों और ग्लासों से उसने पानी साफ करने, जीवन रक्षक घोल (Oral Rehydration Solution–ORS) बनाने, बरतन साफ करने और ट्यूबवेल साफ करने का तरीका बताया। यह सब जून 2001 का किस्सा है। इसके एक वर्ष बाद जुलाई 2002 को जब बैठक हुई तब सभी 28 स्व-सहायता समूहों की 578 महिलाओं को वाटसन प्रशिक्षण देने का निर्णय लिया गया। अंगूरा बीबी इसकी संयोजक थीं। उन्होंने 28 स्व-सहायता समूहों में से 8 स्वयंसेवक चुने और उन्हें दो दलों में बाँट दिया। दोनों ही दलों में स्व-सहायता समूह बराबर में बाँटे गए। अंगूरा ने एक दल का नेतृत्व किया जबकि दूसरे दल का नेतृत्व मिनती घोष ने किया। निम्नलिखित क्षेत्रों में प्रशिक्षण दिया जाना था–

(1) एलम/हैलोजेन/ब्लिचिंग पाउडर से पानी को साफ करना;
(2) ब्लिचिंग पाउडर से बरतनों को साफ करना;
(3) जीवनरक्षक घोल बनाना और इसका उपयोग करना; तथा
(4) ट्यूबवेल की सफाई करना।

दोनों ही दलों ने 14 अगस्त, 2002 को यह काम प्रारंभ किया। उनका उद्देश्य 22 अगस्त, 2002 तक सभी 28 स्व-सहायता समूहों के लिए वाटसन प्रशिक्षण पूरा करना था। प्रत्येक दिन एक निश्चित स्थल पर दोनों दलों के सदस्य इकट्ठा होते थे और वहाँ से गाँवों की ओर प्रस्थान करते थे। 'हम जहाँ गए लोगों ने इस काम में गहरी रुचि दिखाई। यह एक अनहोनी घटना थी जिसमें गाँव की महिलाओं का एक समूह जगह-जगह घूमकर प्रशिक्षण दे रहा था। इसलिए चारों ओर उत्साह और उत्सुकता का माहौल था।' इन दोनों दलों ने 21 स्व-सहायता समूहों तक को प्रशिक्षित किया।

अब यहाँ एक अहम सवाल उठता है कि वे घरेलू काम-काज को पूरा करके कैसे बाहर निकलने का समय निकाला करती थीं। अंगूरा बताती हैं कि यह कोई आसान काम नहीं था। वे यह काम पहली बार कर रही थीं। सभी महिलाएँ शादीशुदा थीं, उनके बच्चे थे, जो स्कूल जाते थे। दो सदस्यों के बच्चे तो अभी गोद में ही थे। इसलिए उन्होंने हर महीने में एक सप्ताह काम करने का निर्णय लिया। यह नीति रंग लाई। अंगूरा, मिनती और दूसरी महिला सदस्यों का आत्मविश्वास लगातार बढ़ता चला गया।

अंदुलिया ग्राम सभा में प्राथमिक उपचार सप्ताह–स्पेड ने अंदुलिया ग्राम सभा में स्व-सहायता समूह बनाए और उनकी मदद की। अंदुलिया के 33 स्व-सहायता समूहों में से 4 दुर्गापुर-साशपारा ग्राम संसद क्षेत्र में थे जिसमें 72 महिलाएँ थीं। सामुदायिक आपदा तैयारी योजना के तहत दुर्गापुर-साशपारा के स्व-सहायता समूहों को वाटसन, प्राथमिक उपचार, घरेलू

बाग (किचन गार्डन) के विकास और बाढ़ से मुकाबला करने की तैयारी करने के लिए प्रशिक्षण दिया गया। समुदाय द्वारा इसका स्वागत किया गया और घरेलू बाग और प्राथमिक उपचार बहुत ही लोकप्रिय हुए।

स्पेड ने दो चरणों में 21 स्व-सहायता समूहों के प्रमुखों को प्राथमिक उपचार का प्रशिक्षण दिया परंतु बाढ़ की आशंका का समय जैसे-जैसे समीप आता गया वैसे-वैसे इस प्रकार के प्रशिक्षणों की माँग बढ़ती चली गई।

अगस्त 2002 की सामूहिक बैठक में स्व-सहायता समूहों के प्रमुख और स्पेड के स्वयंसेवकों ने प्राथमिक उपचार प्रशिक्षण के विस्तार पर विचार-विमर्श किया। दो दल बनाए गए और यह निर्णय किया गया कि 6-12 अगस्त के बीच 20 स्व-सहायता समूहों को ये दल प्राथमिक चिकित्सा प्रशिक्षण देंगे। इस समूह द्वारा इसे प्राथमिक चिकित्सा सप्ताह का नाम दिया गया।

मंगली घोष की उम्र 29 वर्ष है। ये दो बच्चों की माँ है और अंदुलिया ग्राम पंचायत के गोपालपुर बुथ के स्वास्थ्य उप-केंद्र में ग्राम स्वास्थ्य स्वयंसेविका है। मंगली स्व-सहायता समूहों को प्राथमिक चिकित्सा का प्रशिक्षण देने में अति महत्त्वपूर्ण भूमिका निभाती है। 'मैं समझती हूँ कि सभी लोगों को प्राथमिक उपचार करना सिखाया जा सकता है'।

मंगली के लिए यह एक यादगार अनुभव था। 'हम तीन घंटे तक काम करन की योजना बनाते थे परंतु हर जगह सब और भी ज्यादा प्रदर्शन और प्रशिक्षण की माँग करते थे।' कांदी और खास तौर पर अंदुलिया की महिलाओं के लिए यह किसी प्रकार का मनोरंजन नहीं था बल्कि एक जीवन रक्षक कार्य था।

मंगली अकेली नहीं थी। साधना, मिनती, प्रमिला, छाया, दायामई, संध्या और तिलोत्तमा अंदुलिया ग्राम पंचायत के प्राथमिक उपचार दल की प्रमुख सदस्य थीं और वे इस संगठन को मजबूती प्रदान करती थीं। कोई प्राथमिक उपचार के अभाव में न मर जाए यह उनका नारा भी था और लक्ष्य भी।

(घ) भूकंप, गुजरात, 2001

उत्तर– 26 जनवरी, 2001 की ठंड और सिहरा देने वाली सर्दी की सुबह गुजरात के भुज के लोगों ने जबरदस्त झटका महसूस किया। जब तक लोगों को इस बात का अहसास हो कि क्या हो रहा है तब तक लोग अपने ही घरों में मलबे के नीचे दब गए। घर ताश के पत्तों की तरह ढेर हो गए। 6.9 रिक्टर स्केल का यह भूकंप मौत का पैगाम लेकर आया। 15,000 से ज्यादा लोगों की मृत्यु हो गई और 50,000 से ज्यादा लोग घायल हो गए। पाँच हजार करोड़ रुपए से भी ज्यादा की संपत्ति नष्ट हो गई।

साथ ही, इस इलाके के स्वास्थ्य सेवा केंद्रों को भी नुकसान पहुँचा। पाँच जिला/तालुक अस्पताल, 21 सामुदायिक स्वास्थ्य केंद्र, 48 प्राथमिक चिकित्सा केंद्र और 227 उप-केंद्र पूरी तरह नष्ट हो गए और 31 जिला/तालुक अस्पतालों, 67 सामुदायिक स्वास्थ्य केंद्रों, 166 प्राथमिक स्वास्थ्य केंद्रों और 584 उप-केंद्रों को भारी नुकसान हुआ। इसके परिणामस्वरूप इस इलाके में स्वास्थ्य सेवाएँ पूरी तरह ठप्प पड़ गईं।

आपदा की सूचना मिलते ही राज्य और केंद्र सरकार तुरंत हरकत में आ गई। 24 घंटे के भीतर बुरी तरह प्रभावित इलाकों के बीच पहुँचने के लिए एक चलन्त (मोबाइल) आपात मेडिकल यूनिट स्थापित की गई जिसने प्रभावित लोगों को 5.75 करोड़ रुपए की चिकित्सा राहत उपलब्ध कराई। राष्ट्रीय स्तर पर सरकार ने अंतर्राष्ट्रीय रेड क्रॉस और रेड क्रिसेन्ट सोसाइटी (IRCRCS) तथा इण्डियन रेड क्रॉस सोसाइटी (IRCS) की सहायता से भुज में एक अस्पताल खोला।

IRCRCS ने दिल खोलकर और बड़ी तत्परता से सहायता पहुँचाई। सभी देशों में फैले रेड क्रॉस की इकाइयों को सक्रिय कर दिया गया। चिकित्सा उपकरण, सामान, स्वास्थ्यकर्मी, पीने का पानी, अन्य आपूर्तियाँ, आपात सामग्री और वित्तीय सहायता पहुँचाई गई।

आपदा के आरंभिक दिनों में पूरे देश और बाहर से भी स्वयंसेवियों की भूमिका प्रचुर मात्रा में उपलब्ध रहीं। जवाहर लाल नेहरू विश्वविद्यालय, दिल्ली विश्वविद्यालय, भारतीय जनसंचार संस्थान, गुड़गाँव इंजीनियरिंग कॉलेज, धारवाड़ के गैर-सरकारी संगठन और आयरलैंड से आए कुछ पर्यटकों ने क्षेत्र अस्पताल बनाने और मरीजों की देख-रेख में महत्त्वपूर्ण भूमिका निभाई। उन्होंने बृहद् रूप से गंभीर मरीजों को ओपीडी और वार्ड में ले जाने में मदद की। सभी स्वयंसेवियों और रेड क्रॉस के सदस्यों के बेहतर ताल-मेल से सेवा की उत्कृष्टता बरकरार रही।

एनटीपीसी (NTPC), भेल (BHEL), हैल (HAL) जैसे बड़े औद्योगिक संस्थानों ने भारत सरकार और रेड क्रॉस की सहायता से अस्पताल में स्वास्थ्यकर्मियों और दवाओं को पहुँचाने में मदद की। जब अस्पताल बन रहा था तो उस समय मेडिकल कॉलेज, गोवा ने कार्मिकों के साथ-साथ दवा भी उपलब्ध कराई। संक्षेप में कहा जाए तो यह जरूरत के समय विभिन्न एजेंसियों के तालमेल और सहयोग का उत्कृष्ट नमूना था।

इस अस्पताल में ओपीडी, लेबर रूम, मरीज सेवा, एक्सरे, जाँच विभाग, ऑपरेशन थियेटर आदि उपलब्ध थे। यहाँ देश-विदेश से आए मनोवैज्ञानिक और मनोचिकित्सक मरीजों का इलाज करते थे। आपदा के बाद 10 दिनों के भीतर 100 डिलीवरी की गई और 500 छोटे व बड़े ऑपरेशन किए गए। सदमे से पीड़ित लगभग 50 मरीजों का इलाज भी अस्पताल में किया गया।

भारतीय रेड क्रॉस सोसाइटी की मदद से राज्य सरकार ने ग्रामीण क्षेत्रों के स्वास्थ्य संबंधी बुनियादी आधारों को पुनर्निर्मित करने का काम शुरू किया। सुन्दर नगर जिले के रामपुर को इस संयुक्त प्रयास का फायदा हुआ। एक वर्ष के भीतर यहाँ एक प्राथमिक चिकित्सा केंद्र बना दिया गया। इसके अलावा इसी जिले के सउका और लियाड में आँगनबाड़ी केंद्र बनाए गए। परंपरागत और देसी तरीकों से इमारतों का निर्माण किया गया। इसे बनाते वक्त गुजरात स्टेट डिजास्टर मैनेजमेंट ऑथोरटी द्वारा पारित आपदा निरोधी तत्त्वों को ध्यान में रखा गया।

भारतीय रेड क्रॉस सोसाइटी ने 2004 के आरंभ तक 242 आँगनबाड़ी, 16 प्राथमिक स्वास्थ्य केंद्र और 11 उप-चिकित्सा केंद्र बनाए। इन सभी स्वास्थ्य सुविधाओं के निर्माण के लिए अंतर्राष्ट्रीय रेड क्रॉस, ब्रिटिश रेड क्रॉस, स्पैनिश रेड क्रॉस के साथ-साथ महाराष्ट्र और गुजरात स्टेट रेड क्रॉस ने वित्तीय सहायता प्रदान की।

इसके अतिरिक्त गुजरात के कच्छ क्षेत्र के आँगनबाड़ी कार्यकर्ताओं और सहायकों के रिफ्रेशर-प्रशिक्षण कार्यक्रम में रेड क्रॉस को भी शामिल किया गया।

(ङ) सुनामी, 2004

उत्तर– 26 दिसंबर, 2004 को हमारे देश के दक्षिणी तटवर्ती इलाके में सुनामी ने तबाही मचा दी और इसमें हजारों लोग मारे गए। लोगों की रोजी-रोटी छिन गई और संपत्ति नष्ट हो गई। यह विनाशलीला इतनी भयंकर थी कि इससे प्रभावित लोगों और घायलों को तुरंत मदद और राहत पहुँचाना आवश्यक हो गया था।

दो स्वयंसेवी संगठन, 'द मेडिकल सर्विस सेंटर' (MSC) और 'ब्रेकथ्रू साइन्स सोसाइटी' (BSS), जिन्हें भोपाल गैस त्रासदी (1983-84); लातूर भूकंप, महाराष्ट्र (1993); महाचक्रवात, उड़ीसा (1999); भुज भूकंप, गुजरात (2001) और बिहार और पश्चिम बंगाल में बाढ़ (क्रमशः 1988, 2000, 2004) में राहत कार्य करने का लंबा अनुभव था, ने विद्यार्थियों, शोध छात्रों और विभिन्न शिक्षण और अनुसंधान संस्थानों के शिक्षकों द्वारा इकट्ठा की सामग्रियों की मदद से संयुक्त रूप से चिकित्सा राहत शिविरों का आयोजन किया। उन्होंने विभिन्न दवाइयों की कंपनियों, संगठनों, चिकित्सकों और आम जनता से बड़ी मात्रा में दवाइयाँ इकट्ठी कीं। सुनामी आने के तुरंत बाद अंडमान और निकोबार द्वीप समूह, तमिलनाडु और केरल के प्रभावित क्षेत्रों में चिकित्सा राहत शिविर लगाए गए।

अंडमान और निकोबार द्वीप समूह, तमिलनाडु और केरल में इन स्वयंसेवी संस्थाओं ने चिकित्सा और स्वास्थ्य सेवाएँ मुहैया कराईं जो निम्नलिखित हैं–

अंडमान और निकोबार द्वीप समूह–डॉक्टर अशोक सामंत, उपाध्यक्ष, एम.एस.सी. और डॉक्टर माखन गोस्वामी, सहायक महासचिव, बी.एस.एस. के नेतृत्व में आठ सदस्यीय चिकित्सा दल 15 जनवरी, 2005 को अंडमान और निकोबार द्वीप समूह पहुँचा। श्री मनोरंजन भक्त (सांसद, अंडमान और निकोबार द्वीप समूह) और स्थानीय क्लबों 'अतुल स्मृति समिति', 'गवर्नमेंट इम्पल्वाइज फेडरेशन' और 'वनविकास इम्पल्वाइज एसोसिएशन' की मदद से बी.एस. एस. और एम.एस.सी. राहत दल ने दूर-दराज के इलाकों और द्वीपों में राहत पहुँचाने का काम किया। इस दल के विशेषज्ञ चिकित्सकों ने मरीजों का इलाज किया और दवाइयाँ वितरित कीं। अलग-अलग बीमारियों के कुल मिलाकर 2022 मरीजों का इलाज किया गया।

इन दोनों स्वयंसेवी संस्थाओं की टिप्पणियाँ नीचे उद्धृत की जा रही हैं–

(1) स्कूल की इमारतों में स्वच्छता और सफाई की व्यवस्था और खुले मैदान में ऐसी व्यवस्था में एक अंतर था। खुले में मल त्याग करने से स्थिति बदतर थी और खास तौर पर हटबे शिविर के आस-पास जल मल निकास की कोई व्यवस्था नहीं थी। इसके कारण महामारी फैल सकती है।

(2) हटबे शिविर के चारों ओर कूड़ा-करकट फैला हुआ था जो मच्छरों और मक्खियों के घर और प्रजनन क्षेत्र बने हुए थे। कूड़ा-करकट तुरंत उठाना चाहिए और उस स्थान पर ब्लिचिंग पाउडर छिड़कना चाहिए।

(3) फायर ब्रिगेड की मदद से पानी की आपूर्ति की गई परंतु खुले स्थान में रखने के कारण पानी भी प्रदूषित हो गया। इससे कुछ लोगों को आंत्रशोध और डायरिया हो गया। पानी के प्रदूषण को रोकने के लिए तुरंत कार्रवाई करनी आवश्यक है। यदि इस स्थिति में वर्षा हो गई तो मामला और भी गंभीर हो सकता है।

(4) जिन लोगों को साफ-सफाई से रहने की आदत नहीं है उन्हें सफाई का महत्व बताना होगा और साफ से रहना सिखाना होगा। स्थानीय प्रशासन और मोबाइल मेडिकल टीम को राहत शिविरों का दौरा करते रहना होगा और लोगों को उचित सलाह भी देना होगा। इसके अलावा नियमित रूप से लोगों के स्वास्थ्य की जाँच होनी चाहिए और रोकथाम तथा चिकित्सा के प्रयास किए जाने चाहिए।

(5) सुनामी उपरांत सदमे से लोगों को उबारने के लिए उन्हें मनोवैज्ञानिक परामर्श दिया जाना चाहिए।

तमिलनाडु–बी.एस.एस. और एम.एस.सी. टीम ने नागाट्टनम में कुड्डालोर, चिन्नुर और आक्कारापेट्टाई में तीन शिविर लगाए। पाँडिचेरी के चिन्ना मुदालियर चवाड़ी क्षेत्र पर शिविर लगाया गया। इसके अलावा अलग-अलग स्थानों पर जाकर मरीजों का इलाज करने के लिए मोबाइल कैम्प भी लगाए गए।

(च) बाढ़, मुंबई, 2005

उत्तर– 26-27 जुलाई, 2005 को पूरे महाराष्ट्र में लगातार हुई 94 से.मी. वर्षा से 1362 लोगों की जानें गईं। इस वर्षा से सबसे ज्यादा नुकसान मुंबई शहर को हुआ जहाँ 435 लोगों के मारे जाने की सूचना मिली। पास के इलाके, जैसे–थाणे, रायगढ़ और नवी मुंबई में 375 लोगों के मारे जाने की सूचना मिली। इस बाढ़ से सरकार को लगभग 9000 करोड़ रुपए का घाटा हुआ और साथ ही हमारे शहरों की संवेदनशीलता तथा सरकार द्वारा की गई आपदा प्रबंधन नियोजन की कमियों का खुलासा हुआ।

बाढ़ से डूबे शहर में लेप्टोस्प्यरोसिस, मलेरिया, डेंगू बुखार और आंत्रशोध जैसी बीमारियाँ लोगों द्वारा प्रदूषित जल पीने तथा कई घंटों तक नाले के पानी में कमर तक डूबे रहने के कारण उत्पन्न हुईं। लोगों को प्रबंधन सुविधा उपलब्ध कराने और उनकी मदद करने के लिए कई कदम उठाए गए।

- चिकित्सा राहत कार्यकलापों के संयोजन के लिए ऑल इण्डिया इंस्टीट्यूट ऑफ फिजिकल मेडिसीन एंड रिहैबिलिटेशन, मुंबई में एक नियंत्रण कक्ष स्थापित किया गया।
- ग्रेटर मुंबई नगरपालिका द्वारा बुखार और दूषित पानी से उत्पन्न बीमारियों का इलाज करने के लिए मुंबई और बाहर के निजी मेडिकल कॉलेज से 71 डॉक्टरों को बुलाया गया।
- मुंबई और थाणे जिले के अधिकांश अस्पतालों में अतिरिक्त बिस्तर लगाए गए ताकि अधिक से अधिक मरीजों को भर्ती किया जा सके। मुंबई के के.ई.एम. (KEM) अस्पताल में 178 और सियोन अस्पताल में 78 अतिरिक्त बिस्तर लगाए गए। ऐसे ही भाभा, कूपर और वी एन देसाई अस्पतालों में बुखार से तप रहे मरीजों के लिए वार्ड बनाए गए।
- इन सभी अस्पतालों ने खून का नमूना इकट्ठा करने और आँकड़े जुटाने के लिए स्नातक विद्यार्थियों, अतिरिक्त डॉक्टरों और गैर-चिकित्सकों को काम पर लगाया

जबकि सरकार ने मुंबई और थाणे जिले में घर-घर सर्वेक्षण करने का आदेश दिया जिससे बुखार से तप रहे मरीजों की पहचान की जाए जो संभवत: लेप्टोस्प्यरोसिस के मरीज हो सकते थे।

- लेप्टोस्प्यरोसिस के मरीजों के लिए अस्पतालों में विशेष वार्ड, विशेष जाँच केंद्र और पृथक् प्रयोगशाला स्थापित की गई। मरीजों की जाँच के लिए अस्पतालों में शिविर भी लगाए गए।
- महामारी रोकने के लिए नगर प्रशासन, अस्पताल प्रशासन और आम जनता ने मिलकर बांद्रा पूर्व में निर्मल नगर और भारत नगर की झुग्गी झोंपड़ियों में काम किया। पर्याप्त मात्रा में दवाइयों की आपूर्ति के लिए तीन चिकित्सा शिविर भी लगाए गए।
- नगरपालिका के कर्मचारियों ने कीटनाशक दवाइयाँ छिड़की और लोगों को क्लोरिन की टिकिया उपलब्ध कराईं।
- स्थानीय मस्जिद ने चिकित्सा शिविर लगाए और निर्मल नगर के गौसिया कम्पाउड में दवाइयाँ उपलब्ध कराईं।
- निजी चिकित्सकों के लिए क्रैश कोर्स का आयोजन किया गया और उन्हें पेन्सिलिन का इंजेक्शन देना सिखाया गया।
- केंद्र ने राज्य सरकार के सार्वजनिक स्वास्थ्य के लिए किए जा रहे कार्यों को और भी मजबूत बनाने में योगदान दिया। केंद्र से नेशनल इंस्टीट्यूट ऑफ कम्यूनिकेबल डिजिजेज (NICD) का एक दल और बड़ी मात्रा में दवाइयाँ मुंबई भेजी गईं। ब्लिचिंग पाउडर, हैलोजेन, क्लोरोक्विन, डौक्सीसाइक्लिन, IV फ्ल्यूड, जीवन रक्षक घोल और एन्टिबायोटिक्स बड़ी मात्रा में भेजी गई। लेप्टोस्प्यरोसिस और डेंगी की जाँच के लिए उपकरण भेजे गए। यह दल राज्य के मुख्यमंत्री तथा चिकित्सा अधिकारियों से मिला और संक्रामक रोगों, खास तौर पर लेप्टोस्प्यरोसिस, डेंगू तथा मलेरिया के दिशा में किए जा रहे कार्यों का मुआयना किया।
- महानिदेशक, स्वास्थ्य की अध्यक्षता में केंद्र के एक दल ने मुंबई और बीमारी से प्रभावित क्षेत्रों का दौरा किया। यह दल भी अपने साथ लेप्टोस्प्यरोसिस की इलाज के लिए लेप्टोस्प्यरोसिस किट ले आया था।
- रक्षा अनुसंधान प्रयोगशाला, ग्वालियर के आठ सदस्यीय दल ने मलेरिया और डेंगू जैसी बीमारियों का आंकलन करने के लिए सांगली और कोल्हापुर के जिलों का दौरा किया।
- महाराष्ट्र महानिदेशक, स्वास्थ्य ने महामारी अधिनियम लागू कर दिया और निजी अस्पतालों को बुखार से तपते सभी मरीजों का इलाज करने का निर्देश दिया। निजी अस्पताल किसी को लौटा नहीं सकते और उनके लिए ऐसी मरीजों की सूचना नगर स्वास्थ्य प्रशासन को देना अनिवार्य बना दिया गया।
- भारतीय रेड क्रॉस सोसाइटी ने दिल्ली, हैदराबाद और चेन्नई से 10,000 लीटर पानी प्रतिदिन साफ करने वाला जल संयंत्र मुंबई भेजा।

इस जल प्लावन ने हमें बहुत कुछ सिखाया। सबसे पहली बात यह कि हमारे शहरों के लिए एक आकस्मिक योजना की जरूरत है। भीषण आपदाओं से निपटने के लिए नगर निगमों को मजबूत बनाना होगा और यहाँ प्रशिक्षित कार्मिकों की तैनाती करनी होगी। नगर बुनियादी ढाँचे को मजबूत करना होगा। पानी निकास व्यवस्था को नियमित रूप से सुधारना होगा। विभिन्न एजेंसियों के बीच तालमेल होना अनिवार्य है। जमीन का उपयोग योजना के तहत होना चाहिए। चिकित्सा और स्वास्थ्य केंद्र व सेवाएँ पूरे शहर में उपलब्ध होनी चाहिए। इसे एक ही जगह केंद्रित नहीं होना चाहिए।

प्रश्न पत्र

एम.पी.ए.-06: आपदा चिकित्सा
जून, 2021

नोटः *भाग I और भाग II में दिए गए निम्नलिखित प्रश्नों में से किन्हीं* **पाँच** *प्रश्नों के उत्तर 400 शब्दों (प्रत्येक) में दीजिए। प्रत्येक भाग में से कम-से-कम* **दो** *प्रश्न अवश्य चुनिए। सभी प्रश्नों के अंक समान हैं।*

भाग I

प्रश्न 1. 'आपदाओं में जोखिम की रोकथाम की कार्यनीतियों में से टीकाकरण एक है।' व्याख्या कीजिए।

प्रश्न 2. चक्रवात के प्रति चिकित्सा और स्वास्थ्य अनुक्रिया पर एक टिप्पणी लिखिए।

प्रश्न 3. आपदाओं के अध्ययन में प्रयुक्त महामारी रोग-विज्ञान के विभिन्न तरीकों का वर्णन कीजिए।

प्रश्न 4. आपदा स्थल प्रबंधन में स्थल वर्गीकरण तथा संचार पर एक टिप्पणी लिखिए।

प्रश्न 5. "सुरक्षित पेय जल तथा संक्रामक रोगों का नियंत्रण, आपदाओं में सामुदायिक स्वास्थ्य प्रबंधन से संबंधित प्रमुख मुद्दे हैं।" परीक्षण कीजिए।

भाग II

प्रश्न 6. साजो-सामान (लॉजिस्टिक्स) प्रबंधन के विभिन्न सिद्धांतों एवं घटकों को उजागर कीजिए।

प्रश्न 7. सदमा उपरांत तनाव विकृति (Post-Traumatic Stress Disorder) की संक्षिप्त में व्याख्या कीजिए।

प्रश्न 8. भीषण चक्रवात, उड़ीसा, 1999 के दौरान सरकारी एवं गैर-सरकारी व्यवधानों को उजागर कीजिए।

प्रश्न 9. चिकित्सा एवं स्वास्थ्य अनुक्रियाओं में सूचना एवं संचार प्रौद्योगिकी (ICT) के विभिन्न उपकरणों का संक्षिप्त में वर्णन कीजिए।

प्रश्न 10. "आपात प्रबंधन के अंतर्गत, अस्पताल, आपातकालीन स्वास्थ्य देखभाल का अभिन्न अंग होते हैं।" व्याख्या कीजिए।

एम.पी.ए.-06: आपदा चिकित्सा
दिसम्बर, 2021

***नोट:** प्रत्येक खण्ड में से कम-से-कम **दो** प्रश्न चुनते हुए, खण्ड I और खण्ड II में दिए गए निम्नलिखित में से किन्हीं **पाँच** प्रश्नों के उत्तर 400 शब्दों (प्रत्येक) में दीजिए। सभी प्रश्नों के अंक समान हैं।*

खंड I

प्रश्न 1. साजो-सामान (लॉजिस्टिक्स) प्रबंधन के घटकों की चर्चा कीजिए।

प्रश्न 2. चिकित्सा तैयारी योजना के तीन चरणों का संक्षिप्त में वर्णन कीजिए।

प्रश्न 3. "चिकित्सा अनुक्रिया योजना को दूर-दराज क्षेत्रों के साथ-साथ उनकी सुविधाओं और बाधाओं को भी ध्यान में रखना चाहिए।" टिप्पणी कीजिए।

प्रश्न 4. आपात प्रबंधन में अस्पताल में घायलों का वर्गीकरण/ट्राऐज तथा चिकित्सालयी देखभाल की प्रासंगिकता का परीक्षण कीजिए।

प्रश्न 5. निम्नलिखित में से प्रत्येक पर लगभग 200 शब्दों में संक्षिप्त टिप्पणियाँ लिखिए:

(क) स्थल वर्गीकरण (ट्राऐज)

(ख) राहतकर्मियों का व्यावसायिक स्वास्थ्य और सुरक्षा

खंड II

प्रश्न 6. चक्रवात के प्रति चिकित्सा एवं स्वास्थ्य अनुक्रिया का वर्णन कीजिए।

प्रश्न 7. सदमा उपरांत तनाव विकृति (Post-traumatic Stress Disorder) के विभिन्न इलाजों के तरीकों का संक्षिप्त में वर्णन कीजिए।

प्रश्न 8. "हृदय फुप्फुसीय पुनरुज्जीवन (CPR) में वे उपाय सम्मिलित होते हैं जो कि किसी मरीज की श्वास गति अचानक रुक जाने पर उसे पुनः चालू करने के लिए उपयोग में लाए जाते हैं।" व्याख्या कीजिए।

प्रश्न 9. भीषण चक्रवात उड़ीसा, 1999 के मामले में चिकित्सा एवं स्वास्थ्य अनुक्रिया को उजागर कीजिए।

प्रश्न 10. निम्नलिखित में से प्रत्येक पर लगभग 200 शब्दों में संक्षिप्त टिप्पणियाँ लिखिए–

(क) आपातकालीन कार्य योजना के लिए नियत कार्यशैली (Standard Operating Procedures)

(ख) प्राथमिक चिकित्सा उपचार केंद्र

NOTES

NOTES

www.ingramcontent.com/pod-product-compliance
Ingram Content Group UK Ltd.
Pitfield, Milton Keynes, MK11 3LW, UK
UKHW021700190726
13853UKWH00001B/374

9 789355 542434